Kay Hoeksema · Markus Kuhn

Unterrichten mit Moodle 2

Praktische Einführung in das E-Teaching

2. Auflage

Alle in diesem Buch enthaltenen Programme, Darstellungen und Informationen wurden nach bestem Wissen erstellt. Dennoch sind Fehler nicht ganz auszuschließen. Aus diesem Grunde sind die in dem vorliegenden Buch enthaltenen Informationen mit keiner Verpflichtung oder Garantie irgendeiner Art verbunden. Autor(en), Herausgeber, Übersetzer und Verlag übernehmen infolgedessen keine Verantwortung und werden keine daraus folgende Haftung übernehmen, die auf irgendeine Art aus der Benutzung dieser Informationen – oder Teilen davon – entsteht, auch nicht für die Verletzung von Patentrechten, die daraus resultieren können. Ebenso wenig übernehmen Autor(en) und Verlag die Gewähr dafür, dass die beschriebenen Verfahren usw. frei von Schutzrechten Dritter sind.

Die in diesem Werk wiedergegebenen Gebrauchsnamen, Handelsnamen, Warenbezeichnungen usw. werden ohne Gewährleistung der freien Verwendbarkeit benutzt und können auch ohne besondere Kennzeichnung eingetragene Marken oder Warenzeichen sein und als solche den gesetzlichen Bestimmungen unterliegen.

Dieses Werk ist urheberrechtlich geschützt. Alle Rechte, auch die der Übersetzung, des Nachdrucks und der Vervielfältigung des Buches – oder Teilen daraus – vorbehalten. Kein Teil des Werkes darf ohne schriftliche Genehmigung des Verlags in irgendeiner Form (Druck, Fotokopie, Mikrofilm oder einem anderen Verfahren), auch nicht für Zwecke der Unterrichtsgestaltung, reproduziert oder unter Verwendung elektronischer Systeme verarbeitet, vervielfältigt oder verbreitet werden.

Bibliografische Information Der Deutschen Nationalbibliothek

Die Deutsche Nationalbibliothek verzeichnet diese Publikation in der Deutschen Nationalbibliografie; detaillierte bibliografische Daten sind im Internet über http://dnb.d-nb.de abrufbar.

Copyright © 2011 Open Source Press, München
Gesamtlektorat: Dr. Markus Wirtz
Satz: Open Source Press (LaTeX)
Umschlaggestaltung: Olga Saborov, Open Source Press
Gesamtherstellung: Kösel, Krugzell

ISBN 978-3-941841-02-4   http://www.opensourcepress.de

Inhaltsverzeichnis

Anhang   245

A Hinweise zur Verwaltung des Moodle-Systems   247

Vorwort

Liebe Kollegin, lieber Kollege!

Sie unterrichten an einer allgemeinbildenden Schule oder arbeiten an einer Hochschule, der Volkshochschule oder einer privaten Bildungsinstitution? Sie möchten digitale Medien in Ihrem Unterricht vermehrt nutzen? Sie haben bereits Erfahrung im Umgang mit dem Internet, zum Beispiel mit E-Mails oder Recherchen? Sie möchten Web-2.0-Applikationen wie Blogs oder Repositories für das Lernen nutzen? Sie setzen verschiedene Werkzeuge für das kooperative Lernen ein und möchten diese Arbeit vereinheitlichen?

Mit diesem Buch möchten wir Ihnen eine Hilfe an die Hand geben, Ihren Unterricht durch gezielten Einsatz vernetzter digitaler Medien weiter zu unterstützen. Beispielhaft erläutern wir dies anhand der Lernplattform *Moodle* in der Version 2.0, die insbesondere die Zusammenarbeit unter den Lernenden, aber auch mit Ihnen intensiviert. Dabei behalten wir stets die praktische Arbeit in Schule und Unterricht im Auge. Diese didaktische Ausrichtung zeigt sich in vielen praxisnahen Vorschlägen für Ihren Unterricht: Neben Hinweisen für besondere Unterrichtssituationen finden Sie detaillierte Anleitungen zur Gestaltung von Kursen oder bereits ausgearbeitete Anwendungsszenarien, die Sie direkt auf dem buchbegleitenden Moodle unter http://www.moodle2.opensourcepress.de ausprobieren können.

Dieses vollständige Moodle-System bietet Ihnen die Möglichkeit, selbst Moodle-Kurse zu erstellen und für den Unterrichtseinsatz vorzubereiten. Hier können Sie sich mit Kolleginnen und Kollegen über Ihre Ideen, Erfahrungen und Projekte austauschen. Auch eine Diskussion über Sinn und Unsinn der Veränderungen und Erweiterungen zu Moodle 1.9 ist uns herzlich willkommen.

Wir verstehen dieses Buch als Beitrag zur bildungspolitischen Diskussion in Deutschland in der Hoffnung, dass computergestützte Werkzeuge selbstverständlicher und lebendiger Bestandteil unserer Bildungsinstitute werden. Unsere Absicht ist es, andere Lernformen neben den bestehenden zu etablieren und mit dieser Vielfalt Lernen und Unterrichten zu erleichtern.

Darüber hinaus ist es uns Autoren als Lehrer und Väter ein großes Anliegen, die Bildungssituation in ärmeren Ländern mit in den Blick zu nehmen, in denen mangelnde Schulbildung und sogar Analphabetismus nach wie vor den Alltag bestimmen.

Unter dem Slogan *Man kann alles verlieren – nur die Bildung nicht* unterstützt der gemeinnützige Verein „Children are our future e. V."[1] verschiedene Schulprojekte im südindischen Bundesstaat Andrah Pradesh, von deren Qualität wir uns vor Ort selber überzeugen konnten.

Gemeinsam ist diesen Projekten, dass Kindern aus den ärmsten Schichten und Gegenden der Schulbesuch ermöglicht wird – unabhängig von ihrer sozialen Herkunft oder Weltanschauung.

Mit 77 Cent pro verkauftem Exemplar unseres Buches unterstützen wir dieses außergewöhnliche und erfolgreiche Projekt: Bereits in 160 abgelegenen Dörfern bringen Dorflehrer den Kindern der Landbevölkerung, die sonst keine Chance auf Bildung haben, nach der Feldarbeit Lesen, Schreiben und Rechnen bei. Mit unserer Spende von 1030 Euro, einem Drittel unseres Erlöses aus dem Verkauf der 1. Auflage, konnte ein Dorflehrer mehr als eineinhalb Jahre finanziert werden.

Schülerinnen oder Schüler, die hervorragende Leistungen erbringen, erhalten ebenfalls aus Spendengeldern ein Stipendium, um auf einer Internatsschule einen qualifizierten Bildungsabschluss zu erwerben. Sie machen damit einen großen Schritt hin zu einem gut bezahlten Beruf, mit dem sie ihre Großfamilie langfristig aus der Not befreien können.

Ungefähr 500 weitere Dörfer in der Umgebung der Stadt Kurnool warten auf einen Dorflehrer, für den jährlich 600 Euro benötigt werden.

Wir möchten Sie einladen, durch eine einmalige Spende oder durch eine langfristige Patenschaft ebenfalls einen Beitrag zu leisten, der ohne Abzüge den Kindern vor Ort zugute kommt. Vielleicht können Sie auch mit Ihrer Klasse oder Lerngruppe eine entsprechende Initiative starten und einem weiteren Dorf einen Lehrer „schenken".

Markus Kuhn und Kay Hoeksema   Duisburg, im September 2011

---

[1] http://www.children-are-our-future.com

1

Einleitung

Der Einsatz des Computers im Unterricht nimmt weltweit stetig zu. Dabei werden Phasen der Euphorie, in denen die Vision selbstverständlicher computertechnischer Unterrichtsunterstützung als nahe Wirklichkeit erscheint, abgelöst von Phasen der Ernüchterung angesichts derzeitig realisierter Unterrichtsmöglichkeiten mit dem Computer. Das Wort eines Kollegen „Wir leben in der computertechnischen Steinzeit!" spiegelt die aktuelle Situation an vielen Schulen wider.

In der Tat ist es noch ein weiter Weg, bis Computertechnik den Unterricht selbstverständlich unterstützt. Vermutlich wird die Zukunft immense Möglichkeiten bieten, die ein aktiveres und hoffentlich erfolgreicheres Lernen fördern. Regelmäßige Präsenzsituationen verdrängen oder gar die Unterrichtenden überflüssig machen wird der Computereinsatz im Unterricht aber kaum. Vielmehr wird der Computer zu einem weiteren Werkzeug, das Unterrichtende gezielt einsetzen. Ob der (unterrichtsunterstützende) Einsatz des Computers seine lernsteigernde Wirkung entfaltet oder ob der Rechner lediglich ein teures Accessoire bleibt, hängt weiterhin in entscheidendem Maße von den Unterrichtenden ab.

Dieses Buch ist eine Einführung in das *E-Teaching*, verstanden als die Verwendung vernetzter Computersysteme im Unterricht. Der Fokus richtet sich auf das Werkzeug *Moodle*. Sie erfahren, was es kann, wie Sie es generell anwenden und in Ihrem Unterrichtsalltag konkret nutzen. Sie werfen einen Blick auf die vielen Möglichkeiten, die Moodle bietet, und finden Hinweise, wie Sie Moodle realistisch in den Unterricht und in die Arbeit des Kollegiums integrieren können.

1.1 Was ist Moodle?

Die Literatur klassifiziert Moodle nicht eindeutig: Handelt es sich um ein *Course Management System* (CMS) oder ein *webbasiertes Content-Management-System* (WCMS)? Ein CMS regelt die Organisation von Lernprozessen und Lerngruppen. WCMS vereinfachen das (kooperative) Erstellen von Web-Inhalten (Texte, Bilder, Audio- und Video-Dateien) und deren Verwaltung. Moodle legt zusätzlich besonderes Gewicht auf die Vermittlung von Lerninhalten und das Initiieren von Lernprozessen. Es kann daher (zu Recht) als webbasiertes *Learning Content Management System* (LCMS) klassifiziert werden.

Wir bezeichnen Moodle als *Lernplattform*, die für eine Gruppe oder Institution die Erstellung und Vermittlung von Lerninhalten, die Organisation und Betreuung von (kooperativen) Lernprozessen unterstützt und Werkzeuge zur Kommunikation aller Beteiligten sowie zum Dokumenten- und Dateimanagement bereitstellt.

Der Name Moodle ist einerseits ein Akronym für *Modular Object-Oriented Dynamic Learning Environment*, andererseits bedeutet der englische Ausdruck „to moodle around" umgangssprachlich „herumschlendern". In der Tat handelt es sich um eine modular aufgebaute und objektorientiert programmierte dynamische Lernumgebung, in der man im übertragenen Sinne herumschlendern kann, um Lernangebote wahrzunehmen.

Initiator und Hauptentwickler ist Martin Dougiamas, der 1999 in Perth/ Australien ein Projekt zur Programmierung einer Lernplattform ins Leben rief, die Lernen, aufgefasst als soziale Aktivität, unterstützt und von konstruktivistischen Auffassungen geprägt ist: Den Lernenden gibt Moodle die Gelegenheit, Lerninhalte aktiv zu erarbeiten und ihr Wissen selbstständig und im Dialog mit anderen aufzubauen. Kommunikation und Kooperation spielen hierbei eine tragende Rolle, ebenso eine produktorientierte Ausrichtung des Lernprozesses. Die Lernenden konzentrieren sich im Unterricht auf die Herstellung eines *Produkts* (z. B. eines besonderen Papierdreiecks) und nutzen zu dessen Herstellung konkrete Lerninhalte (z. B. den Satz des Pythagoras).

Dieses Lernverständnis leitet die Entwicklung der Lernplattform Moodle nach wie vor, die zusätzlich geprägt ist von politisch-demokratischen Motiven. Der Programmcode ist *Open Source* und unterliegt der *GNU General Public License* (GPL).[1] Dies bedeutet, dass Moodle jetzt und zukünftig kostenfrei verwendet, verändert und ergänzt werden darf, solange das Ergebnis als Programmcode für alle Nutzer kostenfrei zugänglich bleibt. Die Programmierung erfolgt in der objektorientierten Skriptsprache PHP, die ebenfalls frei verfügbar ist.

Über seine Basismodule unterstützt Moodle

- den Zugriff der Lernenden auf Lernmaterial,

- die Kommunikation zwischen den Lernenden untereinander,

- die Kommunikation zwischen Lernenden und Unterrichtenden (und Gästen),

- die Bearbeitung und (Selbst-)Bewertung von Arbeitsaufträgen,

- umfangreiche Test-, Abstimmungs- und Umfragemöglichkeiten.

Generell unterstützt Moodle einen Unterricht mit starker Schüleraktivität, bei dem die Lernenden größere Verantwortung für ihr Lernen tragen.

Die konsequente Verwendung dieser Lernplattform im Unterricht verändert somit auch die Lehrerrolle. Die Unterrichtenden begleiten das individuelle und kooperative Lernen. Im direkten Gespräch können Lern- und Gruppenprozesse reflektiert, Vereinbarungen getroffen, Arbeitsaufträge erteilt oder variiert, Missverständnisse und vieles mehr geklärt werden.

Abbildung 1.1 skizziert die Standardsituation für den Moodle-Einsatz im Unterricht. Moodle fungiert als *Frontend*[2] für Unterrichtende wie Lernende. Das heißt, dass jegliche unterrichtsbezogene Interaktion mit dem Computersystem über die Lernplattform erfolgt. Von Moodle organisiert, kommunizieren Schülerinnen und Schüler (und Lehrer) miteinander, führen Lernaktivitäten aus und tauschen (Zwischen-)Ergebnisse aus. Im Hintergrund arbeitet ein Webserver mit Datenbanksystem, der die Moodle-Seiten für die Anzeige in einem Webbrowser aufbereitet.

---

[1] https://www.fsf.org/

[2] Als Frontend bezeichnet man allgemein eine (meist grafische) Benutzeroberfläche für die Interaktion zwischen Mensch und Computer. Dem gegenüber steht das *Backend*, in dem die für den Benutzer meist nicht sichtbaren (Server-)Prozesse ablaufen. Oft bezeichnet man als Backend aber auch die nur den Systemverwaltern zugängliche Administrationsoberfläche eines Systems.

Abbildung 1.1:
Workflow mit
Moodle

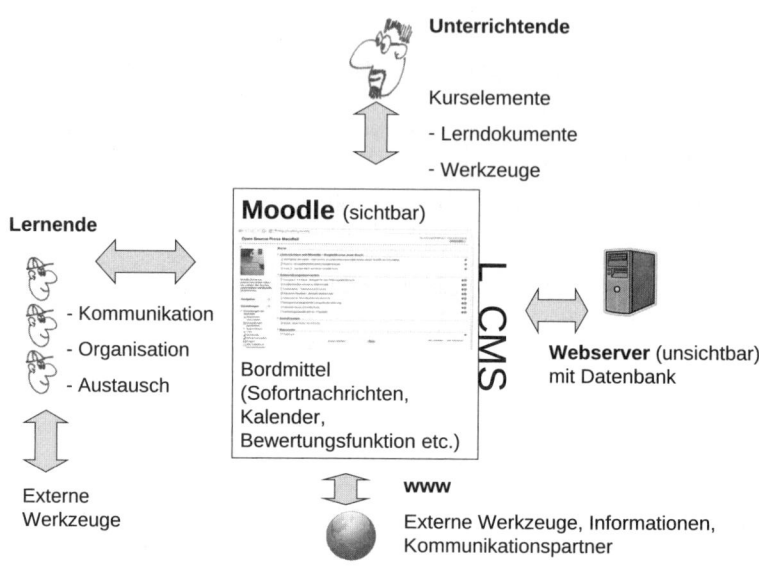

Moodle erlaubt jedem Nutzer über eine Portal-Startseite den personalisierten Zugriff auf all seine *Moodle-Kurse*. Sie stellen die Grundeinheit für das Lernen und Arbeiten mit Moodle dar. In ihnen lassen sich grundlegende Eigenschaften (z. B. das Aussehen der Kursstartseite, ob interne Nachrichten versandt werden und ob der Kurs im Kalender der Lernplattform erscheint) einstellen. Darüber hinaus haben Unterrichtende die Möglichkeit, Lernwerkzeuge und Lerndokumente zur Verfügung zu stellen oder auf diese zu verweisen.

Auch die Lernenden interagieren computerseitig lediglich mit Moodle. Sie

- holen ihre Arbeitsaufträge selbst ab,

- beschaffen sich benötigte Informationen,

- diskutieren diese und tauschen sie untereinander aus,

- reorganisieren und strukturieren sie

- und gestalten allein oder gemeinsam eigene Produkte.

Dabei verwenden sie die von Moodle zur Verfügung gestellten oder ihre eigenen Werkzeuge, z. B. Office-Anwendungen oder fachbezogene Lernwerkzeuge.

1.2   Erster Kontakt mit Moodle

Damit Sie Moodle auch ohne eigene Installation kennenlernen können, haben wir ein buchbegleitendes Moodle-System (im Folgenden kurz *OSP-Moodle2* oder einfach *OSP-Moodle* genannt) eingerichtet. Sie finden es unter der URL[3] `http://www.moodle2.opensourcepress.de` – geben Sie diese Adresse in Ihrem Webbrowser ein. Zunächst gelangen Sie zum Anmeldebildschirm des OSP-Moodle (Abbildung 1.2). Geben Sie unter **Anmeldename** `neuling` und als **Kennwort** `1Open!Source` an.

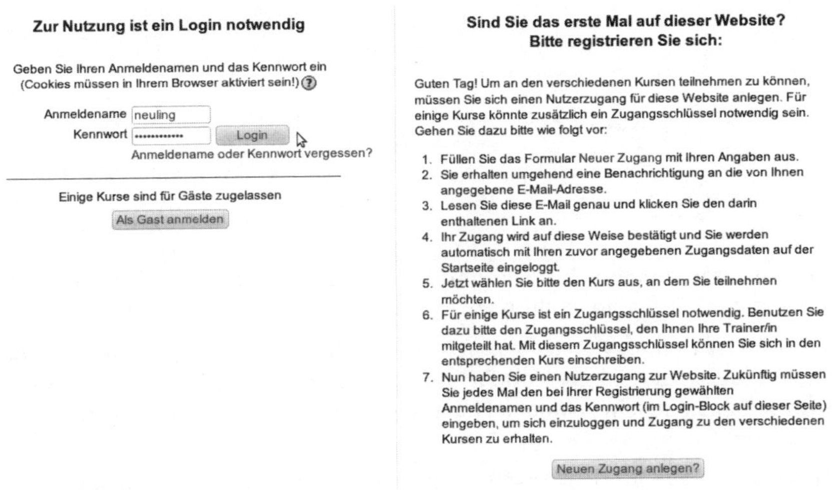

Zur Nutzung ist ein Login notwendig

Geben Sie Ihren Anmeldenamen und das Kennwort ein
(Cookies müssen in Ihrem Browser aktiviert sein!) (?)

Anmeldename neuling
Kennwort •••••••••• Login
Anmeldename oder Kennwort vergessen?

Einige Kurse sind für Gäste zugelassen

Als Gast anmelden

Sind Sie das erste Mal auf dieser Website?
Bitte registrieren Sie sich:

Guten Tag! Um an den verschiedenen Kursen teilnehmen zu können, müssen Sie sich einen Nutzerzugang für diese Website anlegen. Für einige Kurse könnte zusätzlich ein Zugangsschlüssel notwendig sein. Gehen Sie dazu bitte wie folgt vor:

1. Füllen Sie das Formular Neuer Zugang mit Ihren Angaben aus.
2. Sie erhalten umgehend eine Benachrichtigung an die von Ihnen angegebene E-Mail-Adresse.
3. Lesen Sie diese E-Mail genau und klicken Sie den darin enthaltenen Link an.
4. Ihr Zugang wird auf diese Weise bestätigt und Sie werden automatisch mit Ihren zuvor angegebenen Zugangsdaten auf der Startseite eingeloggt.
5. Jetzt wählen Sie bitte den Kurs aus, an dem Sie teilnehmen möchten.
6. Für einige Kurse ist ein Zugangsschlüssel notwendig. Benutzen Sie dazu bitte den Zugangsschlüssel, den Ihnen Ihre Trainer/in mitgeteilt hat. Mit diesem Zugangsschlüssel können Sie sich in den entsprechenden Kurs einschreiben.
7. Nun haben Sie einen Nutzerzugang zur Website. Zukünftig müssen Sie jedes Mal den bei Ihrer Registrierung gewählten Anmeldenamen und das Kennwort (im Login-Block auf dieser Seite) eingeben, um sich einzuloggen und Zugang zu den verschiedenen Kursen zu erhalten.

Neuen Zugang anlegen?

Abbildung 1.2:
Anmeldemaske des buchbegleitenden OSP-Moodle

Alternativ ist auch eine eigene Registrierung unter **Neuen Zugang anlegen?** möglich. Beachten Sie bitte, dass Sie mit dieser keine Zugangsschlüssel zu entsprechend gesicherten Kursen des OSP-Moodle erhalten.

Normalerweise gelangen Sie automatisch zur deutschsprachigen Startseite (Abbildung 1.3), die die bereitgestellten Kurse, geordnet in Bereiche (z. B. **Sandkasten**), zeigt.[4]

Ein Klick auf das **i** rechts neben einem Kurs liefert Informationen zu selbigem.

---

[3] Beim *Uniform Resource Locator* handelt es sich um eine Quellenangabe in Computernetzwerken, oft vereinfacht (und nicht ganz korrekt) *Webadresse* genannt.

[4] Erscheint statt der Hauptüberschrift **Kursbereiche** das englische **Courses**, wählen Sie in der rechten oberen Ecke des Fensters statt **English (en)** den Eintrag **Deutsch (de)** aus. Erhalten Sie eine Fehlermeldung, liegt das vermutlich daran, dass Ihr Browser für `www.moodle2.opensourcepress.de` keine Cookies akzeptiert. Damit Sie mit Moodle arbeiten können, muss dies aber der Fall sein (siehe auch Seite 35).

Abbildung 1.3:
Startseite des
buchbegleitenden
OSP-Moodle

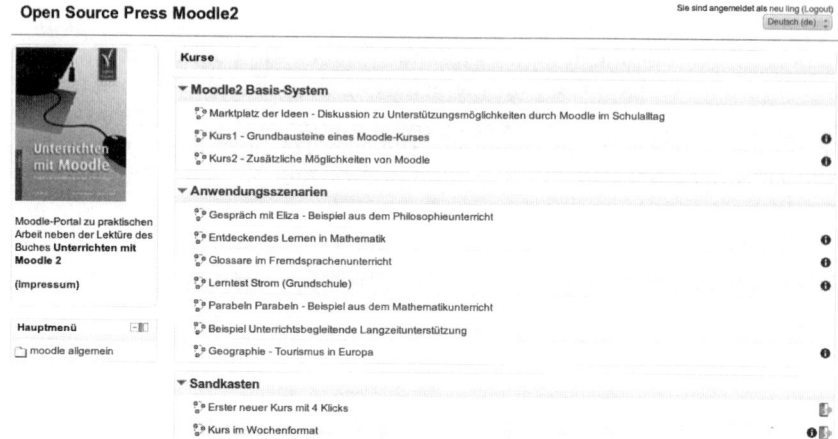

Für Kurse mit einem Schlüsselsymbol benötigen Sie einen vom Kursverwalter vergebenen Zugangsschlüssel.

Ein Klick auf einen Bereichsnamen liefert eine Liste mit Kurzinfos zu den Kursen dieses Bereichs. Wenn Sie auf einen Kurseintrag klicken, etwa **Kurs1 - Grundbausteine eines Moodle-Kurses**, öffnet sich die entsprechende Kurs-Startseite.

Abbildung 1.4 zeigt die Startseite von **Kurs1 - Grundbausteine eines Moodle-Kurses**, auf die Sie nach dem Login gelangen.

Abbildung 1.4:
Startseite von Kurs1

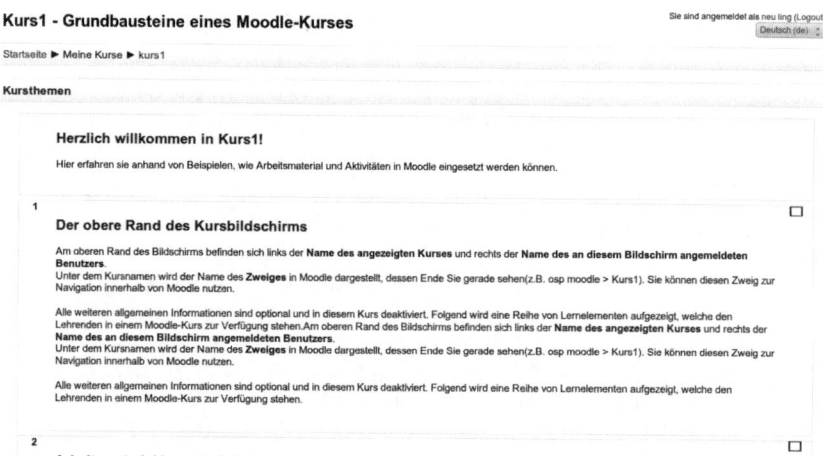

Am oberen Rand finden Sie den Titel des gewählten Kurses und die Information, unter welchem Namen Sie sich angemeldet haben. Die darunterliegende Navigationsleiste zeigt den Zweig an, in dem Sie sich aktuell befinden (z. B. **Startseite | Kurse | Moodle Basis-System | Kurs 1**). Sollten Sie sich „verlaufen", hilft ein Klick auf einen übergeordneten Eintrag: Ein Klick auf **Startseite** bringt Sie also wieder auf die (allgemeine) Moodle-Startseite, die alle zur Verfügung gestellten Kurse auflistet.

Die Startseite von Kurs 1 erlaubt es Ihnen, sich einen ersten Überblick über die in Moodle gebräuchlichen Grundelemente zu verschaffen, die wir in Kapitel 2 ab Seite 39 näher beschreiben.

Kurs2 – Zusätzliche Möglichkeiten von Moodle erläutert darüber hinaus (Abbildung 1.5), mit welchen an den Rändern des Kursbildschirms platzierten Elementen Moodle die Lernenden standardmäßig unterstützt (siehe Kapitel 2.3 ab Seite 64).

Abbildung 1.5:
Startseite von Kurs2

1.3 Der erste eigene Moodle-Kurs in vier Klicks

Einen Moodle-Kurs zu erzeugen ist technisch nicht schwierig – vier Mausklicks reichen dazu, wenn Sie in Moodle eingeloggt sind[5] und sich in einem Unterbereich befinden, für den Sie Kursverwalterrechte besitzen; dies ist im Bereich **Sandkasten** des OSP-Moodle der Fall (Abbildung 1.6).[6]

---

[5] Die Login-Daten für das Beispiel-Moodle dieses Buches finden Sie auf Seite 17.
[6] Weitere Informationen zu Rollen und Rechten in Moodle finden Sie ab Seite 84.

Abbildung 1.6:
Sandkastenbereich
des OSP-Moodle

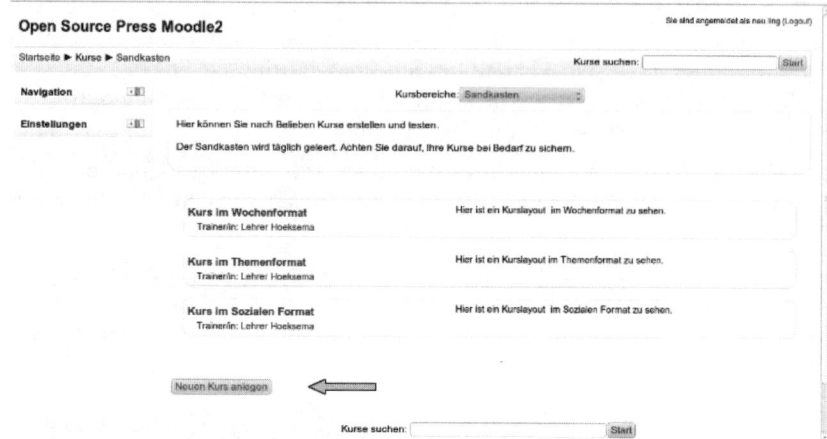

Klicken Sie im Sandkastenbereich auf den Button **Neuen Kurs anlegen**. Es öffnet sich die Kurserstellungsmaske aus Abbildung 1.7.

Abbildung 1.7:
Oberer Teil der
Kurserstellungs-
maske

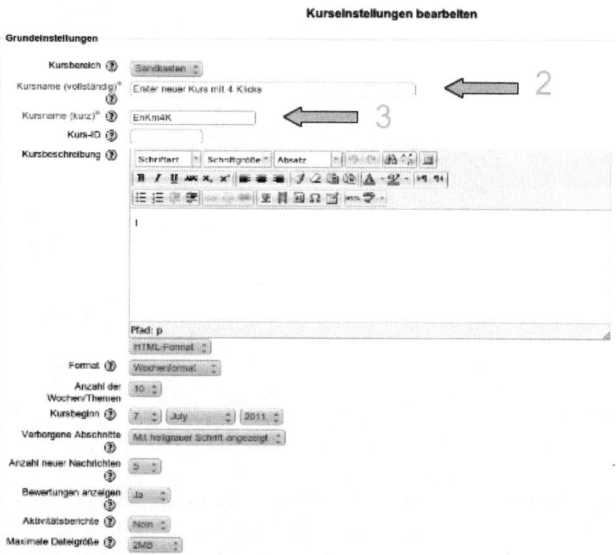

Klicken Sie dort auf **Kursname (vollständig)** und geben Sie einen beliebigen Kursnamen ein.

Klicken Sie nun auf **Kursname (kurz)** und geben Sie das Kürzel Ihres Kurses an. Dieses Kürzel muss innerhalb des Moodle einmalig sein.

Abschließend klicken Sie am unteren Rand der Maske auf **Änderungen speichern** (Abbildung 1.8). Damit ist Ihr Vier-Klick-Moodlekurs einsatzbereit.

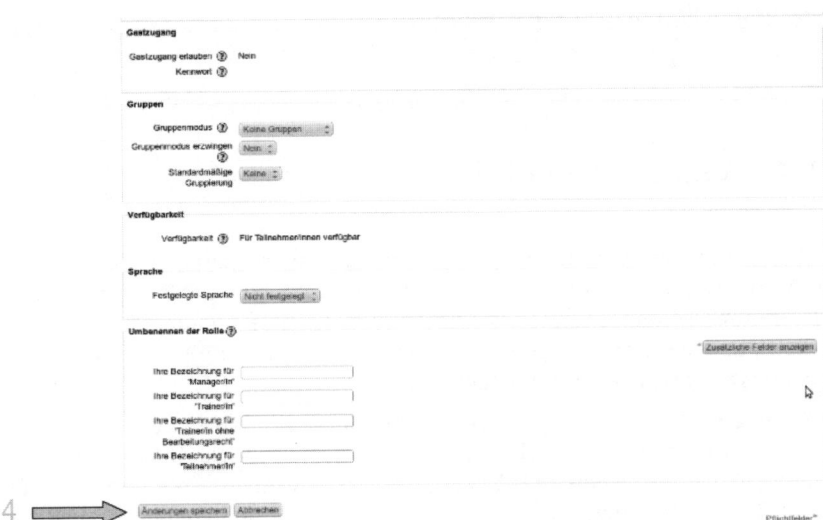

Abbildung 1.8:
Unterer Teil der
Kurserstellungs-
maske

Fertig ist Ihr neuer Kurs. Er wird im Sandkasten-Bereich angezeigt, und Sie (also `neuling`) sind als Trainer/in eingetragen. Ein Klick auf den neuen Kurs öffnet dessen Startseite:

Abbildung 1.9:
Startseite des neu
erstellten Kurses

Didaktisch ist der neue Kurs nur von sehr begrenztem Wert. Sämtliche Voreinstellungen wurden übernommen, der Kursbereich präsentiert lediglich das voreingestellte *Bordwerkzeug* von Moodle. Über den Button **Bearbeiten einschalten** können Sie jedoch alles an Ihre Vorstellungen anpassen. Damit beginnt die eigentliche Arbeit für Sie: Entscheiden Sie, welche Werkzeuge und Inhalte Sie für den Unterricht in Ihrer Lerngruppe verwenden wollen und fügen Sie diese ein. Kapitel 2 und 3 (ab Seite 39 bzw. 107) stellen sie vor und helfen bei der Entscheidung.

1.4 Warum Moodle?

Die Idee zu Moodle entstand in Australien, einem Land, in dem Fernunterricht weit verbreitet ist. Daher ermöglicht Moodle auch bei räumlicher Trennung gemeinschaftliches Lernen. Inzwischen ergänzt die Lernplattform aber auch den Präsenzschulbetrieb um E-Learning-Werkzeuge, und weltweit überwiegt diese Einsatzweise.

Der Begriff *E-Learning* bezeichnet alle Formen durch digitale Medien gestützter (insbesondere auch kooperativer) Lernprozesse. E-Learning-Werkzeuge wie Foren, Chats und Wikis[7], webbasierte Abstimmungen, Aufgaben und Tests unterstützen die Zusammenarbeit und den Gedankenaustausch der Lernenden auch außerhalb der eigentlichen Unterrichtszeit. Die Kombination von E-Learning- und üblichen Lernsituationen bezeichnet man als *Blended Learning*.

Die Wirksamkeit des Blended Learning wird seit einigen Jahren intensiv erforscht. E-Learning-Werkzeuge bewirken erst dann eine positive Veränderung, wenn sie nicht Selbstzweck sind, sondern der didaktische Rahmen stimmt. Überlegungen zur didaktischen oder unterrichtspraktischen Funktion geben im Interesse der Lernenden den Ausschlag über den Einsatz eines E-Learning-Werkzeugs.

Welchen didaktischen Sinn hat beispielsweise die Verwendung der Chatfunktion einer im Unterricht begleitend eingesetzten Lernplattform, wenn alle am Lernprozess Beteiligten direkt miteinander sprechen können? Die Gefahr der Ablenkung und der Störung des gemeinsamen Tuns ist groß. Hingegen erweist sie sich zur Kommunikation über die Hausaufgaben oder vor Prüfungen oft als hilfreich, wenn die Schüler und Schülerinnen räumlich getrennt lernen.

---

[7] Bei einem Wiki handelt es sich um eine Sammlung untereinander verknüpfter Texte (in der Fachsprache *Hypertexte* genannt), die mehrere Benutzer bearbeiten und erweitern können. Moodle nutzt einen Editor, in dem sich Wiki-Beiträge ohne HTML-Kenntnisse erfassen und verlinken lassen. Die Web-Enzyklopädie Wikipedia basiert auf diesem Werkzeug und illustriert seine Mächtigkeit.

1.4.1 Pädagogischer Alltag oder: Einfach nur ein schwarzer Tag

Erlebnisse des Kollegen Winter an einem ganz gewöhnlichen Freitag, den 13.:

1. Stunde: Erdkunde, Klasse 8c

Wie jeden Freitag beginne ich den Unterricht pünktlich um 8:03 Uhr. Frohgemut wende ich mich der Tafel zu und erblasse. Ein Übereifriger hat die Ergebnisse der letzten Stunde trotz gegenteiliger Bitte ausgewischt. Scheinbar entspannt leite ich die Klasse zur Reproduktion an und setze mit zehnminütiger Verspätung die Erarbeitung des Stundenthemas fort. Nun läuft alles wie geplant, nur am Ende vergesse ich das Arbeitsblatt für die Hausaufgabe auszuteilen. Nicht weiter schlimm, kann ja mal passieren.

2. Stunde: Mathematik, Klasse 11

Leicht außer Atem im fünften Stock angekommen, belagert der Schüler, der die Hausaufgaben präsentieren soll, schon das Lehrerpult. Nicht zum ersten Mal höre ich einen Wortschwall, in dem ich einzelne Brocken identifizieren kann: „alles versucht", „bis tief in die Nacht", „nicht verstanden", „Notizen vergessen" usw. Auch hier zeige ich professionell Verständnis und greife bei der Hausaufgabenbesprechung auf erfolgreichere Schülerinnen und Schüler zurück. Nach 20 Minuten ist allerdings auch deren Geduld erschöpft.

Bevor wir nun die Bestimmung der Tangentensteigung erarbeiten, gönne ich ihnen noch eine zweiminütige Pause. Marcel, Sophie, Jennifer und Ercan, die bei der letzten Klausur offenherzig ihre Schwächen zeigten, fordere ich auf, demnächst regelmäßig ihre Hausaufgaben zur Kontrolle vorzulegen. Individuelle Förderung! Für die verbleibenden 15 Minuten erscheint mir die vorbereitete Gruppenarbeit als ungeeignet. Zügiger geht da doch die Erklärung und das Vorrechnen eines Beispiels, auch wenn Schülerorientierung schön gewesen wäre. Aber vielleicht bleibt am Ende noch etwas Zeit für Schülerfragen. Merkwürdig, selbst die Cracks wirken heute so desinteressiert.

Pause

Ich schaffe es fast bis zur Kaffeemaschine. Der neue Kollege Schröder fragt vorsichtig, ob ich, wie versprochen, daran gedacht hätte, ihm die internen Lehrpläne per E-Mail zuzuschicken. Ich kann ihn beruhigen, das habe ich am Vortag gewissenhaft erledigt. Eigentlich unverständlich, dass er sie noch nicht bekommen hat.

3. und 4. Stunde: Deutsch, Klasse 7b

Beherzt greife ich nach dem Materialordner zum Zeitungsprojekt. Die Arbeitsblätter zur Unterscheidung der Textsorten kamen letztes Jahr gut an. Der Ordner ist da, aber die Abteilung ist leer. Hatte ich die Sachen nicht der Kollegin Schwarz ausgeliehen? Nun denn, dann wiederhole ich mit der 7b halt die W-Fragen und übe noch einmal das Schreiben von Nachrichten. In der nächsten Woche arbeiten wir mit LibreOffice, da haben wir auch gleich Material zum Tippen und Gestalten.

Pause

Auf dem Weg zum Lehrerzimmer fällt mir ein, dass ich der 7b nicht gesagt habe, dass die nächste Deutschstunde, zu der sie ihre Texte mitbringen sollen, im Computerraum stattfindet. Spreche ich den Klassenlehrer an oder gehe ich vorher nochmal vorbei?

Diesmal schaffe ich es wirklich bis zum Kaffee und unterhalte mich mit einigen Kollegen. Beim Verlassen des Lehrerzimmers stolpere ich über Arno. Upps, der sollte ja die Arbeit nachschreiben. Die liegt aber noch zu Hause auf dem Schreibtisch. Na ja, hat er auch das Wochenende noch zum Üben. Komme sowieso nicht früher zum Korrigieren.

5. Stunde: Vertretung in der 6c

Leider finde ich kein Material des erkrankten Kollegen vor. Die Klasse ist kaum zu bändigen. Die Matheaufgaben werden erst gemacht, als ich androhe, die Lösungen einzusammeln. Wenigstens ist bald Wochenende!

6. und 7. Stunde: Erdkunde, Klasse 9c

Das kooperative Arbeiten zum Thema „Nachhaltiger Tourismus in Europa" kommt heute schwer in Gang. Die Schülerinnen und Schüler haben Mühe, ihre Planung einzuhalten und produktiv zu arbeiten. Eine Schülerin ist erkrankt, jetzt fehlen der Gruppe die Arbeitsmaterialien. Andere können ihre Quellen im Internet nicht wiederfinden und regen sich fürchterlich auf. Ich versuche zu helfen, wo ich kann, aber ich habe eher den Eindruck, das Chaos einzudämmen als Lernprozesse zu begleiten. Da kann keiner von mir verlangen, dass ich jeden angemessen bewerte!

Wochenende

Am Samstag stelle ich fest, dass die E-Mail an den neuen Kollegen nicht zugestellt werden konnte. Kein Wunder bei dieser merkwürdigen Adresse. Bei der Planung der Fachkonferenzen hätten sich die Kollegen auch besser absprechen können, jetzt kollidieren die Sitzungen für Deutsch und Erdkunde.

1.4.2 Hätte Moodle geholfen?

Der vorige Abschnitt verdichtet vertraute Situationen und Missgeschicke, die aus dem Schulalltag kaum wegzudenken sind. Die kleinen Anekdoten zeigen Schwachpunkte auf, die sich auf Kommunikations- und Kooperationsprobleme, ungenügende Organisation und schlechtes Dokumentenmanagement zurückführen lassen. Jede einzelne beeinträchtigt die eigentliche, pädagogische Arbeit. Damit sind sie nicht mehr Probleme des Einzelnen, sondern bilden auch im Sinne der Qualitätssicherung eine Aufgabe für die gesamte Institution. Die Verwendung einer Lernplattform kann die Arbeit der gesamten Institution unterstützen und dabei helfen, Überforderungen zu vermeiden.

Der Einsatz einer Lernplattform wie Moodle bietet folgende Vorteile:

- Unterrichtsmaterial bleibt für den gesamten Lernprozess erhalten.

- Unterrichtsmaterial ist – internetfähige Rechner vorausgesetzt – überall zugänglich.

- Arbeitsblätter und Schülerprodukte werden gesammelt und lassen sich damit austauschen und wiederverwerten.

- Aktivitätsprotokolle ermöglichen eine Übersicht über das Engagement der Lernenden und erleichtern die Einschätzung des Lernstands.

- Kommunikation ist auch außerunterrichtlich ohne Präsenzsituation möglich.

- Automatisierte Testmöglichkeiten (z. B. Lernstandbewertung oder Selbsttests) erleichtern die Einschätzung des Lernfortschritts.

- Die Unterrichtsplanung wird transparent (z. B. mit Hilfe des Kurskalenders).

- Einmal vorbereitete Kurse lassen sich wiederverwenden.

- Die Unterrichtenden können Arbeitsblätter und Moodle-Kurse ohne nennenswerten Aufwand untereinander austauschen.

- Moodle unterstützt die Schul- und Unterrichtsorganisation, auch im Kollegium.

Setzt man Moodle als Lernplattform und zur Organisation von Arbeitsabläufen und Dokumentenablage konsequent ein, verläuft der beschriebene Unterrichtstag idealerweise anders:

1. Stunde: Erdkunde, Klasse 8c

Um den Bezug zur letzten Stunde herzustellen, greife ich über das Internet auf die digitalen Unterrichtsmitschriften zu und projiziere sie. Beim Erarbeiten des Stundenthemas helfen weitere Bezüge zu früheren Unterrichtsergebnissen, die auf gleiche Weise schnell hergestellt werden. Am Ende der Stunde verteile ich das Arbeitsblatt und lege es auch auf der Lernplattform ab. So kann die erkrankte Schülerin direkt darauf zugreifen; auch verlorene Arbeitsblätter lassen sich leicht ersetzen.

2. Stunde: Mathematik, Klasse 11

Auf dem Weg in den fünften Stock kommt mir Simon in den Sinn, der gleich die Hausaufgaben präsentieren soll. Seine anfänglichen Probleme mit den Aufgabenstellungen haben wir am Vortag mit Hilfe eines Wikis weitgehend ausräumen können. Gut, dass er rechtzeitig mit der Bearbeitung angefangen hat. Der Vortrag gelingt gut, kleinere Fehler korrigiert die Klasse.

Anschließend initiiere ich die Gruppenarbeit zur Bestimmung der Tangentensteigung, für die noch genügend Zeit bleibt. Am Ende der Stunde geben mir Marcel, Sophie und Ercan, die bei der letzten Klausur schlecht abgeschnitten haben, ihre Hausaufgabenhefte, wozu ich sie zuvor per E-Mail aufgefordert hatte. Jennifer ist schon gegangen, ihr werde ich später noch eine Nachricht schreiben und nun die Abgabe über Moodle fordern.

Pause

In der Pause bedankt sich der neue Kollege Schröder für den Hinweis vom Vortag, dass er die internen Lehrpläne und Musterklausuren in der Dateiablage der Fachkonferenz finden kann. Wir tauschen uns über die aktuellen Anforderungen des Ministeriums aus. Seine Anregungen zum Unterrichtseinsatz von dynamischen Geometrieprogrammen finde ich einleuchtend.

3. und 4. Stunde: Deutsch, Klasse 7b

Leider fehlen die Arbeitsblätter zur Unterscheidung der Textsorten im Materialordner. Das ist ärgerlich, jetzt müssen die Schülerinnen und Schüler warten, bis ich sie aus der Dateiablage zum Zeitungsprojekt geholt und ausgedruckt habe. Die anfängliche Unruhe legt sich aber bald und die Kinder arbeiten konzentriert.

Pause

Auf dem Weg zum Lehrerzimmer fällt mir ein, dass ich der 7b nicht gesagt habe, dass die nächste Deutschstunde im Computerraum stattfindet und sie eine Reportage aus einer Tageszeitung mitbringen sollen. Ich werde der Lerngruppe später noch eine Nachricht schicken und die Kinder bitten, sich gegenseitig zu erinnern.

In der Pause stelle ich fest, dass ich gleich eine Vertretungsstunde habe. Am PC im Lehrerzimmer finde ich im entsprechenden Moodle-Forum den Arbeitsauftrag des erkrankten Kollegen für die Klasse.

Beim Verlassen des Lehrerzimmers überrascht mich Arno, der die versäumte Arbeit nachschreiben will. Den Ausdruck habe ich ärgerlicherweise zu Hause vergessen. Zum Glück sammle ich die Arbeiten in meiner privaten Moodle-Dateiablage. Mit etwas Verspätung kann er doch noch loslegen.

5. Stunde: Vertretung in der 6c

Die Klasse ist wenig begeistert über den Vertretungsunterricht. Am liebsten will sie etwas spielen. Die Aversion gegen regulären Unterricht sinkt spürbar, als ich ihr mitteile, dass ihr Fachlehrer mir einen Arbeitsauftrag für sie gegeben hat. Rasch gelingt es mir, ein Arbeitsklima herzustellen, und ich kann durch die Klasse wandern und mich darauf konzentrieren, die Kinder in Einzelgesprächen zu fördern. Am Ende der Stunde fordere ich zwei Kinder auf, ihrem Lehrer per E-Mail oder im Moodle-Forum zu berichten, was die Klasse heute erarbeitet hat.

Ohne den Arbeitsauftrag des Kollegen hätten die Kinder im Computerraum einen Moodle-Übungskurs zur deutschen Grammatik bearbeiten können, den die Fachkonferenz für solche Gelegenheiten eingerichtet hat. Die bearbeiteten Aufgaben und der Lernfortschritt lassen sich dann später auswerten und kommentieren.

6. und 7. Stunde: Erdkunde, Klasse 9c

Für das kooperative Arbeiten zum Thema „Nachhaltiger Tourismus in Europa" steht jeder der sechs Arbeitsgruppen ein Laptop mit Internetverbindung zur Verfügung. Es fällt den Schülerinnen und Schülern nicht leicht, ihre Planung einzuhalten. Hilfreich ist, dass sie ihren Zeitplan und ihre Absprachen im Moodle-Gruppenarbeitsbereich einsehen und anpassen können.

Es macht sich bezahlt, dass ich darauf bestanden habe, dass alle Materialien und Quellen in Moodle gesammelt werden. So kann auch die Gruppe problemlos weiterarbeiten, in der eine Schülerin erkrankt ist, und scheinbar verlorene Informationen sind schnell wiedergefunden.

Ich habe genügend Zeit, zwei Gruppen intensiv zu beobachten und Hilfestellungen zu geben. Da die Arbeitszeit wie immer knapp ist, entwickeln einige Gruppen eine Struktur für ihr Gruppenprojekt und fixieren sie in einem Wiki. So können sie zu Hause unabhängig voneinander weiterarbeiten und behalten den Überblick über den Gesamtfortschritt. Das erleichtert es auch mir nachzuvollziehen, wer welchen Beitrag leistet, um angemessen bewerten zu können.

Wochenende

Am Samstag schreibe ich die Nachricht an die Klasse mit dem Zeitungsprojekt. Im Moodle-Kalender finde ich Terminvorschläge für die Sitzungen der Fachkonferenzen Deutsch und Erdkunde für den gleichen Tag. Einen entsprechenden Hinweis schicke ich an die Fachvorsitzenden.

1.4.3 Moodle und seine Konkurrenten

Der Einsatz von Lernplattformen ist weltweit sehr populär, in Deutschland stand er im Jahr 2008, als die 1. Auflage dieses Buches erschien, eher am Anfang. Inzwischen nutzen viele Schulen in Deutschland Lernplattformen, wenn auch in ganz unterschiedlicher Intensität. Moodle hat sich auf internationaler Ebene neben kommerziellen Konkurrenten wie *WebCT* und *Blackboard*[8] behauptet; die Anzahl der Moodle-Installationen stieg in den letzten Jahren deutlich. Anfang 2010 waren es weltweit ca. 50 000. Damit wächst der Kreis der Nutzer ständig, was an sich bereits ein Argument für Moodle ist. Seine Beliebtheit hat vielerlei Gründe:

- Moodle wurde und wird anhand pädagogischer Leitziele entwickelt.

- Moodle entspricht der Open-Source-Philosophie und ist frei erhältlich.

- Moodle ist skalierbar, unterstützt also sowohl kleine Privatschulen als auch große Universitäten mit zahlreichen Studenten.

Im deutschen Sprachraum hat sich neben Moodle vorwiegend die Lernplattform *lo-net* im Schuleinsatz etabliert. Daneben gibt es eine Reihe von weiteren Plattformen, die zum Teil nicht mehr weiterentwickelt werden, wie *BSCL*, oder eine eher regionale Bedeutung haben, wie z. B. *ILIAS*, das

---

[8] `http://blackboard.com/` – WebCT wurde 2006 vom Konkurrenten Blackboard Inc., Washington, D.C. übernommen.

ursprünglich an der Universität Köln entwickelt wurde. Im Aufwind in Europa ist die Lern- und Kollaborationsplattform Fronter.[9] Alle diese Produkte unterstützen gemeinsames und selbst gesteuertes, vernetztes Lernen und Arbeiten. Sie weisen bei den einzelnen (Kooperations-)Werkzeugen viele Gemeinsamkeiten auf, unterscheiden sich aber in deren Integration und im Gesamtkonzept.[10] Da lo-net[2] nach eigenen Angaben inzwischen in 6500 Schulen eingesetzt wird, soll dies näher vorgestellt werden, auch um Unterschiede zu Moodle aufzuzeigen.

Die Lernplattform lo-net[2]

Die Lernplattform lo-net entstand im vormals vom Bundesministerium für Bildung und Forschung (BMBF) geförderten Projekten *Lehrer-Online*[11] und *Schulen ans Netz e. V.* Es wird seit 2010 von der Cornelsen Verlag GmbH bundesdeutschen Schulen und anderen Bildungseinrichtungen kostenfrei angeboten.[12]

Die aktuelle Version lo-net[2] erlaubt es, die Organisationsstruktur der gesamten Institution abzubilden. Klassen, Kursen und anderen Gruppen können virtuelle Arbeitsräume zugewiesen werden, die unter dem Dach der Institution zusammengefasst und verwaltet werden. lo-net[2] verknüpft verschiedene E-Learning- und Kommunikationswerkzeuge, um den Anforderungen des Schulalltags gerecht zu werden.

Für die persönliche Arbeit stehen jedem Nutzer u. a. eine Dateiablage für eigene Dokumente, ein Terminkalender, ein E-Mail-Service mit Postfächern und Adressbuch sowie ein Generator zur Erstellung einer persönlichen Website bereit. Die Zusammenarbeit von Klassen, Kursen, Arbeitsgruppen und der gesamten Institution fördern Arbeitsbereiche, in denen Kommunikations- und Publikationswerkzeuge wie Forum, Chat, Dateiablagen und Wikis zur Verfügung stehen. Die pädagogische Arbeit kann durch Lesezeichensammlungen, Aufgabenverwaltung und Umfragen bereichert werden.

Als kostenfreier Service erspart lo-net[2] Bildungseinrichtungen eigene Installations- und Wartungsarbeiten sowie die Datensicherung. Zu den bildungspolitischen Zielen gehören die bundesweite Vernetzung von Bildungseinrichtungen, die Einrichtung einer Projektbörse zur Vermittlung von Pro-

---

[9] Das norwegische Unternehmen Fronter (`http://www.fronter.info`) hat sich 2009 der britischen Mediengruppe Pearson angeschlossen.

[10] In der Zeitschrift „Computer + Unterricht" (Heft 83/2011) werden Lernplattformen vorgestellt und in einem Beitrag verglichen. Moodle 1.x schneidet hier deutlich schlechter ab als z. B. Fronter. Dabei wurden jedoch nicht alle Möglichkeiten von Moodle erkannt. Auch die Erweiterungen zur Dateiablage und zum Dateiaustausch von Moodle 2.x bleiben unberücksichtigt.

[11] `http://www.lehrer-online.de/`

[12] lo-net[2] ist eine Lizenzversion der WebWeaver 4 Suite der DigiOnline GmbH, Köln. Die Nutzung von lo-net[2] setzt eine Registrierung der Institution bei der Betreibergesellschaft Cornelsen Verlag GmbH voraus.

jektpartnern und die Einbeziehung/Anbindung außerschulischer Partner wie Eltern oder Ausbildungsunternehmen. Zusätzlich werden eine Reihe von Online-Kursen für Lernende und Unterrichtende angeboten.

Bis zum Frühjahr 2008 unterstützte die Plattform keine thematischen Kurse, die wechselnde Gruppen innerhalb der Institution bearbeiteten. Zeitliche Vorgaben zur Bearbeitung von Problemstellungen oder Aufträgen ließen sich nur indirekt mit Hilfe terminierter Aufgaben abbilden, die Abgabe erledigter Aufgaben erfolgte per E-Mail, Forum oder Dateiablage ohne direkten Bezug.

Seit Mai 2008 kann man den Lernenden strukturierte Arbeitspläne anbieten, denen zufolge sie in einzelnen Schritten vorgegebene Aufgaben bearbeiten und einreichen, Testfragen lösen, Beiträge in Foren oder Wikis schreiben und so mit Mitschülern kommunizieren. Die erledigten Arbeitsschritte kann der Unterrichtende einsehen und kommentieren. Einmal erstellte Lernpläne lassen sich nur bedingt wiederverwenden. Zwar können sie gespeichert und in anderen Klassen importiert werden. Bezüge auf Foren, Wikis, Umfragen werden aber nicht auf den aktuellen Kurs angepasst! Entsprechende Verweise in den Aufgabenstellungen laufen dann ins Leere oder vernetzen ungewollt verschiedene Lerngruppen.

Die Wiederverwendbarkeit konzeptioneller Arbeit bleibt auch mit der Einführung der Lernpläne erheblich eingeschränkt. Zwar erlaubt es ein kostenpflichtiges Zusatzprogramm, Inhalte aus den Dateiablagen der Klassen und Gruppen z. B. beim Schuljahreswechsel zu übertragen, für die meisten anderen Werkzeuge gilt dies nicht.

Einige Weiterentwicklungen verbessern die Situation für lo-net^2-Nutzer: Sogenannte Courselets führen die Lernenden strukturiert durch ein Thema, bieten Übungen an, werten sie aus und ermöglichen Feedback. Dazu sind Courselets übersichtlich in Seiten gegliedert. Die Informationen können durch Bilder, Audios und Videos ergänzt sowie durch interne und externe Links vernetzt werden. Übungen können mit Lückentexten, Auswahl- und Checkboxen, Eingabefeldern und Radiobuttons gestaltet werden. Feedback kann vordefiniert oder im Nachhinein differenziert von der Lehrkraft erfolgen.

Die Courselets erinnern an abgespeckte Moodle-Kurse. Die Vorgehensweise bei der Erstellung weist Ähnlichkeiten auf. Da keine weiteren kooperativen Werkzeuge integriert werden können, ist die Arbeit mit den Courselets in der Regel dem Einzelnen überlassen.

Im Gegensatz zu den Lernplänen lassen sich einmal erstellte Courselets wiederverwenden. Sie können an zentraler Stelle hinterlegt und von Interessierten in ihren Arbeitsbereich importiert werden. Alternativ kann ein Lehrer Courselets für seine Klasse oder seinen Kurs anbieten und betreuen.

lo-net^2 wird in seiner Funktionalität immer wieder erweitert, wobei Ideen und Erfahrungen seiner Nutzer einfließen. In dieser kurzen Beschreibung fehlen daher sicher Funktionen und wurden Erweiterungen nicht berücksichtigt.

Die lo-net Gmbh hat im März 2010 anlässlich der didacta eine Schnittstelle zur Verbindung mit Moodle angekündigt. Eine parallele Nutzung von lo-net[2] und Moodle wird so möglich. Aus lo-net[2] heraus kann dadurch in einem Moodle-System ein Kurs erstellt und in lo-net[2] zur Verfügung gestellt werden. Die Verwaltung der Daten der Schule erfolgt in lo-net[2], das hierfür OpenID als dezentrales Authentifizierungssystem für webbasierte Dienste nutzt. Offenbar kommt auch lo-net[2] nicht mehr an Moodle vorbei.

Resumee

Bei Moodle steht die Begleitung und sogar die Modellierung von Lernprozessen im Vordergrund. Trotz der Neuerungen unterstützt lo-net[2] auch weiterhin in erster Linie gerade anstehende Aktivitäten und die Sammlung unterrichtsbegleitender Materialien, Informationen und Schülerprodukte. Der Wiederverwendbarkeit geleisteter Arbeit für andere Lerngruppen (Parallelkurse, Folgejahre) sind bislang enge Grenzen gesetzt.

Zum Konzept von Moodle gehört es, den Ablauf eines Kurses zu strukturieren, zeitlich zu planen und Bewertungen der Teilnehmerbeiträge zu organisieren. Kurse können mit oder ohne die Beiträge der Teilnehmer gesichert, jederzeit wieder eingespielt oder in einen Ausgangszustand versetzt werden.

1.5 Einsatzbereiche und –arten

Die Integration digitaler Medien in deutschen Schulen befindet sich noch in den Anfängen. Das Spektrum reicht von computerlosem Unterricht bis hin zu Notebookklassen mit einem PC pro Person und entsprechender Ausstattung für die Lehrenden. Manche Schulen nutzen an Software lediglich Office-Produkte (deren didaktischer Sinn sicherlich begrenzt ist) und hochspezialisierte didaktische Programme für einzelne Unterrichtsfächer. Häufig fehlt ein einheitliches Grundkonzept, das sämtliche Unterrichtsanwendungen vereint, strukturiert und den Lernenden einen allgemeinen Zugang zu diesen ermöglicht. Moodle kann in all diesen Szenarien von Nutzen sein:

1.5.1 Keine Möglichkeit des Computereinsatzes in den Unterrichtsstunden

An vielen deutschen Schulen entscheiden sich die Unterrichtenden (meist wegen Überlastung oder Unzuverlässigkeit der entsprechenden Computerräume) gegen den Computereinsatz im Unterricht. Moodle lässt sich hier unterrichtsbegleitend für die Heimarbeit einsetzen, z. B. für die Diskussion von Hausaufgaben und die Prüfungsvorbereitung, für Selbsttests, den Austausch und die Bewertung von Arbeitsergebnissen – auch für die Lernenden untereinander.

Bei großem Engagement der am Unterricht Beteiligten können Tafelbilder, Hausaufgaben und weiterführende Informationen an den Heimarbeitsplätzen zur Verfügung gestellt werden. Heimarbeitsergebnisse müssen jedoch auf dem herkömmlichen Weg in den Unterricht eingehen. Unterrichtsbegleitendes Arbeitsmaterial kann dem ganzen Kurs oder individualisiert zur Verfügung gestellt werden. Weiter können Unterrichtende und Lernende Unterrichtsinhalte und organisatorische Fragen diskutieren, Verständnisfragen stellen etc. Lehrende gewinnen daraus wichtige Anhaltspunkte für ihren weiteren Unterricht.

1.5.2 Gelegentlicher Unterrichtseinsatz

Sehr häufig haben deutsche Schulen einen Computerraum, seltener einen mobilen Klassensatz Notebooks, der gelegentlich für den Fachunterricht genutzt wird. Moodle lässt sich in diesem Fall zeitweise unterrichtsbegleitend und -unterstützend nutzen, z. B. um Arbeitsmaterialien und -aufträge zur Verfügung zu stellen sowie für die Koordination von Gruppenarbeit. Gruppen- und Heimarbeitsergebnisse können vorgestellt, digitale Werkzeuge eingeführt und eingesetzt werden. Dies motiviert die Lernenden oft, während der „computerfreien" Unterrichtszeit ihre heimischen Computer zu Lernzwecken einzusetzen.

1.5.3 Medienecken

Zum Teil finden sich in den Unterrichtsräumen einer Schule Medienecken mit einer begrenzten Anzahl von Computern und Internetanbindung, die einige Schülerinnen und Schüler in der Unterrichtszeit nutzen können. Mit ihrer Hilfe lässt sich unterschiedliches Lern- und Arbeitstempo sinnvoll ausgleichen.

Schneller Lernende bekommen das Angebot, bereits bearbeitete Aufgaben am Computer mit digitalen Werkzeugen „nachzuarbeiten" oder weiterführende Probleme zu lösen. Entsprechende Problemstellungen mit Erläuterungen, Hintergrundinformationen und unterstützenden Arbeitsplänen lassen sich über Moodle-Kurse bereitstellen. Diese Lernenden werden so in motivierender Weise gefördert, gewinnen einen tieferen Einblick in die Unterrichtsthematik und werden an die fachspezifische Arbeit mit dem Werkzeug Computer herangeführt.

Achten Sie darauf, dass auch die langsamer Lernenden immer wieder die Möglichkeit bekommen, mit dem neuen Medium zu arbeiten. Ist ein Beamer vorhanden, können z. B. auch Ergebnisse aus den Haus- oder aus Zusatzaufgaben vorgestellt werden, die Lernende im Moodle-System bereitgestellt haben.

1.5.4 Notebookkoffer

Manche Schule hat Notebookkoffer mit einer begrenzten Anzahl PCs, die die Lehrenden jeweils in den Unterricht mitnehmen können. Dies erfordert neben Engagement auch Kraft und Zeit. Moodle kann den Unterricht in diesem Fall nur sinnvoll begleiten, wenn sich die Notebooks quasi automatisch mit dem Internet verbinden. Dies erreicht man durch ein entsprechendes Netzwerk-Setup der Notebooks, so dass sie sich ad hoc mit dem Webserver verbinden.

1.5.5 Regelmäßiger Unterrichtseinsatz

An vielen deutschen Schulen stehen in bestimmten Unterrichtsfächern regelmäßig Computer zur Verfügung. Auf diese Weise werden digitale Unterrichtswerkzeuge selbstverständlicher Unterrichtsbestandteil. Moodle kann die Organisation des Datenflusses zwischen Unterrichtsraum und Heimarbeitsplätzen übernehmen, lässt sich aber auch zur langfristigen Arbeit z. B. an Wissenssammlungen sowie (teilweise) zur Unterrichtssteuerung fruchtbar einsetzen. Insbesondere die Zusammenarbeit der Lernenden über kooperative Werkzeuge wie Forum und Wiki bereichert das Lernen in den meisten Fällen.

1.5.6 Optimale Integration digitaler Medien in den Unterricht

Eine optimale Versorgungssituation besteht an einer Schule dann, wenn alle Lernenden und Unterrichtenden im Fachunterricht jederzeit auf digitale Lernwerkzeuge zugreifen können, ein Beamer die Visualisierung und eine interaktive, digitale Tafel die Möglichkeiten der Kreidetafel und des Overhead-Projektors erweitert.

Diese Situation ist die große Ausnahme an deutschen Schulen und wurde bislang lediglich vereinzelt mit sogenannten *Notebookklassen* verwirklicht. Initiativen der Bildungsträger in Zusammenarbeit mit Unternehmen und Eltern wie im niedersächsischen Projekt „1000mal1000: Notebooks im Schulranzen" versuchen diese Konzepte in größerem Umfang zu realisieren. Daneben gibt es Bestrebungen der Computerindustrie, entsprechende Ausstattung bezahlbar zu machen (z. B. den EEE-PC von Asus oder Intels Classmate PC). Flächendeckend wird dieses Szenario vermutlich nicht innerhalb der nächsten 10 Jahre umgesetzt werden.

Eine solche Ausstattung bietet neue Möglichkeiten der Unterrichtsarbeit. Die zusätzlich zur Verfügung stehenden Werkzeuge fördern entdeckendes, kooperatives und schüleraktives Lernen in ganz besonderer Weise. Neue Formen der (Inter-)Aktion und Kommunikation werden möglich und entlasten die Unterrichtenden, welche sich auf organisatorische und inhaltlich-moderierende Begleitung konzentrieren können. Gegenseitiges Feedback und zeitnahe, transparente Bewertung von Schülerbeiträgen können selbstverständlicher Bestandteil der gemeinsamen Arbeit werden.

Interaktivität und Vernetzung bieten völlig neue Erklärungsmöglichkeiten. Zum Beispiel kann im Mathematikunterricht an der Tafel ad hoc ein rechtwinkliges Dreieck entworfen werden, dessen Eckpunkte sich dynamisch verändern lassen. Dieses Modell kann man den Lernenden zur Bearbeitung einer Unterrichtsaufgabe zur Verfügung stellen, Arbeitsergebnisse lassen sich wieder an der Tafel (und zu Hause) nachvollziehen. Moodle dient hierbei als Erweiterung des Schülerarbeitsplatzes, über die dieser Austausch stattfindet.

1.6 Voraussetzungen für den Moodle-Einsatz

Grundsätzlich ist es sinnvoll, innerhalb einer Institution ein Gesamtkonzept zur Integration digitaler Medien in den Unterricht umzusetzen. Hierzu gehört es, Lernende und Unterrichtende frühzeitig in die Nutzung digitaler Medien einzuführen – und die dadurch möglichen Lernmethoden häufig zu benutzen. Realismus bezüglich aktueller und zukünftiger Einsatzmöglichkeiten des PCs im Unterricht ist dabei notwendige Voraussetzung ebenso wie Realismus bezüglich des Anfangsaufwandes, der von allen zu leisten ist. Weiter sind bei der Einführung computergestützten Lernens in den Unterricht Kosten für Hardwarewartung und Administration zu erwarten. Aus der Lehrerschaft können diese nicht geleistet werden. Lehrer sollten sich als Experten der pädagogischen Praxis auf selbige konzentrieren können und nicht durch zusätzliche Aushilfsadministration hieran gehindert werden.

Lassen Sie sich davon aber nicht abschrecken! Moodle lässt sich zunächst auch singulär einsetzen und kommt modernen pädagogischen Ansätzen sehr entgegen. So können Sie und Ihre Schülerinnen und Schüler entsprechend unterstützt arbeiten, Entscheidungen im Kollegium werden sich finden, wenn die Zeit reif ist.

Wichtig für den Anfang ist lediglich, dass in der Schule internetfähige PC-Arbeitsplätze für Lernende zur Verfügung stehen, die keinen PC zu Hause haben, und dass es entsprechende Kapazitäten auf einem Webserver für die Schule gibt (Wo ist denn die Homepage Ihrer Schule untergebracht?).

1.6.1 Technische Voraussetzungen

Moodle muss auf einem Webserver eingespielt werden, auf dem ein Datenbankmanagementsystem (wie MySQL) und PHP installiert sind. Hardware und Betriebssystem spielen keine Rolle, denn Moodle läuft u. a. auf Linux- und Windows-Rechnern. Ein detailliertes Anforderungsprofil für die Moodle-Version 2.1 finden Sie im Anhang auf Seite 248.

Dieser Webserver muss über das Internet von jedem Rechner aus erreichbar sein, sei es in der Schule oder von den Heimarbeitsplätzen der Lernenden aus. Die für den Zugriff verwendeten Webbrowser (z. B. Firefox oder Internet Explorer) müssen dem Moodle-Server das Setzen von Cookies erlauben.

Manche in Moodle integrierten Werkzeuge (z. B. für E-Mail und Chats) setzen eine Java-Installation an den Arbeitsplatz-PCs voraus. Entsprechende *Java Runtime Environments* (JRE) werden kostenfrei angeboten.[13] Ob die eingesetzten Lerndokumente mit den von Moodle bereitgestellten oder bereits vorhandenen Werkzeugen bearbeitet werden, spielt für Moodle keine Rolle.

1.7 Einsatzmöglichkeiten

Generell sind der Phantasie beim Moodle-Einsatz kaum Grenzen gesetzt. Die folgenden Ausführungen zeigen anhand einiger Beispiele, wie das System die gemeinsame Arbeit von Unterrichtenden und Lernenden bereichert, und sollen Appetit auf mehr machen. Auf dem buchbegleitenden Moodle-System[14] stehen Szenarien bereit, die diese Einsatzbeispiele aufgreifen; sie werden im Kapitel 5 ab Seite 215 detailliert beschrieben.

1.7.1 Unterrichtsstunde

Die Planung und Durchführung einer einzelnen Unterrichtsstunde (etwa einer Vertretungsstunde) mit Moodle bietet sich als Einstieg mit kleinem Vorbereitungs- und Unterrichtsaufwand an – ein negativer Ausgang des Versuchs wäre schließlich nicht so schlimm.

Dem steht aber ein hoher organisatorischer Erstaufwand gegenüber: für Sie in der Planungsphase und für alle Beteiligten im Unterricht. Ehe sich alle angemeldet und den Moodle-Bildschirm kennengelernt haben, kann einige Zeit vergehen.

Sollten Ihre Schülerinnen und Schüler Computer im Unterricht bislang nur selten einsetzen, rechnen Sie damit, dass sie die Rechner voraussichtlich

---

[13] http://www.java.com/de/download/
[14] http://www.moodle2.opensourcepress.de

wie (im Freizeitbereich) gewohnt nutzen werden – zum Spielen und Chatten. Stellen Sie am besten Unterrichtsauftrag, Modell und Werkzeug zur Verfügung und lassen Sie Ihre Schülerinnen und Schüler damit arbeiten. Am Schluss der Stunde können Sie sie ihre Ergebnisse vorstellen lassen und besprechen diese, wie Sie es im Präsenzunterricht gewohnt sind, den technischen Möglichkeiten der Schule nach durch Beamer etc. unterstützt.

1.7.2 Projekte im Fachunterricht

Als Unterrichtsprojekt bearbeitet eine Lerngruppe ein übergreifendes Thema über einen Zeitraum von mehreren Wochen eigenverantwortlich in arbeitsteiliger Gruppenarbeit. Der Lehrer teilt die Lerngruppe in Arbeitsgruppen ein und vereinbart mit ihnen Arbeitsaufträge, die unterschiedliche Aspekte des Themas aufgreifen.

Jeder Gruppe stehen eigene Moodle-Werkzeuge wie Foren, Wikis, Chats oder Datenbanken auch außerhalb der eigentlichen Unterrichtszeit zur Verfügung. Die Vorgehensweise wird von den Gruppenmitgliedern im Unterricht vereinbart und in Moodle z. B. in einem Wiki oder Forum dokumentiert. Ergänzungen und Veränderungen können auch außerhalb des Unterrichts ausgehandelt werden. Dabei unterstützen Chat und Forum. Die Teilnehmer recherchieren, sammeln Informationen, tauschen sie aus und legen interessante Daten, Texte, Referenzen, Bilder, Grafiken, Audio- und Videodateien in einer Datenbank ab. Sie verfassen und illustrieren ihre Beiträge und kombinieren sie zu einem gemeinsamen Arbeitsergebnis. Die gesamte Lerngruppe präsentiert das Endprodukt und veröffentlicht es intern.

Jeder Teilnehmer protokolliert seine Vorgehensweise und dokumentiert seinen Beitrag zum Gruppenprodukt in einem Journal. Beiträge kann er oder sie während und außerhalb der Unterrichtszeit leisten. Während des Projekts gibt der Unterrichtende Feedback und eine abschließende Bewertung.

Als Unterrichtende begleiten Sie den Arbeitsprozess jeder Gruppe. Sie können deren Arbeit einsehen, zusätzliche Informationen beisteuern, Anregungen geben und Hilfestellungen leisten. Dafür stehen Ihnen insbesondere die Moodle-Werkzeuge der Gruppe zur Verfügung. Individuelle Beratungen werden durch Beobachtungen im Unterricht und die persönlichen Lerntagebücher möglich. Eine angemessene, individuelle Bewertung der Teilnehmer erleichtert Moodle mit der namentlichen Kennzeichnung der einzelnen Beiträge zum Gruppenprodukt.

1.7.3 Unterrichtsbegleitender Langzeiteinsatz

An einer Schule mit entsprechender technischer Ausstattung ist Moodle in einem Kurs über einen längeren Zeitraum (z. B. über ein gesamtes Schuljahr) einsetzbar. Dies hat den Vorteil, dass sich Lernende wie Unterrichtende an den Einsatz der Lernplattform gewöhnen können, bis sie als selbstverständliches Unterrichtswerkzeug (nicht mehr) wahrgenommen wird.

Ein wichtiges Einsatzgebiet ist hier die Bereitstellung von Tafelbildern auch von konventionellen Tafeln. Dazu können Sie die Tafel fotografieren und das Bild am besten im JPEG-Format speichern. Folien für den Overheadprojektor können eingescannt werden. Gibt es dank PC und Beamer digitale Möglichkeiten zur Tafelbilderstellung (am besten inklusive digitaler Erfassung des Tafelanschriebs durch eine interaktive Tafel), können Sie die Tafelbilder direkt zum Stundenende in die Plattform einstellen.

Diese Tafelbilder dienen den Lernenden zunächst zur Nachbereitung des Unterrichts. Bei entsprechender Ausstattung lassen sie sich annotieren, korrigieren, kommentieren und diskutieren, was die Unterrichtsvorbereitung von Lernenden und Unterrichtenden erleichtern kann.

Foren, Kalender, Abstimmungsmöglichkeiten etc. in Moodle lassen sich weiter zur Klärung inhaltlicher wie organisatorischer Fragen (z. B. über die Arbeitsaufteilung bei Gruppenarbeiten oder Abgabetermine) sowie zur Diskussion und Zusammenstellung der Teilergebnisse nutzen. Dabei ist die Grenze zur außerunterrichtlichen Nutzung nicht so einfach zu ziehen. Und wie wäre es z. B. mit dem Einbezug kursfremder Gesprächspartner mit Expertenwissen, z. B. per Chat? Lernwerkzeuge (z. B. Glossare) können Sie als Unterrichtende zu Beginn des Kurses, aber auch während einzelner Unterrichtsphasen zur Verfügung stellen.

1.7.4 Kollegiumsinterner Einsatz

Moodle kann ein Kollegium bei der Organisation seiner Arbeit bis hin zur Kommunikation einzelner Kollegen untereinander unterstützen. Lehrpläne, Konferenzbeschlüsse und Unterrichtsmaterialien können in Moodle gesammelt und bei Bedarf heruntergeladen werden. Bekanntmachungen können als Moodle-Einträge das Schwarze Brett im Lehrerzimmer ersetzen. Die Organisation des Vertretungsunterrichts inklusive Austausch von Unterrichtsmaterialien und Unterrichtsergebnissen lässt sich innerhalb von Moodle erledigen (Vorsicht ist allerdings in Sachen Sicherheit geboten). Die häufig erschwerte Kommunikation innerhalb des Kollegiums wird gestützt und entlastet den Schriftverkehr über die Lehrerfächer.

1.7.5 Institutionsübergreifender Einsatz

Vieles spricht dafür, dass Institutionen des Bildungsbereichs zusammenarbeiten. Regionale und überregionale Beziehungsnetze zwischen Schulen bestehen zu unterschiedlichen Zwecken seit Jahren oder werden neu geknüpft. Moodle lässt sich dabei begleitend und unterstützend zunächst im Kommunikationsbereich einsetzen: Wie wird an den anderen Schulen unterrichtet? Wie werden Probleme gelöst? Wie ist z. B. der Vertretungsunterricht organisiert?

Weitergehend lässt sich die institutionsinterne Arbeit z. B. beim Sammeln von Unterrichtsmaterialien auf die entstehenden Schulengemeinschaften ausweiten. Warum nicht Moodle-Kurse für Vertretungsunterricht oder Vorbereitungsseminare auf die Oberstufe schulübergreifend sammeln und nutzen? Hier treten Synergieeffekte auf: Die jeweiligen pädagogischen Konzepte wie auch die Materialsammlungen der einzelnen Fachkonferenzen sind auch für andere Schulen wertvoll. Notwendige Arbeit läuft nicht parallel, sondern vernetzt und im günstigsten Fall arbeitsteilig ab.

Moodle in Aktion

In diesem Kapitel lernen Sie die Werkzeuge und den allgemeinen Umgang mit Moodle in der Praxis kennen. Der Erläuterung der Moodle-Elemente stellen wir jeweils einen Nutzerbericht voran. Begleiten Sie Bernd und Anita und deren Lehrer Herrn Crey bei ihrer Arbeit mit Moodle.

Moodle unterteilt den Arbeitsbereich eines Kurses in einen Grundbereich in der Bildschirmmitte und ein oder zwei Randbereiche. Den Grundbereich können Unterrichtende kursspezifisch und passend zu ihren Unterrichts-vorhaben mit Arbeitsmaterial und Aktivitäten füllen.

2.1 Arbeitsmaterial

Bernd ruft die Kursansicht seines Mathematikkurses auf, schaut sich das Arbeitsblatt für die Hausaufgabe zur Geometrie an und staunt. Wie soll er die Aufgabe bearbeiten? Zum Glück findet er im Kursbereich weitere Infomationen und sogar ein Programm, mit dem er selbst Dreieckskonstruktionen zeichnen kann. Er probiert erst einmal herum...

Spezielle Informationen, Arbeitsblätter, niedergeschriebene Arbeitsaufträge, Quellenhinweise bereichern den Unterricht und sind neben den Lehrbüchern für die Lernenden heute selbstverständlich. All dies können Unterrichtende im Moodle-Arbeitsbereich einfügen, Lernende dürfen es lediglich herunterladen – das aber, so oft sie wollen.

Umfangreiches Material stellt man in einem separaten Verzeichnis zur Verfügung, auf das die Kursteilnehmer und -teilnehmerinnen aus dem Kursbereich heraus zugreifen. Sie können in Moodle Texte erstellen, die direkt im Arbeitsbereich oder auf einen Klick auf den Textnamen hin angezeigt werden. Weiter können Sie Dateien einfügen und auf externe Webinhalte verlinken.

Interaktives Arbeitsmaterial lässt sich auch mit herkömmlichen Lernaktivitäten verbinden, indem es an passender Stelle in den Kursbereich eingebunden wird. Auf Seite 187 demonstrieren wir dies anhand eines Geogebra-Arbeitsblatts.

Hiervon unterscheidet Moodle interaktive *Lernwerkzeuge*, die spezifische Schüleraktivitäten zum Ziel haben und nach didaktischer Funktionalität benannt sind.

2.2 Lernaktivitäten

Solche Moodle-*Aktivitäten* fügen Unterrichtende in den Grundbereich eines Kurses ein und stellen sie den Lernenden zur Lösung ihrer Aufgaben zur Verfügung. Moodle2 unterscheidet (in der Grundinstallation[1]) zwischen Abstimmungen, Aufgaben, Chats, Datenbanken, Feedback, Foren, Glossaren, Lektionen, Lernpaketen, Tests, Umfragen, Wikis und Workshops. Sie sind im Arbeitsbereich an den in Tabelle 2.1 gezeigten Symbolen zu erkennen.

Tabelle 2.1:
Moodle-Aktivitäten

Symbol	Name	beschrieben in
?	Abstimmung	Kapitel 2.2.1 auf Seite 41
	Aufgabe	Kapitel 2.2.2 auf Seite 43
	Chat	Kapitel 2.2.3 auf Seite 47
	Datenbank	Kapitel 2.2.4 auf Seite 48

[1] Die in den Moodle-Versionen 1.x enthaltene Journal-Aktivität ist nicht mehr in der Moodle2-Grundinstallation enthalten, kann aber als Zusatzmodul nachinstalliert werden.

Fortsetzung:

Symbol	Name	beschrieben in
?	Feedback	Kapitel 2.2.5 auf Seite 49
	Forum	Kapitel 2.2.6 auf Seite 51
	Glossar	Kapitel 2.2.7 auf Seite 54
	Lektion	Kapitel 2.2.12 auf Seite 62
	Lernpaket	Kapitel 2.2.13 auf Seite 62
	Journal	Kapitel 2.2.15 auf Seite 64
	Test	Kapitel 2.2.8 auf Seite 56
	Umfrage	Kapitel 2.2.11 auf Seite 62
	Wiki	Kapitel 2.2.9 auf Seite 58
	Workshop	Kapitel 2.2.10 auf Seite 61

Diese Aktivitäten machen Moodles eigentliche Stärke aus, da sie in vielfältiger Form aktives, kooperatives Lernen ermöglichen. Dabei bleibt es den Unterrichtenden überlassen, welche Aktivitäten sie den Lernenden zu welchem Zeitpunkt anbieten.

Moodle erlaubt es den Unterrichtenden, den Arbeits- und Lernprozess der Schülerinnen und Schüler mitzuverfolgen, zu kommentieren und mit Ausnahme der Aktivitäten Abstimmung, Chat und Wiki die individuellen Beiträge der Lernenden zu bewerten. Die Bewertungen innerhalb eines Kurses stellt Moodle für jeden Lernenden einzeln zusammen. Im buchbegleitenden Moodle-System demonstriert der **Kurs1 – Grundbausteine eines Moodle-Kurses** die Lernaktivitäten in ihren unterschiedlichen Ausprägungen.

2.2.1 Abstimmungen

Anitas und Bernds Klasse hat beschlossen, am Debattierwettbewerb teilzunehmen. In der heutigen Stunde werden sich die Schülerinnen und Schüler auf den Meinungsaustausch vorbereiten. Gegenstand der Debatte soll der Klimaschutz sein. Wie im Bundestag sollen Redner der verschiedenen Parteien ihre Argumente vortragen. Zunächst müssen jedoch die Parteien gebildet werden.
*Lehrer Crey hat in Moodle eine **Abstimmung** vorbereitet (Abbildung 2.1). Jede Partei soll von drei Schülerinnen und Schülern vertreten werden. Bernd*

entscheidet sich rasch für Bündnis 90/Die Grünen und klickt **Meine Auswahl speichern** *an. In der Gruppe waren gerade noch zwei Plätze frei, einen davon hat er bekommen. Bernd sieht, dass Anita sich für die CDU/CSU entschieden hat. Überrascht stellt er fest, dass Moodle diese Gruppe schon als* **vollständig** *kennzeichnet. Er informiert Herrn Crey, der in den Einstellungen der Abstimmung das* **Limit** *korrigiert (siehe Seite 118).*

Das Abstimmungswerkzeug wird durch ein Fragezeichen symbolisiert.[2] Mit seiner Hilfe verschafft sich die Lerngruppe oder der Unterrichtende einen Überblick darüber, wie die Einstellungen oder Positionen zu einem Thema, zu einer Frage oder zu einem Unterrichtsaspekt bei den Kursteilnehmerinnen und -teilnehmern verteilt sind. Den Lernenden wird eine Frage gestellt, zu der sie aus einer Anzahl von Möglichkeiten (mindestens zwei) genau eine Antwort wählen, eine Mehrfachauswahl ist nicht vorgesehen. Abbildung 2.1 zeigt das Ergebnis einer solchen Gruppenwahl.

Abbildung 2.1:
Beispiel für eine
Abstimmung

Entscheide Dich jetzt für eine Partei, in deren Team Du an der Debatte teilnehmen möchtest.

○CDU/CSU ⦿SPD ○FDP ○Bündnis90 / Die Grünen (Obergrenze erreicht) ○Die Linke

Meine Auswahl speichern Meine Auswahl entfernen

Stimmabgaben

Noch nicht abgestimmt (4)	CDU/CSU (1)	SPD (1)	FDP (0)	Bündnis90 / Die Grünen (2)	Die Linke (0)
Guido Grau	Bernd Braun	neu ling		Anita Anger	
Lehrer Hoeksema				Dieter Dachs	
Katrin Klein					
Lars Luchs					

Bei der Abstimmungserstellung kann darüber entschieden werden, ob in der ersten Spalte dargestellt wird, wer sich noch nicht entschieden hat. Zusätzlich können die einzelnen maximalen Gruppengrößen vorab festgelegt (und während der Abstimmung bei Bedarf von den Unterrichtenden angepasst) werden.

Soll das Abstimmungsverhalten der Einzelnen nicht durch andere beeinflusst werden, legt man fest, dass Moodle das Ergebnis erst nach der einzelnen Abstimmung anzeigt. Die Ergebnisanzeige lässt sich anonymisieren.

---

[2] Wie Sie eine Abstimmung einrichten, erfahren Sie auf Seite 118.

Das Abstimmungswerkzeug bietet sich an,

- wenn organisatorische Entscheidungen getroffen werden sollen,

- um zu Beginn einer Unterrichtseinheit Inhalte zu motivieren,

- um in Einleitungsphasen Polaritäten zu erzeugen oder zu verdeutlichen,

- um die Veränderung von Haltungen im Laufe des Unterrichtsprozesses zu dokumentieren,

- um Gruppenfindungsprozesse zu unterstützen oder

- um Meinungen zum Kurs abzufragen.

Die Abstimmungsergebnisse stellt Moodle in den Dateiformaten `.ods`, `.xls` oder `.txt` zur externen Weiterbearbeitung in LibreOffice[3], Excel oder beliebigen Texteditoren zur Verfügung.

2.2.2 Aufgaben

Anita hat wie alle Schülerinnen und Schüler ihrer Klasse eine Aufgabe erhalten, die innerhalb von zwei Wochen zu lösen ist. Sie soll eine Inhaltsanalyse zu einer Geschichte ihrer Lieblingsautorin machen. Das Ergebnis soll sie in Form einer Datei in Moodle hochladen. Hätte sie nur nicht so getrödelt! Moodle meldet ihr, dass in drei Tagen Abgabeschluss sei, und Moodle erlaubt keine verspätete Einreichung . . .

Das Werkzeug **Aufgabe** ist ein Moodle-Grundelement; es wird in Einführungsphasen genauso eingesetzt wie bei der Erarbeitung eines Lerninhalts und bei der Bewertung.[4] Dabei begleitet Moodle den kompletten Zyklus des Stellens, Lösens, Bewertens und Besprechens von Aufgaben.

Der Unterrichtende stellt den Arbeitsauftrag online, die Lernenden bearbeiten ihn und geben die Ergebnisse (im Moodle-Kurs) ab. Der Unterrichtende sieht die Einreichungen durch, kommentiert und bewertet sie. Diese Rückmeldungen stehen den Lernenden zeitnah zur Verfügung.

---

[3] LibreOffice ist ein aus dem OpenOffice-Projekt hervorgegangenes bzw. abgespaltenes Open-Source-Projekt.

[4] Wie Sie eine Aufgabe in Moodle erstellen, erfahren Sie auf Seite 119.

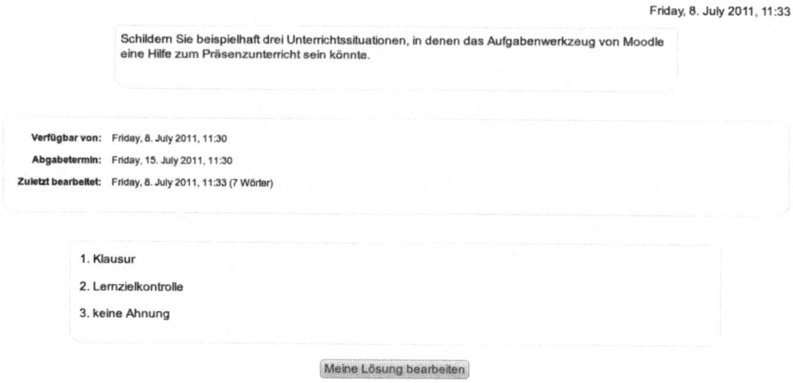

Abbildung 2.2:
Beispiel für eine
Aufgabe

Friday, 8. July 2011, 11:33

Schildern Sie beispielhaft drei Unterrichtssituationen, in denen das Aufgabenwerkzeug von Moodle eine Hilfe zum Präsenzunterricht sein könnte.

Verfügbar von: Friday, 8. July 2011, 11:30
Abgabetermin: Friday, 15. July 2011, 11:30
Zuletzt bearbeitet: Friday, 8. July 2011, 11:33 (7 Wörter)

1. Klausur

2. Lernzielkontrolle

3. keine Ahnung

Meine Lösung bearbeiten

Aufgaben (Abbildung 2.2) enthalten einen Arbeitsauftrag in Textform und müssen in einem bestimmten Zeitraum eingereicht werden. Moodle bietet unterschiedliche Formen an: *Offline-Aufgaben* werden zwar über Moodle gestellt, die Lernenden geben sie jedoch persönlich ab. *Online-Aufgaben* müssen auch per Moodle eingereicht werden. Dazu stellen Sie einen Text oder eine bzw. mehrere Dateien als Arbeitsergebnis direkt in Moodle ein, die nur die Unterrichtenden einsehen, korrigieren und bewerten dürfen.

Die Abwicklung umfassender Aufgaben in Moodle entlastet die Unterrichtenden bei ihrer Arbeit, denn die Verantwortung für die rechtzeitige Abgabe der Lösungen liegt bei den Lernenden. Nachreichungen außerhalb der festgesetzten Bearbeitungszeit nimmt Moodle (bei passender Voreinstellung) nicht an. Dies ist zunächst ungewohnt, hat aber oft einen günstigen erzieherischen Effekt.

Wenn Sie wollen, können Sie es den Lernenden erlauben, ihre Ergebnisse zu überarbeiten und neu einzureichen. Aufwändiges Nachhalten, Suchen und Herumtragen entfällt. Sie sehen alle Abgaben auf einen Blick und können unmittelbar kommentieren und bewerten. Moodle hält Schülerprodukte und Bewertungen so lange wie nötig verfügbar, so dass sie sich ohne langwierige Ablage zur Notenfindung und Begründung der Leistungsbewertungen heranziehen lassen.

Lerntagebuch als besondere Aufgabenform

Bernd arbeitet an seiner besonderen Lernleistung, einer Facharbeit, die er in diesem Halbjahr im Fach Physik fertigstellen muss. Er hatte zwei Wochen Liebeskummer und weiß gar nicht mehr, wie weit er mit der Arbeit ist. Er schaut in das entsprechende Lerntagebuch, in dem er glücklicherweise regelmäßig Einträge über seine Arbeit gemacht hat. Ach ja, er hatte zuletzt große

Probleme bei der Beschaffung der Versuchsmaterialien, und die Literaturre-
cherche weitete sich zu einer unendlichen Aufgabe aus. Sein Physiklehrer hat
inzwischen den letzten Eintrag kommentiert und berichtet ihm von einem
anderen Versuch, der Bernds Grundthese ebenfalls stützen könnte, die Mate-
rialbeschaffung wäre viel einfacher. Zur Literaturrecherche beruhigt er ihn,
er solle begründet Grenzen seines Themas abstecken. Bernds Liebeskummer
ist zwar noch da, aber jedenfalls hat er jetzt den Faden seiner Arbeit wieder-
gefunden und nützliche Tipps erhalten.

Lerntagebücher, wie Abbildung 2.3 eines zeigt, werden häufig eingesetzt,
um Lernende zur Reflexion anzuregen. Zu einem bestimmen Thema, Er-
eignis oder bezogen auf einen Lernprozess schreiben sie Beobachtungen,
Erkenntnisse und Erfahrungen nieder. Die Durchsicht der Lerntagebücher
gibt dem Unterrichtenden die Möglichkeit, Rückmeldungen der Lernenden
zu bekommen und ihnen Feedback zu geben.[5]

Abbildung 2.3:
Tagebucheintrag mit
Bewertung durch den
Lehrer

In Moodle legt der oder die Lehrende ein Lerntagebuch als *Online-Aufgabe*
an, beschreibt seinen Verwendungszweck und legt den Bearbeitungszeitraum, meist einige Tage oder mehrere Wochen, fest. In dieser Zeit dürfen
Teilnehmende auch bereits verfasste Einträge noch ändern.

Jeder Teilnehmer bearbeitet (in der Regel) sein persönliches Lerntagebuch.
Nur Sie als Unterrichtender haben Einblick in die Einträge aller Teilnehmer.
Sie können sie individuell kommentieren oder anhand von Bewertungsskalen (siehe Seite 99) bewerten. Dazu öffnen Sie die entsprechende Aufgabe
und wählen **abgegebene Aufgabe(n) ansehen**. Zu jedem Beitrag eines Lernenden können Sie eine Rückmeldung erfassen, die aus einer Bewertung
und einem Kommentar besteht (Abbildung 2.4).

---

[5] Wie Sie ein Lerntagebuch als besondere Aufgabenform in Moodle 2.x einrichten, erfahren Sie ab Seite 122.

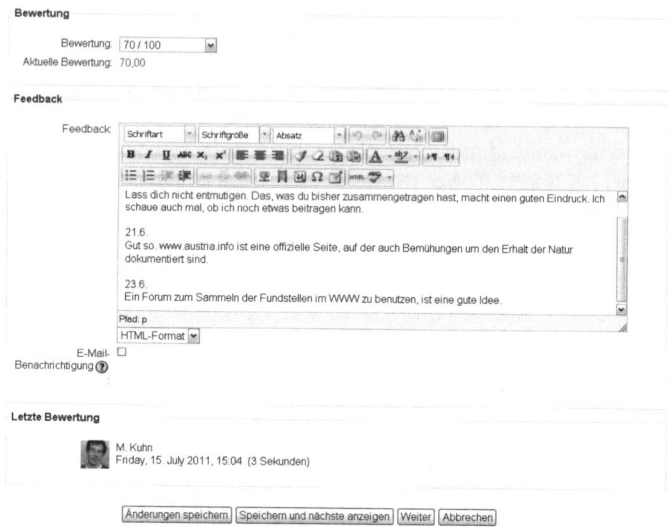

Lerntagebücher sind weniger auf abschließende oder einmalige Reflexion ausgerichtet als vielmehr auf die Dokumentation eines Arbeits*prozesses.* Allerdings erzeugt Moodle keine Chronologie der Einträge wie bei einem Blog. Sowohl für die Einträge als auch für Bewertungen zeigt Moodle jeweils das Datum der letzten Änderung an. Damit ein Tagebuch entsteht, muss die Verfasserin oder der Verfasser selbst jeden neuen Eintrag mit einem Datum versehen.

Online-Aufgaben lassen sich über den Gruppenmodus sowohl als Tagebuch einer Arbeitsgruppe als auch als persönliches Lerntagebuch konfigurieren. Beides erlaubt eine regelmäßige Bestandsaufnahme des Lernfortschritts, die Dokumentation des Lern- und Arbeitsprozesses und die Reflexion der Lernschritte, wichtige Elemente um *Lernen zu lernen* und Lernstrategien zu entwickeln (*Metakognition*). Zudem können Sie als Lehrerin Ihre Erwartungen an den Kurs (vorher) mit den tatsächlichen Inhalten oder dem Ablauf (nachher) abgleichen.

In früheren Moodle-Versionen wurden Lerntagebücher über die Aktivität **Journal** abgewickelt. Dies hatte den Vorteil, dass auch die Hinweistexte (**Journaleintrag beginnen oder bearbeiten**) unmissverständlich waren. Ein Tagebuch, das als „Aufgabe" abgewickelt wird, kann die Lernenden irritieren, da Moodle hier Hinweise wie **Lösung bearbeiten** oder **Aufgabenabgabe** gibt. Die Aktivität **Aufgabe** ist vollständig in das Moodle-Bewertungssystem integriert, für das Journal galt das nie.

2.2.3 Chats

Bernd bereitet sich zu Hause auf die morgige Klassenarbeit vor. Herr Crey hat um 15 Uhr einen Chat zur Besprechung letzter offener Fragen angesetzt. Alle Schülerinnen und Schüler können daran teilnehmen, vielleicht schaut er sogar selbst hinein. Bernd hat da noch eine dringende Frage zum letzten Thema – war da nicht ein Fehler an der Tafel? Er ist gespannt, was die anderen meinen.

Chats als Diskussionsrunden mit mehreren Gesprächspartnern finden in Moodle gewöhnlich themenbezogen statt.[6] Das Chatwerkzeug dient als Diskussionsraum, der allen Kursteilnehmern oder auch nur Teilgruppen zur Verfügung steht, um schriftlich per Tastatureingabe (nahezu) synchron zu kommunizieren. Solche „Gespräche" können Sie mit einer Fragestellung einleiten, um sachorientierte Diskussionen zu fördern. Moodle protokolliert den Gesprächsverlauf, so dass die Gesprächsteilnehmer (und die Unterrichtenden) ihn später nochmals einsehen und nachvollziehen können. Machen sich die Lernenden dies bewusst, fällt es ihnen oft etwas leichter, dieses Medium anders als im Freizeitbereich zu nutzen.

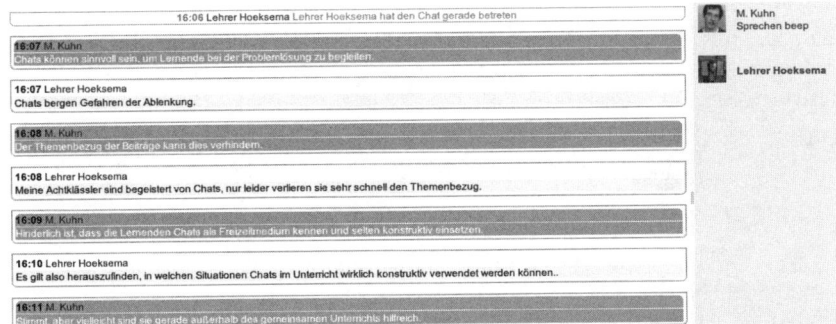

Abbildung 2.5: Beispiel für einen Chat

In Moodle können Sie Chats als allgemeine, ständig verfügbare Aktivität oder zeitlich begrenzt und mit Themenbezug anbieten. Die Wiederholung und Kombination von Aktivitäten ist gewollt. Es ist sinnvoller, im Kurs mehrere Chats zu unterschiedlichen Themen anzusiedeln und mit geeigneten Fragestellungen einzuleiten als alle Diskussionen über einen zentralen Chat laufen zu lassen. Alle Lernaktivitäten (so auch die Chats) können Sie zu einem bestimmten Zeitpunkt aktivieren und später wieder deaktivieren.[7]

---

[6] Wie Sie einen Chat in Moodle einrichten, erfahren Sie auf Seite 123.

[7] Das geht in der Bearbeitungssicht des Kurses über das Symbol des Auges neben dem Namen der Aktivität. Ist es geöffnet, ist die Aktivität für die Lernenden sichtbar, ist es geschlossen, unsichtbar. Ein einfacher Klick reicht, um das Symbol umzuschalten.

2.2.4 Datenbank

Bis übermorgen sollen Anita und ihre Mitschülerinnen in Gruppenarbeit eine Anleitung zum Erstellen eines gleichseitigen Dreiecks erarbeiten. Bernd meinte heute morgen, er habe eine fast fertige Anleitung und eine Ergebniszeichnung in die Austauschdatenbank hochgeladen. Anita durchstöbert die Datenbank, findet seinen Eintrag, liest seinen Kommentar und lädt Anleitung nebst Zeichnung herunter. Es fehlt gar nicht mehr viel. Ganz am Ende ist nur eine Ungenauigkeit, die sie schnell korrigiert. Sie lädt die korrigierte Anleitung zusammen mit einer neuen Zeichnung wieder in die Datenbank und schickt Bernd schnell eine Mitteilung, dass jetzt alles fertig sei. Ihre Gruppe kann morgen im Unterricht präsentieren.

Datenbanken eignen sich zum Sammeln und Austauschen von Dateien zwischen Lernenden (und Unterrichtenden).[8] Sie speichern die gewünschten Informationen oder Dateien geordnet ab und erlauben es, komfortabel nach Inhalten zu suchen. Einen schnellen Überblick über den Inhalt der Datenbank bietet die Listenansicht. Sind weitere Details von Interesse, schaltet man für einen Datensatz auf die Einzelansicht um.

Abbildung 2.6:
Listenansicht einer
Datenbank

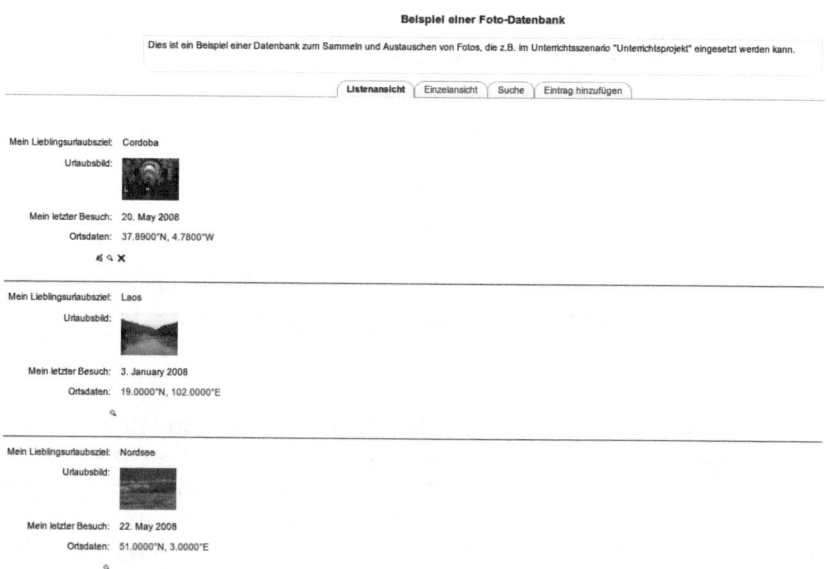

Datenbanken eignen sich besonders zur Verwaltung vieler Informationen. Sie sind wesentlich komfortabler als ein Dateiordner zur Datenablage, die in anderen Lernplattformen für den Datenaustausch üblicherweise vorge-

---

[8] Wie Sie eine Datenbank in Moodle einrichten, erfahren Sie ab Seite 124.

sehen sind. Der Aufwand zur Erstellung ist in Moodle relativ gering. Mit der Verwaltung der Datenbank haben Sie darüber hinaus nichts zu tun. Entscheidend für das erfolgreiche Wiederfinden der Einträge sind sinnvolle, erläuternde Angaben. Dies gilt insbesondere für Dateien wie Bilder oder Tondokumente, in denen man nicht nach Stichwörtern suchen kann.

Eine Datenbank lässt sich z. B. so einrichten, dass sie einzelne Arbeitsergebnisse zu einer Aufgabe sammelt und allen Lernenden zur Verfügung stellt. Datenbankeinträge sind editierbar und können (optional) mit Kommentaren erläutert werden.

Abbildung 2.6 zeigt die Listenansicht einer Reisefoto-Datenbank. In dieser Form präsentiert Moodle einem Teilnehmer zum Beispiel die Ergebnisse einer Suchanfrage. Um alle Detailinformationen zu einem Datensatz zu sehen, schalten sie per Klick auf die Registerkarte Einzelansicht um (Abbildung 2.7).

Abbildung 2.7:
Einzelansicht eines
Datensatzes

2.2.5 Feedback

In den letzten Wochen hat Anita Mathematik ganz neu und anders erlebt. Sie konnte zusammen mit einigen Mitschülern zum Thema „Zufall und Wahrscheinlichkeit" experimentieren und mathematische Ideen und Gesetzmäßigkeiten selber entdecken. Dazu hatte Herr Crey einen Moodle-Kurs eingerichtet und die Aktivitäten Wiki und Forum für den Gedanken- und Ideenaustausch als kooperative Werkzeuge vorgesehen. Schwierigere Experimente

wurden simuliert und für die Analyse der Ergebnisse half das Computerprogramm sehr.[9]
Allerdings hat längst nicht alles so geklappt, wie Herr Crey sich das gedacht hatte. Die Arbeit in der Gruppe lief ja zunächst ganz gut, aber später blieb doch viel an Anita hängen. Auch war manches einfach nicht gut erklärt und mehr Abwechslung bei den Aufgaben hätte auch nicht geschadet.

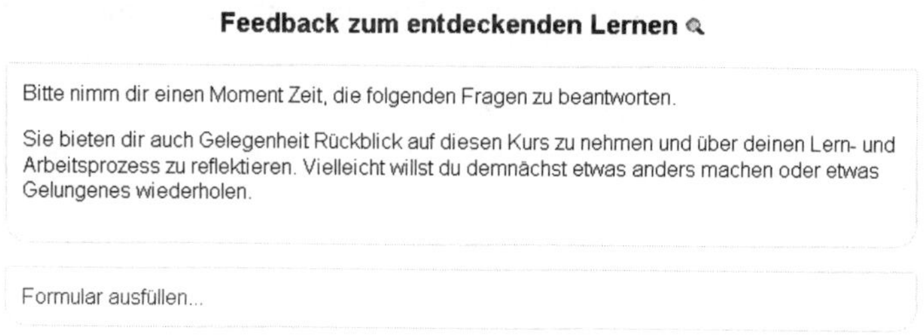

Abbildung 2.8:
Ziel des Feedbacks

Feedback zum entdeckenden Lernen ⬣

Bitte nimm dir einen Moment Zeit, die folgenden Fragen zu beantworten.

Sie bieten dir auch Gelegenheit Rückblick auf diesen Kurs zu nehmen und über deinen Lern- und Arbeitsprozess zu reflektieren. Vielleicht willst du demnächst etwas anders machen oder etwas Gelungenes wiederholen.

Formular ausfüllen...

Die letzte Aktion ist nun ein Schüler-Feedback. Darauf freut sich Anita, denn jetzt ist endlich ihre Meinung gefragt. Angst vor Ärger braucht sie nicht zu haben, da ihre Angaben anonym bleiben. Sie will sachlich und ehrlich antworten. Schließlich fand sie das selbstständige Arbeiten klasse, und wenn sie demnächst bei der Wahl der Gruppenmitglieder mitbestimmen darf...

Das Feedback-Modul erlaubt die Erstellung von Fragebögen und bietet deren Auswertung an. Solche Fragebögen sind umfangreicher als eine Abstimmung und können im Gegensatz zu den Moodle-Umfragen frei gestaltet werden. Erprobte Fragebögen lassen sich als Vorlage abspeichern und in anderen Kursen verwenden. Auch der Im- und Export der Feedback-Fragen zwischen verschiedenen Moodle-Systemen ist möglich.

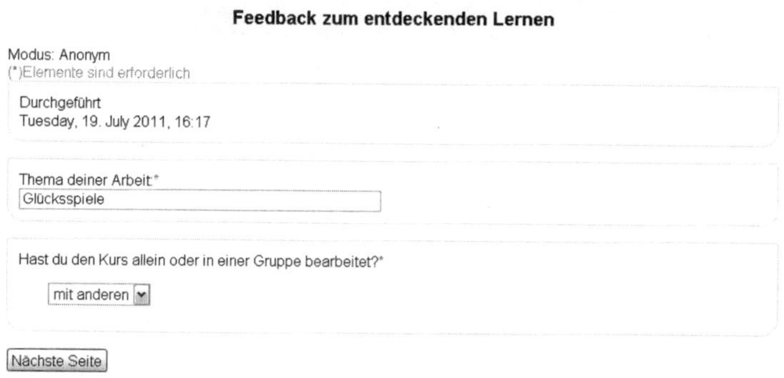

Abbildung 2.9:
Startseite eines
Feedback–
Fragebogens

Feedback zum entdeckenden Lernen

Modus: Anonym
(*)Elemente sind erforderlich

Durchgeführt
Tuesday, 19. July 2011, 16:17

Thema deiner Arbeit:*
Glücksspiele

Hast du den Kurs allein oder in einer Gruppe bearbeitet?*
mit anderen ▾

Nächste Seite

---

[9] Dieses Szenario ist in Abschnitt 5.5 näher erläutert und findet sich als Kurs auf der buchbegleitenden Webseite.

Ein typischer Fragebogen (Abbildung 2.9) enthält sowohl offene Fragen wie auch Fragen mit eingeschränkten Antwortmöglichkeiten. Auch können Fragen von vorherigen Antworten abhängen (Abbildung Seite 136). So braucht Anita nur dann Fragen zur Gruppenarbeit zu beantworten, wenn Sie den Kurs **mit anderen** bearbeitet hat.

Die Befragung der Teilnehmer kann wahlweise namentlich oder anonym erfolgen. Die Befragten werden auf den Modus hingewiesen. Im anonymen Modus können die Antworten nicht zurückverfolgt werden, auch nicht durch Administratoren.

Für die Auswertung (Abbildung 2.10) werden Balkendiagramme gebildet, Antworten aufgelistet oder Mittelwerte ermittelt, je nach Fragetyp. Ausgefüllte Feedbacks können einzeln eingesehen und bei Bedarf gelöscht werden. Die Auswertung kann auch den Teilnehmern nach Bearbeitung des Fragebogens gezeigt werden.

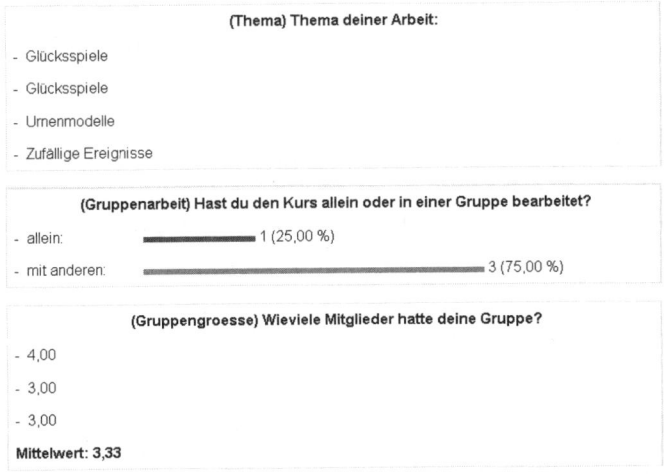

Abbildung 2.10:
Auswertung zu
verschiedenen
Fragetypen

2.2.6 Foren

Bernd hat schon wieder ein mulmiges Gefühl im Magen: Die nächste Klassenarbeit wirft ihre Schatten voraus. Er geht sämtliche Foren zum aktuellen Thema durch, dann sucht er einen speziellen Diskussionszweig heraus. Anita hatte eine Frage gestellt, die anschließend heiß diskutiert wurde. Er liest diesen Zweig bis zum Ende durch. Mehrere Mitschüler haben sich beteiligt, einmal hat der Lehrer etwas geschrieben. Moment! Der Lehrerkommentar bringt ihn auf eine Idee. Beflügelt schreibt er eine Antwort ins Forum, ob der Frage nicht auf diese Weise beizukommen sei. Er überlegt kurz, ob er nicht eine Ideenskizze als Anhang mit hochladen soll.

Diskussionsforen sind im Internet weit verbreitet. Sie werden allgemein dazu benutzt, Gedanken, Meinungen und Erfahrungen auszutauschen, und sind meist thematisch strukturiert: Teilnehmer stellen Fragen zu einem Sachgebiet, um anhand der Antworten ein Problem zu klären, oder sie äußern ihre Meinung und erwarten Reaktionen. Anfragen und Reaktionen sind in Themenzweigen (*Threads*) organisiert, die es den Teilnehmern erleichtern, die Diskussion zu verfolgen und sich gegebenenfalls selber einzubringen.[10]

Foren bieten den Vorteil der asynchronen Kommunikation in einer Lerngemeinschaft. Die Diskutierenden sind nicht gezwungen, gleichzeitig zu arbeiten, sämtliche Beiträge können von allen gelesen werden.

Moodle stellt für das gemeinsame Lernen unterschiedliche Forentypen zur Verfügung. Welchen Sie jeweils wählen, legen Sie beim Anlegen des Forums einmalig fest:

Standardforum zur allgemeinen Nutzung

Jeder kann beliebig viele Anfragen stellen und Antworten auf Anfragen geben.

Standardforum, angezeigt in blog-ähnlichem Format

bietet als offenes Forum jedem die Möglichkeit, zu jeder Zeit ein neues Diskussionsthema zu eröffnen und auf alle Beiträge zu antworten. Alle Themen werden auf einer Seite zusammengefasst.

Jede/r darf genau ein Thema einrichten

Jede und jeder Lernende darf genau eine Frage an alle stellen oder eine themenbezogene Diskussion eröffnen.

Diskussion zu einem einzigen Thema

beschränkt die Diskussion auf das vorgegebene Thema.

Frage-und-Antwort-Forum

Die Lernenden müssen zu den Fragen zunächst durch eine Antwort Position beziehen, bevor sie die übrigen Kursantworten sehen können.

Per Klick auf den Namen des Forums haben alle Forennutzer (abhängig vom Forentyp und den ihnen zugewiesenen Rechten, siehe auch Seite 84) die Möglichkeit, Themenzweige zu eröffnen und zu lesen sowie Beiträge zu posten und darauf zu antworten.

Abbildung 2.11 zeigt ein Beispiel eines einfachen Forenzweigs. Je nach Einstellung können Lernende selbst direkt in der Zweigansicht über die Darstellungsart bezüglich Schachtelung und Ordnung entscheiden.

---

[10] Wie Sie ein Forum in Moodle einrichten, erfahren Sie ab Seite 138.

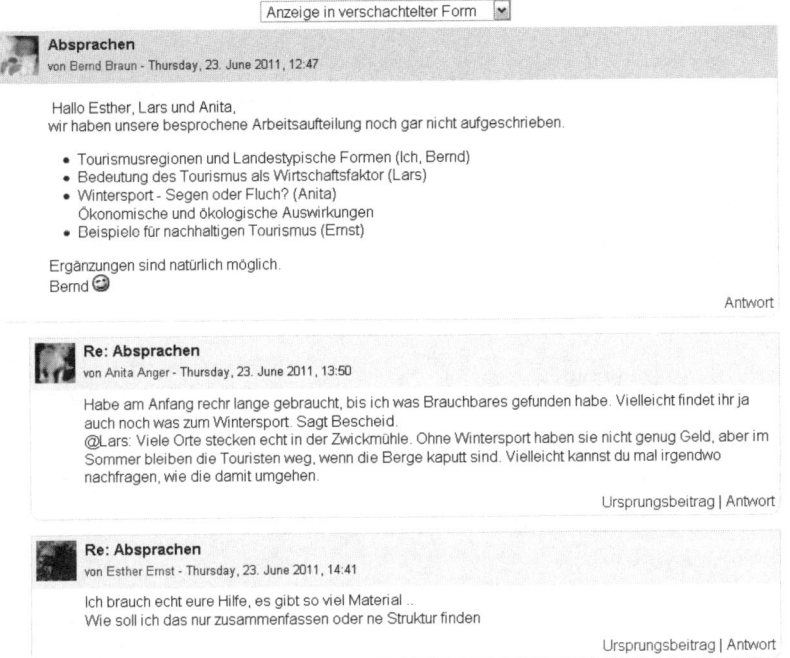

Abbildung 2.11:
Beispiel für ein
Forum

Möchten Lernende auf einen Beitrag reagieren, klicken sie auf den **Antwort**-Link am rechten unteren Rand des Beitrags. Abbildung 2.12 zeigt den sich öffnenden Beitragseditor.

Per Klick auf den **Durchsuchen**-Knopf unterhalb des Editors lassen sich eine oder mehrere auf dem jeweiligen Arbeitsrechner gespeicherte Dateien an den Beitrag anhängen. Die maximale Anzahl kann begrenzt werden. Durch Druck auf **Beitrag absenden** wird der Beitrag im Forumszweig sichtbar. Er darf 30 Minuten lang redigiert werden, dann wird er endgültig gespeichert und zusätzlich allen im Forum registrierten Lernenden per E-Mail geschickt.

Forumsbeiträge in Moodle können durch beliebige Dateien als Anlagen ergänzt werden. Neben dem Meinungsaustausch dienen Foren daher auch dem Aushandeln von Absprachen und dem Austausch von Informationen und Material. Geschieht dies kurzfristig und in begrenztem Umfang, haben Foren den Datenbanken gegenüber den Vorteil, schneller einzurichten und leichter zu verwalten zu sein. Allerdings erlauben Foren es nicht, Anlagen zu katalogisieren, womit es den Benutzern überlassen bleibt, wie sie Materialien wiederfinden.

Abbildung 2.12:
Erstellen eines
Forumsbeitrags

Re: Absprachen
von Anita Anger - Thursday, 23. June 2011, 13:50

Habe am Anfang recht lange gebraucht, bis ich was Brauchbares gefunden habe. Vielleicht findet ihr ja auch noch was zum Wintersport. Sagt Bescheid.
@Lars: Viele Orte stecken echt in der Zwickmühle. Ohne Wintersport haben sie nicht genug Geld, aber im Sommer bleiben die Touristen weg, wenn die Berge kaputt sind. Vielleicht kannst du mal irgendwo nachfragen, wie die damit umgehen.

Ursprungsbeitrag

Antwort

Betreff* Re: Absprachen

Mitteilung*

Ich habe einen Onkel, der ins Zillertal gezogen ist. Vielleicht weiß der etwas, ich kann ihn ja mal fragen.

Pfad: p

HTML-Format

Abonnement (?) Alle haben dieses Forum abonniert
Anhang (?) Datei hinzufügen Maximale Dateigröße: 500KB
Keine angehängte Datei

Gruppe Österreich

Beitrag absenden

2.2.7 Glossar

Anita möchte nach der 10. Klasse an einem Schüleraustausch teilnehmen. Um so mehr freut sie sich über das neue Thema „A year abroad" im Englisch-Unterricht. Ihr Lehrer hat einige Texte zum Thema im Moodle-Kurs abgelegt. Anita liest den Text „From South Africa to Germany" interessiert durch und greift die Anregung auf, unbekannte Begriffe in einem Glossar zu erklären. Sie öffnet das Glossar und klickt auf Eintrag hinzufügen. *Für „taking care" trägt sie als Übersetzung* jemanden betreuen, auf jemanden aufpassen *ein. Als Alternativbegriff legt sie* to take care *fest. Den neuen Begriff soll man im Text gleich erkennen, deshalb wählt sie die Einstellung* Eintrag automatisch verlinken.*
Herr Crey schaut etwas später ins Glossar und findet Anitas Ergänzung (Abbildung 2.13). Der Begriff ist treffend erklärt und braucht nicht weiter kommentiert werden. Er übernimmt ihn ins Hauptglossar des Kurses, indem er auf das rote Pluszeichen rechts neben dem Eintrag klickt. Jetzt kann er von den Lernenden nicht mehr verändert werden und gehört zum Grundwortschatz der Lerngruppe.

Glossare im Fremdsprachenunterricht

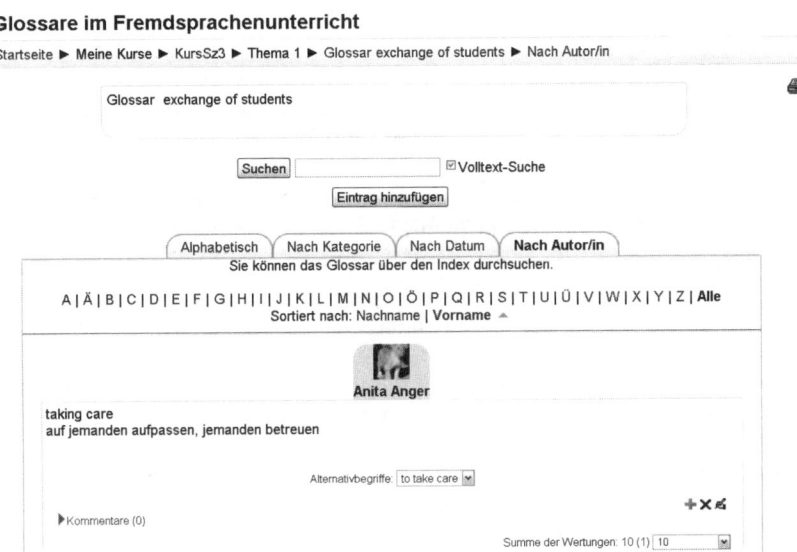

Abbildung 2.13:
Beispiel für ein
Glossar

Glossare bestehen aus einer Liste von Begriffen und deren Erklärungen. Sie bilden in Moodle eine eigene Lernaktivität, in der Lernende und Unterrichtende zu selbst gewählten Begriffen Erklärungen erfassen. Diese lassen sich in einer Liste einsehen und eignen sich zum Nachschlagen. Sortier- und Suchmöglichkeiten über Schlagworte, Kategorien oder der alphabetische Index erleichtern das Auffinden der gesuchten Informationen.[11]

Fachbegriffe verständlich zu erklären ist für Lernende eine anspruchsvolle Tätigkeit, bei der bestehendes Wissen neu vernetzt wird. So entstandene Begriffserklärungen verstehen andere Lernende häufig leichter, da Sprachniveau und Wissensumfang ähnlich sind.

Die in einem Glossar erfassten Begriffe unterlegt Moodle in jedem Text des Kurses grau, sofern dies in den Kurseinstellungen[12] so festgelegt wird. Die hinterlegte Erklärung wird auf einen Klick in einem Fenster angezeigt. So lassen sich für die Lernenden zunächst unbekannte Fachtermini im Arbeitsmaterial kennzeichnen, im Fremdsprachenunterricht lässt sich mit Vokabeln gleichermaßen verfahren. Einerseits kann der Unterrichtende Erklärungen anbieten, andererseits lassen sich diese im Lernprozess erarbeiten. Ein Beispiel zeigt das buchbegleitende Moodle-System im Kurs **Glossare im Fremdsprachenunterricht.**

---

[11] Wie Sie ein Glossar in Moodle einrichten, erfahren Sie ab Seite 140.
[12] Siehe Abschnitt 3.3.7 ab Seite 140.

2.2.8 Test

Nach einigen Wochen mit vielen Experimenten zum Thema „Strom" im Sach-unterricht sollen Anita und Bernd zeigen, was sie gelernt haben. Herr Crey hat einen Test vorbereitet. Er ruft Anita und Bernd in die Medienecke des Klassenraums. Beide melden sich im Moodle-Kurs an und rufen den Test zum Strom *auf.*

Als Erstes sehen sie eine Erklärung ihres Lehrers, der sie auf den Test ein-stimmt. Sie wählen Test jetzt durchführen, *und Moodle zeigt ihnen die erste Seite mit Testfragen.*

Anita wendet sich der ersten Multiple-Choice-Frage Markiere alle Leiter! *zu und markiert die Antworten* Gummi, Eisen *und* Kupfer. *Sie ist sich ihrer Sa-che nicht ganz sicher und klickt auf die Schaltfläche* Abschicken *unterhalb der Frage. Moodle wertet die Frage sofort aus, und sie sieht, dass sie einen Fehler gemacht hat (Abbildung 2.14). Sie korrigiert ihre Antwort und schickt die Frage noch einmal ab. Jetzt ist alles richtig.*

Anita beantwortet auch die beiden anderen Fragen auf dieser Seite. Da schon eine andere Schülerin wartet, kann sie den Test nicht zu Ende führen und verlässt ihn ohne Abgabe, *um ihn beim nächsten Mal mit den noch offenen Fragen fortzusetzen.*

Bernd hat in der gleichen Zeit alle Fragen beantwortet, ohne sich eine ein-zelne Frage auswerten zu lassen. Zum Abschluss drückt er auf Abgabe *und beendet so den Test-Versuch. Er schaut sich das Gesamtergebnis an: Er hat 40,5 von 60 Punkten erreicht. Damit ist er nicht zufrieden und schaut sich in der Auswertung an, was er falsch gemacht hat. Beim nächsten Mal wie-derholt er diese Fehler bestimmt nicht mehr.*

Am Nachmittag schaut sich Herr Crey die Ergebnisse an. Er wählt ebenfalls den Test zum Strom *und klickt* Versuche: 2 *an und erhält eine Übersicht über die Testergebnisse. Mit den Gesamtleistungen von Anita und Bernd (Abbil-dung 2.16) ist er nicht ganz zufrieden. In der Übersicht klickt er in der Spalte* Bewertung *auf Bernds Punktzahl, um sich anzuschauen, was dieser noch nicht wusste. Herr Crey stellt fest, dass andere Lernende ähnliche Fehler wie Bernd gemacht haben. Er beschließt, in der nächsten Unterrichtsstunde noch einmal die Begriffe „Leiter" und „Nichtleiter" aufzufrischen.*

Die Bearbeitung eines Tests hilft der Schülerin oder dem Schüler beim Ler-nen oder erlaubt eine Selbstkontrolle.[13] Der Lernende erhält entweder eine direkte Rückmeldung, ob die jeweilige Antwort richtig ist (Abbildung 2.14), oder nach Bearbeitung des gesamten Tests eine zusammenfassende Bewer-tung (Abbildung 2.15).

---

[13] Wie Sie Testfragen erstellen und einen Test erstellen, erfahren Sie ab Seite 146 bzw. Seite 155.

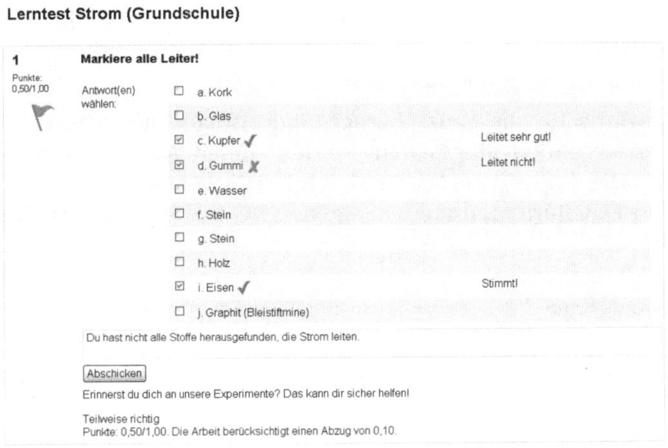

Abbildung 2.14:
Multiple-Choice-
Frage mit
Auswertung

Lerntest Strom (Grundschule)

```
1        Markiere alle Leiter!
Punkte:
0,50/1,00    Antwort(en)    ☐  a. Kork
             wählen:
                            ☐  b. Glas
                            ☑  c. Kupfer ✓           Leitet sehr gut!
                            ☑  d. Gummi ✗            Leitet nicht!
                            ☐  e. Wasser
                            ☐  f. Stein
                            ☐  g. Stein
                            ☐  h. Holz
                            ☑  i. Eisen ✓            Stimmt!
                            ☐  j. Graphit (Bleistiftmine)

   Du hast nicht alle Stoffe herausgefunden, die Strom leiten.

   [ Abschicken ]

   Erinnerst du dich an unsere Experimente? Das kann dir sicher helfen!

   Teilweise richtig
   Punkte: 0,50/1,00. Die Arbeit berücksichtigt einen Abzug von 0,10.
```

Treten Fehler auf, kann er sich Gedanken über die Ursachen machen und das fehlende Wissen aufarbeiten. Ist der Test für eine Wiederholung freigegeben, kann er seinen Lernzuwachs überprüfen, von Moodle kontrolliert ggf. auch zu einem späteren Zeitpunkt. Die Reihenfolge der Fragen und der Antwortvorgaben verändert Moodle auf Wunsch automatisch.[14]

Abbildung 2.15:
Testergebnis aus
Teilnehmersicht

Test zum Strom

Dieser Test läuft nur bis Samstag, 30. Juni 2012, 12:55

Bewertungsmethode: Bester Versuch

Zusammenfassung der vorherigen Versuche

Versuch	Beendet	Punkte / 20,0	Bewertung / 60,0	Bericht	Feedback
1	Samstag, 23. April 2011, 17:42	13,5	40,5	Bericht	Gut gemacht!

Bester Versuch: 40,5 / 60,0.

Gesamt-Feedback

Gut gemacht!

[Test wiederholen]

Tests sind Zusammenstellungen von Fragen, die Moodle automatisch bewertet. Das System kennt vielfältige Fragetypen, die sich in der Form der Fragestellung oder der Art der Antwort unterscheiden, von der Abfrage von Rechenergebnissen über Zuordnungen und Multiple-Choice-Fragen bis hin zu Fragen mit Ergebniseingabe als Freitext. Deren genaue Bedeutung und die Erstellung typischer Fragen, ihrer Antworten und Bewertungen ist ab Seite 146 beschrieben.

---

[14] Dazu dienen die Testeinstellungen Fragen mischen und Antworten innerhalb der Fragen mischen im Bereich Anzeige (siehe Seite 157).

Beim Erstellen eines Tests werden fertige Testfragen aus der Fragenliste (siehe Seite 147) ausgewählt. Sie können auch einen bestimmten Zeitraum für seine Durchführung festlegen. Der Unterrichtende entscheidet, ob die Lernenden den Test ein- oder mehrmals wiederholen dürfen und wie sich dies auf die Bewertung auswirkt (siehe Seite 156).

Die Auswertung für die ganze Lerngruppe erfolgt automatisch und kann vom Unterrichtenden eingesehen werden. Einen Ausschnitt zeigt Abbildung 2.16. Die Ergebnisse lassen sich statistisch analysieren und in verschiedenen Dateiformaten auf den eigenen PC zur Weiterverarbeitung herunterladen.

Abbildung 2.16:
Ausschnitt aus der
Testbewertung einer
Lerngruppe

Vorname / Nachname	Begonnen am	Beendet	Verbrauchte Zeit	Bewertung/60,0	Feedback
Anita Anger Versuch erneut ansehen	23. April 2011 17:06	23. April 2011 17:17	10 Minuten 37 Sekunden	**51,8**	Prima, du weißt sehr gut Bescheid!
Bernd Braun Versuch erneut ansehen	23. April 2011 17:39	23. April 2011 17:42	2 Minuten 23 Sekunden	**40,5**	Gut gemacht!
Gesamtdurchschnitt				**46,1**	Gut gemacht!

2.2.9 Wikis

Anita arbeitet an ihrem neuen Geographie-Projekt. Es verlangt die Erstellung einer Länderliste in einem Wiki. Die charakteristischen Eigenschaften jedes Landes sollen dann auf je einer neuen Seite dargestellt und in einem weiteren Schritt um passende persönliche Erfahrungen ergänzt werden.
Bernd hat die Länderliste schon angelegt. Zu Italien fallen Anita spontan eine Reihe von Eigenschaften ein, also erstellt und füllt sie hierzu eine entsprechende Seite. Bernd hat parallel schon die Seiten zu den Niederlanden und Spanien gefüllt. Die Arbeitsteilung funktioniert sehr gut. Aber mit den Niederlanden hat Anita völlig andere Erfahrungen gemacht, als Bernd sie beschreibt. Das wird sie wohl noch mit ihm besprechen müssen.

Wikis sind Werkzeuge zur Erstellung von *Hypertexten*,[15] wie man sie aus dem World Wide Web kennt.[16] „Wiki" bedeutet auf Hawaiisch „schnell" und unterstreicht, dass sich Wiki-Beiträge schnell erstellen und vernetzen lassen.

---

[15] Mit multimedialen Elementen angereicherte und durch dynamische Verweise miteinander verknüpfte Texte werden Hypertexte genannt. Webseiten sind üblicherweise Hypertexte, die in der *Hypertext Markup Language* (HTML) ausgezeichnet sind.
[16] Wie Sie Wikis in Moodle erstellen, erfahren Sie ab Seite 172.

Jeder Teilnehmer hat nicht nur das Recht, fremde Beiträge zu lesen, sondern auch zu bearbeiten (also zu verändern oder ergänzen), sowie eigene zu verfassen. Wikis[17] ermöglichen es den Lernenden, gemeinschaftlich an Texten zu arbeiten, sie zu illustrieren und zu vernetzen. Spezielle Kenntnisse des Formats oder des Aufbaus von Hypertextseiten sind nicht erforderlich, die Eingabe erfolgt in dem in Moodle üblichen Texteditor. Oft wird unter einem Wiki auch das Ergebnis des Arbeitsprozesses in Form eines vernetzten Hypertextes verstanden (Abbildung 2.17).

Abbildung 2.17:
Ein Wiki in Aktion

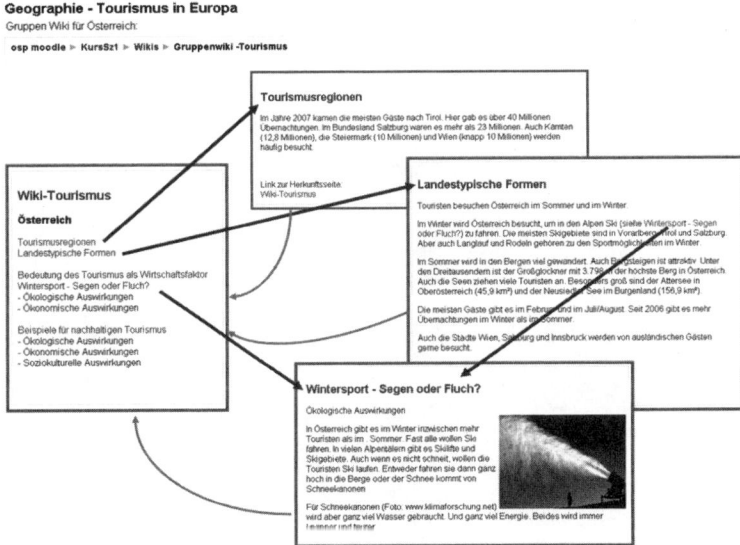

Der Wiki-Einsatz in Moodle empfiehlt sich insbesondere für die Gruppenarbeit. Die Lerngruppe wird in Untergruppen eingeteilt, die gemeinsam ein Wiki erarbeiten. Im Gruppenmodus **Sichtbare Gruppen** können alle Lernenden die Arbeit jeder Gruppe mitverfolgen, produktiv tätig werden aber nur im Wiki ihrer Gruppe. Im Modus **Getrennte Gruppen** arbeiten die Untergruppen unabhängig voneinander, ohne die Wikis der anderen Gruppen einsehen zu dürfen. Für die Präsentation kann der Unterrichtende den Gruppenmodus nach Fertigstellung der Arbeitsergebnisse auf **Sichtbare Gruppen** verändern.

Im gemeinschaftlichen Arbeitsprozess kommt es nicht nur auf die Sammlung von Informationen an. Für das Lernen stellt die Entwicklung einer gemeinsamen Struktur oder Konzeptes eine große Herausforderung dar. Alle Mitglieder einer Lerngruppe haben die Möglichkeit, am Aufbau dieses

---

[17] Moodle 2.0 benutzt intern die Wiki-Software *NWiki*.

Wissensnetzes mitzuwirken. Der Unterrichtende kann gleichberechtigt dazu beitragen oder sich darauf beschränken, die Lernenden anzuleiten oder bei ihrer Arbeit zu begleiten.

Ein Wiki protokolliert jede Veränderung und kennzeichnet sie namentlich (Abbildung 2.18). Positive Beiträge sind daher genauso zu erkennen wie destruktives Verhalten Einzelner. Jede Veränderung lässt sich zurückverfolgen und offenlegen, indem man die **Unterschiede** zwischen Dateiversionen untersucht. Der Unterrichtende kann jederzeit eine unbeschädigte Version seiner Wahl **wiederherstellen** und damit unerwünschte Änderungen zurücksetzen. Es empfiehlt sich, die Lernenden über diese Wiki-Funktionen zu informieren, um Schabernack vorzubeugen.

Abbildung 2.18:
Versionen und
Veränderungen
verfolgen

Wikis wurden erst vor recht kurzer Zeit als Lernaktivität entdeckt und erfreuen sich zunehmender Beliebtheit in der schulischen Praxis. Der Umgang mit ihnen ist den meisten Lernenden fremd und erfordert entsprechende Anleitung.[18]

Das Anwendungsszenario „Tourismus in Europa"[19] macht die Stärke von Wikis für das kooperative Lernen deutlich. Hier werden Gruppenwikis mit individuellen Lerntagebüchern kombiniert, um den Lernenden Gelegenheit zu geben, sich ihre Beteiligung am gemeinschaftlichen Arbeitsprozess und ihren persönlichen Lernfortschritt bewusst zu machen.

[18] Ideen für den Einsatz in der Schule finden sich beispielsweise unter http://wiki.zum.de/Wikis_in_der_Schule.

[19] Es wird in Kapitel 5 ab Seite 215 detailliert beschrieben und steht auf dem buchbegleitenden Moodle-Server (http://www.moodle2.opensourcepress.de/) zum Ausprobieren zur Verfügung.

2.2.10 Workshops

Bernd soll im Rahmen einer Workshop-Aktivität die Arbeit seines Freundes Karsten bewerten. Er widersteht aber dem Impuls, Karsten ungeprüft die volle Punktzahl zu geben, da er weiß, dass auch die Art und Weise seiner Bewertung in seine eigene Note mit eingeht. Er sieht die Liste der Bewertungskriterien durch und arbeitet Karstens Arbeit Punkt für Punkt danach ab. Gegen wohlwollende gründliche Bewertung kann der Lehrer ja nichts haben. Im Laufe seiner Bewertungsarbeit wird ihm klar, wie er seine eigene ursprüngliche Arbeit besser hätte schreiben können. Aber die hatte er schon als fertig markiert, sie liegt bei Anita zur Erstkorrektur.

Unter *Workshop* versteht man im Moodle-Kontext eine besondere kooperative Lernaktivität, bei der die gegenseitige Beurteilung der Lernenden untereinander eine wesentliche Rolle spielt.[20] Der Ablauf eines Workshops lässt sich in Teilschritte zerlegen, in denen Unterrichtende und Lernende unterschiedliche Aufgaben haben:

- Der Unterrichtende erteilt den Lernenden einen Arbeitsauftrag, der einen Überblick über die Anforderungen enthält und die Bewertungskriterien für die späteren Einreichungen offenlegt.

- Der Unterrichtende gibt ein fertig vorbereitetes Arbeitsergebnis als Beispieleinreichung vor, das jeder Lernende anhand der Bewertungskriterien eigenständig beurteilt.

- Jeder Lernende vergleicht seine Bewertung der Beispieleinreichung mit der des Lehrers.

- Jeder Lernende bearbeitet das Projekt eigenständig, erarbeitet ein Produkt und reicht es ein.

- Anhand der Bewertungskriterien und der eigenen Arbeitsergebnisse beurteilen sich die Lernenden gegenseitig. Auch eine Beurteilung des eigenen Produktes kann Teil des Workshops sein.

- Der Unterrichtende bewertet die Arbeitsergebnisse und die gegenseitigen Beurteilungen der Lernenden.

- Jeder Lernende bekommt Rückmeldungen zu seinem Produkt von anderen Lernenden und eine Gesamtbeurteilung vom Lehrer. Letztere berücksichtigt auch seine Leistung bei der Beurteilung anderer. Bei der Konzeption des Moodle-Workshops kann der Unterrichtende vorgeben, mit welchem Gewicht diese gegenseitige Bewertung in die individuelle Bewertung eingeht.

---

[20] Wie Sie einen Workshop in Moodle erstellen, erfahren Sie ab Seite 179.

Die Konzeption des Workshops ist im Vergleich zu der anderer Aktivitäten aufwändig. Der Erfolg hängt stark von der Qualität der Projektbeschreibung und der Beispieleinreichung ab und davon, wie die Lernenden mit den Bewertungskriterien zurechtkommen. Zentral ist der Gedanke, Lernende nicht nur problemlösend oder produktiv arbeiten zu lassen, sondern auch die Beurteilung anderer Leistungen einzufordern und diese Fähigkeit mit zu bewerten. Gleichzeitig soll ein tieferes Verständnis für die Anforderungen der Projektaufgabe geweckt werden.

Ein Workshop lässt sich so konfigurieren, dass Teilschritte übersprungen werden. Dies kann im Einzelfall sinnvoll sein, führt aber schnell dazu, dass der Grundgedanke des Workshops beeinträchtigt wird.

2.2.11 Umfragen

Moodle bietet wissenschaftlich erprobte Umfrageaktivitäten für die Themenbereiche computergestütztes Lernen (COLLES, *Constructivist On-Line Learning Environment Survey*)[21] und Lernhaltungen (ATTLS, *Attitudes to Thinking and Learning Survey*)[22] an, die weit über die Möglichkeiten des Abstimmungswerkzeugs hinausgehen. Weitere Umfrageformate sind konfigurierbar. Die Umfrageaktivität ist für den alltäglichen Unterricht weniger von Nutzen.[23]

2.2.12 Lektion

Lektionen sind Sammlungen von Lerninhalten, durch die die Lernenden geführt werden. Die Lernwege werden von den Unterrichtenden vorab festgelegt. Die bei der Steuerung beachteten Bedingungen können komplex sein (z. B. Auswahl einer Antwort auf eine Multiple-Choice-Frage). Diese Aktivität wird für Sie vermutlich erst später interessant werden.

2.2.13 Lernpaket

Diese Aktivitäten entsprechen Lerninhaltsammlungen gemäß dem SCORM-Standard (*Sharable Content Object Reference Model*).[24] Dieser Standard bemüht sich um eine Austauschbarkeit von Lerninhaltsammlungen u. a. zwi-

---

[21] http://surveylearning.moodle.com/colles/
[22] Galotti, K. M., Clinchy, B. M., Ainsworth, K., Lavin, B. and Mansfield, A. F. (1999): *A New Way of Assessing Ways of Knowing: The Attitudes Towards Thinking and Learning Survey (ATTLS)*, Sex Roles, 40(9/10), 745–766 (online unter http://findarticles.com/p/articles/mi_m2294/is_1999_May/ai_55844303/pg_3).
[23] Wie Sie in Moodle eine Umfrage erstellen, erfahren Sie ab Seite 181.
[24] http://www.adlnet.gov/Technologies/scorm

schen verschiedenen Lernplattformen. Diese Aktivität wird für Ihren Kurs vermutlich weniger interessant sein.

2.2.14 Externe Werkzeuge

Anitas Mathematikkurs hat seit zwei Jahren mit einem Geometrie-Programm gearbeitet, um beispielsweise Zeichnungen von Dreiecken zu erstellen. Die Einführung von Moodle stimmte sie zunächst skeptisch, jetzt würde sie sich wieder auf ein neues Werkzeug einstellen müssen. Überrascht sieht sie den Arbeitsauftrag ihrer Hausaufgabe in Moodle: Dort ist ein Zeichenblatt hinterlegt, das sie per Klick mit dem gewohnten Programm öffnen und bearbeiten kann. Die Arbeit mit dieser Software unterscheidet sich nicht von früher, Moodle hat ihr lediglich für die Hausaufgabe Zugang dazu verschafft.

Externe Applikationen können Sie über Moodle auf zwei Arten in die Unterrichtsarbeit einbinden:[25] Sie stellen die Programmdatei selbst oder Lerndokumente des entsprechenden Applikationstyps (z. B. `.doc` für Microsoft-Word-Dateien, `.ods` für LibreOffice-Calc-Dateien, `.ggb` für Geogebra-Dateien, ...) zum Herunterladen bereit.

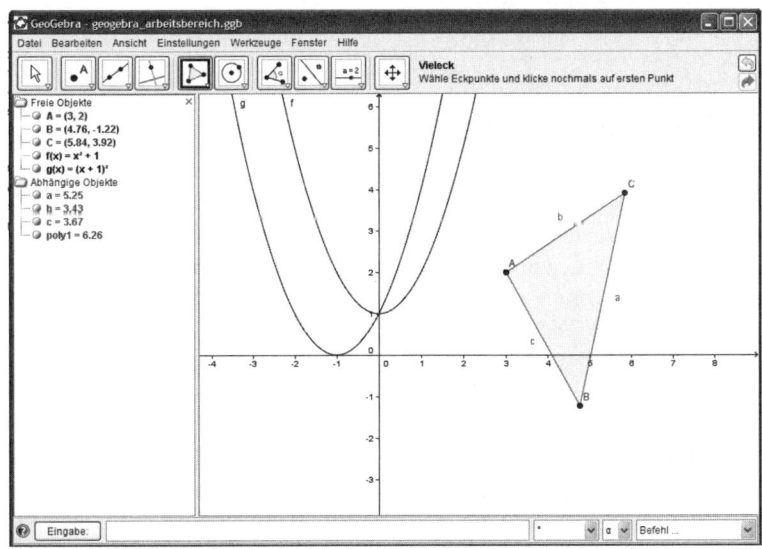

Abbildung 2.19: Geogebra-Werkzeug im Mathematikunterricht

Für den Lernfluss günstiger ist die zweite Variante. Das Lerndokument kann (einem Aufgabenblatt entsprechend) für den Unterrichtseinsatz vorbereitet werden. Damit die Applikation es automatisch öffnet, muss sie in der Regel bereits auf dem Arbeitsrechner installiert sein. Für Standardapplika-

---

[25] Wie dies genau funktioniert, erfahren Sie ab Seite 181.

tionen oder im Unterricht eingeführte fachspezifische Werkzeuge ist dies häufig der Fall. Eine komfortable Ausnahme bildet *Java-Webstart-Software*, die sich bei jedem Programmstart installiert oder automatisch aktualisiert.

Abbildung 2.19 zeigt den Einsatz des kostenfreien Werkzeugs *Geogebra*[26] im Mathematikunterricht, das dank seiner interaktiven und dynamischen Darstellungsmöglichkeiten sowohl in der Funktionenlehre als auch in der Geometrie wertvoll ist.

Die Einrichtung und Benutzung externer Werkzeuge mit zugehörigen Lerndokumenten wird auf Seite 181 erläutert und anhand eines praktischen Beispiels ab Seite 187 veranschaulicht.

2.2.15   Journal

Das Journal als eigenes Modul gehört in Moodle 2.0 nicht mehr zur Grundausstattung. Diese Lernaktivität soll durch Aufgaben vom Typ Online-Textaufgabe ersetzt werden, die komplett in das Bewertungssystem von Moodle mit eingebunden sind. Aus diesem Grund wird der Einsatz eines Lerntagebuchs nun im Abschnitt 2.2.2 erläutert.

2.3   Bordwerkzeuge

Moodle liefert ein großes Instrumentarium an Bordwerkzeugen mit, die den Unterrichtsprozess erleichtern. Der Unterrichtende ordnet diese in Form von Blöcken am linken und rechten Rand des Kursarbeitsbereichs an. Die Teilnehmenden können später entscheiden, ob diese Blöcke an der vorgesehenen Stelle angezeigt werden oder durch Klick auf ein *Navigationsdock* am linken Bildschirmrand verschoben und nur bei Bedarf angezeigt werden. Abbildung 2.20 zeigt eine Kursansicht ohne Navigationsdock, Abbildung 2.21 eine Kursansicht mit Navigationsdock.

Das Verschieben mehrerer Blöcke in das Navigationsdock schafft Platz auf dem Bildschirm und kann übersichtlicher wirken. Die Entscheidung über den Einsatz überlässt Moodle den Lernenden. Ein Klick auf das *(*plus*)*-Zeichen rechts oben in einem Block klappt diesen Block auf, ein Klick auf das rechts daneben liegende Symbol verschiebt den Block in das Navigationsdock.

---

[26] Geogebra unterliegt genau wie Moodle selbst der GPL (siehe hierzu Seite 15) und steht unter `http://www.geogebra.org/` zum Download bereit. Die genauso empfehlenswerte Geometriesoftware Geonext unterliegt ebenfalls der GPL und ist unter `http://geonext.uni-bayreuth.de` kostenfrei erhältlich.

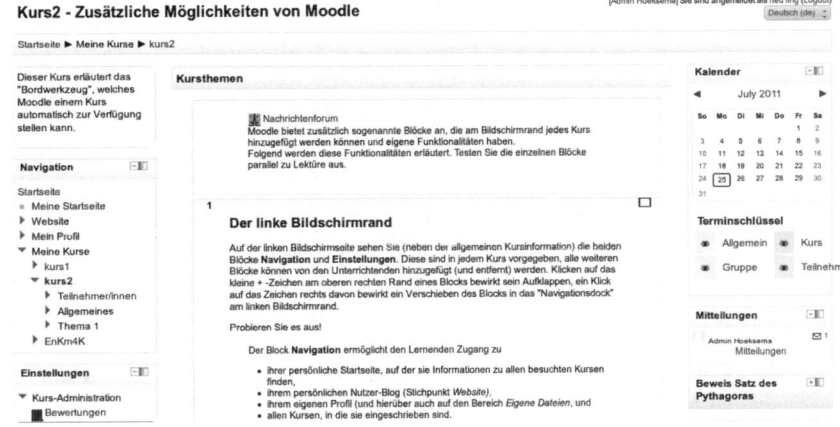

Abbildung 2.20:
Kursansicht ohne
Nutzung des
Navigationsdocks

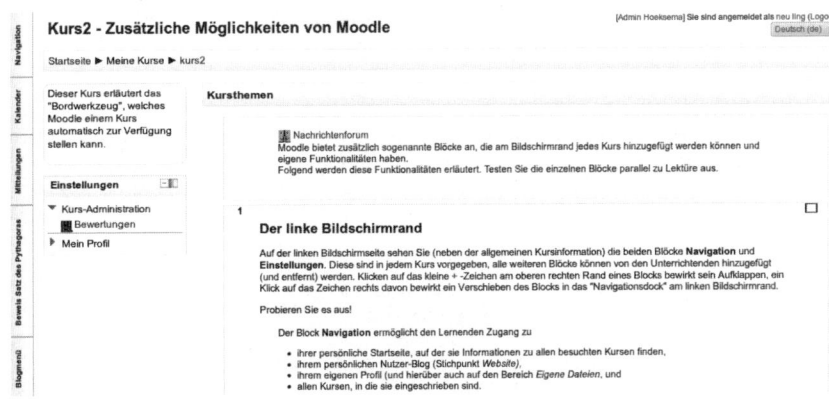

Abbildung 2.21:
Kursansicht mit
Nutzung des
Navigationsdocks

Wie Sie den Randbereich eines Kurses mit Blöcken versehen, erfahren Sie auf Seite 113.

Die Blöcke **Navigation** und **Einstellungen** werden von Moodle grundsätzlich zur Verfügung gestellt. Sie ermöglichen den schnellen Zugriff bzw. die nutzerspezifische Einstellung von Moodle-Elementen.

Navigation

Dieser Block bietet einem Nutzer direkten Zugriff auf alle ihn betreffenden Moodle-Elemente. Abbildung 2.22 zeigt eine Teilnehmersicht auf diesen Block.

Abbildung 2.22:
Teilnehmersicht auf
den Block Navigation

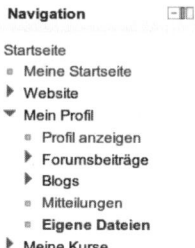

Startseite führt auf die Moodle-Startseite, **Meine Startseite** zu einer Übersicht aller besuchten Kurse (z. B. mit Zugriff auf die gestellten Aufgaben). **Website** bietet Zugriff auf das Blog-System der Moodle-Plattform, **Mein Profil** ermöglicht Einsicht in das eigene Profil, eigene Forums- und Blogeinträge, das Moodle-eigene Mitteilungssystem und den persönlichen Speicherort, an dem eigene Dateien gespeichert werden können. Über **Meine Kurse** kann schnell in jeden Kurs gewechselt werden, in dem man eingeschrieben ist. So ist z. B. die Teilnehmerliste eines Kurses erreichbar.

Einstellungen

Über diesen Block kann ein Nutzer ihn betreffende Moodle-Elemente (wie z. B. das eigene Profil) individualisieren. Abbildung 2.23 zeigt eine Teilnehmersicht auf diesen Block.

Abbildung 2.23:
Teilnehmersicht auf
den Block
Einstellungen

Bewertungen öffnet eine Übersicht, wie die im entsprechenden Kurs vollbrachten eigenen Aktivitäten von den Lehrenden bewertet werden. Unter **Mein Profil** kann das persönliche Nutzerprofil (z. B. das Passwort, wenn erlaubt) angepasst werden. Weiter sind persönliche Einstellungen am Mitteilungssystem und der Blogverwaltung möglich.

Moodle bietet eine Vielzahl weiterer Blöcke an, die bei Bedarf von den Lehrenden hinzugefügt werden. Folgend stellen wir Ihnen einige Blöcke vor, die Sie interessieren könnten.

Kalender

Moodle verfügt über eine gut strukturierte Terminverwaltung. Sämtliche Termine, ob selbst eingetragen oder automatisch hinzugefügt (etwa die Abgabetermine für gestellte Aufgaben), präsentiert Moodle in Teilnehmer-, Kurs- und Portalkalendern.

Hier wird eine kleine Kalenderansicht mit aktuellen Terminen angezeigt, farblich unterschieden nach allgemeinen Terminen, Kursterminen und persönlichen Terminen (Abbildung 2.24). Ein Klick auf ein Datum wechselt in die Moodle-Terminverwaltung des jeweiligen Teilnehmers.

Abbildung 2.24:
Block Kalender

Mitteilungen

Diese personalisierte Übersicht über die aktuelle Kommunikation in Abbildung 2.25 erlaubt den Schnellzugriff auf das Mitteilungssystem von Moodle (siehe Seite 76).

Abbildung 2.25:
Block Mitteilungen

Textblock

Dieser Block zeigt beliebigen Text an, der bei der Kurserstellung eingegeben wurde. Sollten Sie mit Hilfe von HTML externe Quellen einbinden, werden diese angezeigt. Abbildung 2.26 zeigt zum Beispiel ein Lehrvideo, das Moodle bei `http://youtube.com/` abruft.[27]

---

[27] Achten Sie bei der Eingabe von HTML im Editor darauf, dass der HTML-Modus eingeschaltet ist (siehe Seite 69).

Kursbeschreibung

Zeigt die Kursbeschreibung an, die die Unterrichtenden bei der Erstellung des Kurses abgelegt haben.

Blog-Menü

Dieser Block (Abbildung 2.27) erlaubt es, das Kurs-Blog und/oder die Teilnehmerblogs (siehe Seite 76) zu aktivieren und zu verwalten.

Blog-Schlagworte

In diesem Block wird eine Liste von Schlagworten angezeigt (Abbildung 2.28). Durch Klick auf ein Schlagwort werden alle Blogeinträge angezeigt, die selbiges enthalten und dem jeweiligen Nutzer zugänglich sind.

Weitere Blöcke (z. B. **Neueste Aktivitäten, Testergebnisse** oder **Suche in Foren**) stehen den Lehrenden zum Einfügen zur Verfügung.

2.4 Der Texteditor

Ob Sie Aktivitäten in einem Kurs einrichten, als Kursteilnehmer eine Aufgabe in Moodle bearbeiten, Fragen für einen Test erstellen oder in einem Forum oder Wiki mitwirken – immer wieder begegnen Sie dem im Moodle integrierten Texteditor.[28] Er erleichtert Ihnen die Eingabe, Formatierung und Gestaltung Ihres Textes. Bereits während der Eingabe sehen Sie, wie der formatierte Text später aussehen wird – ganz so, wie Sie es von Textverarbeitungssystemen gewohnt sind. Man spricht in diesem Fall von WYSIWYG: *What you see is what you get*, was Sie sehen, ist das, was Sie bekommen. Abbildung 2.29 zeigt den Texteditor in Aktion.

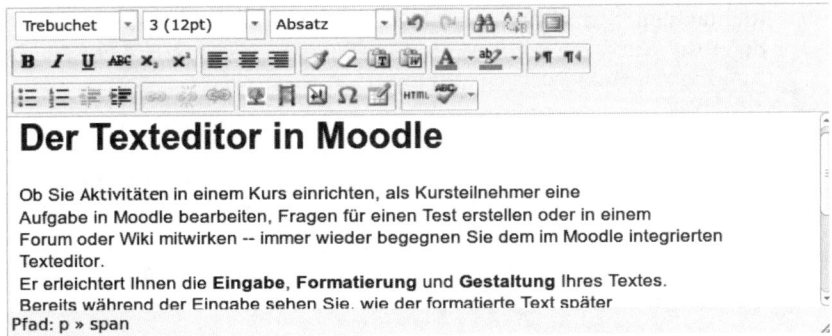

Abbildung 2.29:
Der Texteditor von
Moodle

Die meisten Funktionen, die der Texteditor bereitstellt, werden Ihnen vertraut vorkommen und sind leicht an den Symbolen (*Icons*) wiederzuerkennen. Probieren Sie einfach in Ruhe nach und nach verschiedene Funktionen aus. Wenn Sie andere Editoren im WWW kennen, werden Sie vom Funktionsumfang angenehm überrascht sein. Hilfreich ist es, die Maus auf ein Icon zu positionieren, um sich eine Kurzinformation (den sogenannten *Tool-Tipp*) zum Zweck des Icons anzeigen zu lassen.

Die Textformatierung, Tabellen, Grafiken, Links und andere Elemente übersetzt der Editor ins Hypertext-Format HTML, das für Webseiten zur Anwendung kommt. Immer wenn Sie mit dem Moodle-Editor einen Text schreiben, erstellen Sie einen Hypertext (siehe Seite 22). Mit Druck auf den **HTML**-Button (siehe Seite 71) haben Sie die Möglichkeit, in die HTML-Sicht zu wechseln und den HTML-Code selbst anzupassen. Das empfiehlt sich aber

---

[28] Seit Moodle 2.0 ist das der Open-Source-Editor TinyMCE (`http://tinymce.moxiecode.com`).

nur, wenn Sie gut mit dem HTML-Format vertraut sind. Die folgende Übersicht erklärt kurz die Funktionen des Texteditors.

In der obersten Einstellungszeile des Texteditors stellen Sie Schriftart (Font) und Schriftgröße (pt) für markierten Text ein oder können für diesen ein vordefiniertes Absatzformat festlegen. Weiter können Sie hier Bearbeitungsschritte rückgängig machen und wiederherstellen, Text suchen (und ersetzen) oder den Texteditor auf dem vollständigen Bildschirm anzeigen.

B *I* U ABC x₂ x²

Der markierte Text wird fett, kursiv, unter- oder durchgestrichen, tief- oder hochgestellt dargestellt.

Richtet den Text absatzweise linksbündig, zentriert oder rechtsbündig aus.

Wenn Sie Text aus Ihrer eigenen Textverarbeitung in den Moodle-Texteditor kopieren wollen, geschieht dies wie gewohnt, indem Sie den Text zunächst in Ihrer Textverarbeitung markieren und dann (z. B. mit der Tastenkombination Strg+C) kopieren. Anschließend markieren Sie die Stelle, an der der Text im Moodle-Editor eingefügt werden soll und drücken Strg+V.

Text wird normalerweise mit Formatierung kopiert. Möchten Sie Text ohne Formatierung übernehmen, drücken Sie zuvor diesen Button. Moodle übernimmt dann (einmalig) nur den Text, Formatierung wird ignoriert.

Wie gesagt, übernimmt Moodle normalerweise Textformatierungen. Sollte das Einfügen eines Textes mit komplexer Microsoft Word-Formatierung (z. B. Tabellen) nicht korrekt geschehen, hilft vermutlich ein Druck auf diesen Button. Siehe auch Seite 72.

Löscht sämtliche Formatierungsmerkmale des markierten Textes.

Bereinigt unkorrekten HTML-Code.

Bestimmt Zeichen- und Hintergrundfarbe des markierten Texts. Nach Klick auf das jeweilige Dreieck am rechten Button-Rand kann eine Farbe gewählt werden.

Legt fest, ob Sie den Text wie gewohnt vom linken Bildrand aus oder von rechtem Bildrand aus eingeben (z. B. für Sprachen wie Arabisch oder Hebräisch).

Hier bestimmen Sie, ob markierter Text gegliedert oder nummeriert aufgelistet wird, weiter kann der Einzug verändert werden.

Hiermit wird die Verlinkung des markierten Textes mit externen Inhalten definiert. Legen Sie fest, ob markierter Text verlinkt wird, ob ein Link aufgelöst oder die automatische Verlinkung verhindert wird (siehe auch Seite 72).

Erlaubt das Einfügen von Media-Dateien wie Grafiken und Videos (siehe auch Seite 74).

Fügt ein vor einem Zeilenumbruch geschütztes Leerzeichen ein.

Erlaubt das Einfügen von Sonderzeichen aus einem Auswahlfenster heraus. Neben Erweiterungen zum lateinischen Alphabet für den europäischen Sprachraum stehen auch einige mathematische Symbole und Währungszeichen zur Verfügung.

Fügt eine Tabelle ein. Das Eingabefenster erlaubt es, die Anzahl der Zeilen und Spalten sowie die Breite festzulegen. Weitere Angaben befassen sich u. a. mit Ausrichtung, Anordnung und einem optionalen Rahmen.

Der Texteditor zeigt Ihnen den bereits formatierten Text an. Wollen Sie die Formatierungsbefehle einsehen und eventuell verändern, öffnet dieses Icon ein HTML-Editor-Fenster. Sie können jetzt den HTML-Quellcode bearbeiten, Formatierung per Knopfdruck steht hier nicht zur Verfügung.

Führt eine Rechtschreibprüfung für den Text durch. Ein Klick auf das Dreieck öffnet die Sprachwahl.

Word-Dokumente einlesen

In MS Word geschriebene (und formatierte) Texte lassen sich in Moodle zwar nicht direkt importieren, aber per Copy & Paste in den Moodle-Editor übertragen. Dabei bleiben viele, aber nicht alle (!) Formatierungen erhalten. Das liegt daran, dass es für viele Word-Formatierungen kein einfaches HTML-Äquivalent gibt. Die meisten Zeichenformatierungen, Aufzählungen und Nummerierungen erweisen sich als unproblematisch.

Sofern Sie nicht aufgrund eines ausgefeilten Layouts darauf angewiesen sind, das Word-Dokument 1:1 zur Verfügung zu stellen, empfiehlt sich dieser Weg. Der Browser passt den Text dann mit wenig Aufwand ans Layout der Webseite an.

Links

Hypertexte und -textteile lassen sich im Gegensatz zu normalen Texten dynamisch über Verweise (die sogenannten *Links*) miteinander vernetzen. Damit das geht, benötigen sie eine Adresse in Form einer URL.

Abbildung 2.30:
Eingabefenster für
Links

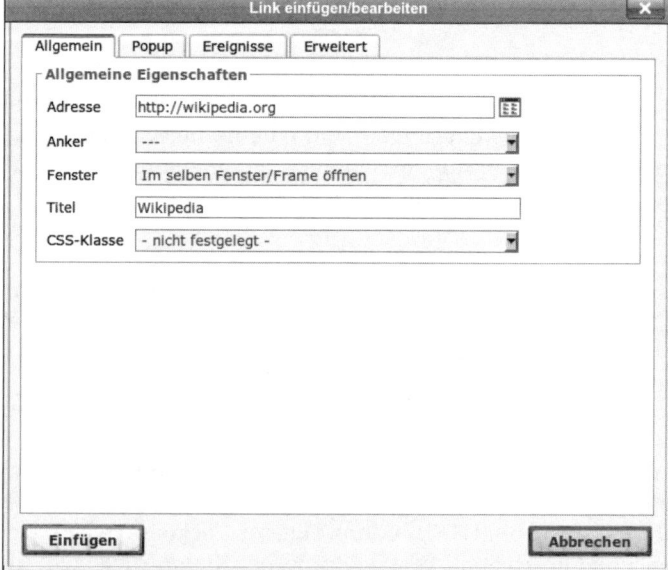

Um einen Verweis zu erstellen, geben Sie im Eingabefenster aus Abbildung 2.30 die **Adresse** des anzuzeigenden Textes an. Den Menüpunkt **Anker** lassen Sie unverändert.[29] Über **Fenster** bestimmen Sie, ob Moodle den anzuzeigenden Text im gleichen Fenster, im gleichen Fensterabschnitt (*Frame*) oder (u.a.) einem neuen Fenster präsentiert. Unter **Titel** erläutern Sie den Verweis über einen Tool-Tipp.

Um einen Link zu entfernen, markieren Sie den damit hinterlegten Text und wählen das Texteditor-Symbol aus, das eine durchbrochene Kette zeigt (siehe Seite 71). Mit dem durchgestrichenen Kettensymbol kennzeichnen Sie hingegen Textbereiche, in denen Moodle automatisch keine Links erzeugen soll.[30]

Bilder einbetten

Wenn Sie im Texteditor eine Grafik einfügen wollen, klicken Sie auf das entsprechende Icon (siehe Seite 71). Es öffnet sich das Eingabefenster aus Abbildung 2.31. Damit können Sie – unter Beachtung der Urheberrechte – Bilder oder Grafiken in den Text einfügen, die sich in Ihrem Moodle-System, auf Ihrem Rechner oder im Internet befinden.

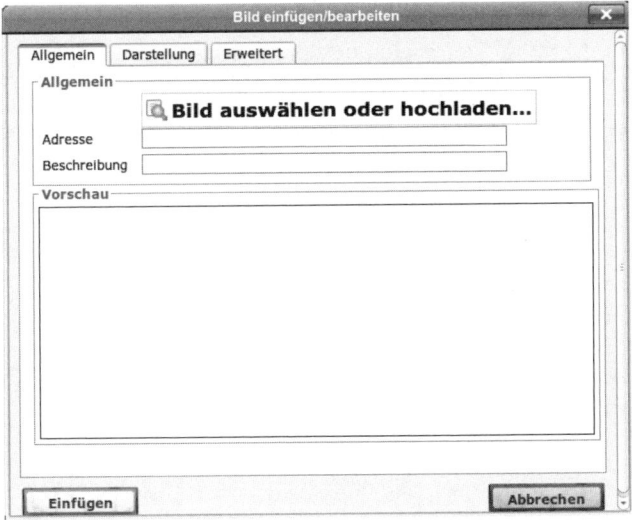

Abbildung 2.31: Eingabefenster zur Einbettung von Grafiken

---

[29] *Anker* sind Sprungmarken, mit deren Hilfe an eine bestimmte Stelle innerhalb eines Textes gewechselt werden kann.

[30] Benutzt wird dafür das `nolink`-Tag, das nicht zum HTML-Standard gehört. Moodle kennzeichnet damit Textbereiche, in denen es Glossareinträge u. ä. nicht automatisch verlinkt.

Ein Klick auf **Bild auswählen oder hochladen...** öffnet den File Picker, mit dessen Hilfe Sie eine Bilddatei auswählen.[31]

Für Grafiken, die von anderen Webseiten stammen, benötigen Sie die vollständige URL. Mit dem Webbrowser Firefox genügt es, die Grafik mit der rechten Maustaste anzuklicken und im daraufhin erscheinenden Menü den Punkt **Grafikadresse kopieren** auszuwählen. Damit befindet sich die URL in der Zwischenablage, so dass Sie sie ins Eingabefeld einfügen können. Der Internet Explorer 7 erlaubt es ebenfalls, über einen rechten Mausklick die Eigenschaften der Grafik einzusehen, darunter die **Adresse (URL)**.

Tragen Sie jetzt die URL mittels `Strg+V` in das Feld **Adresse** der Bildeingabemaske ein. Sie erhalten dann zur Kontrolle eine Bildvorschau innerhalb der Bildeingabemaske.

Möchten Sie die exakte Darstellungsgröße und Ausrichtung der Grafik innerhalb des Textes festlegen, ist dies auf dem Reiter **Darstellung** möglich.

Im Feld **Beschreibung** geben Sie an, welchen Tool-Tipp der Browser anzeigt, wenn Sie die Maus über die Grafik bewegen. Dieser Text erscheint auch, wenn der Webbrowser die Grafik aus irgendeinem Grunde nicht anzeigen kann. Er dient zudem dazu, Blinde und Sehbehinderte über den Inhalt der Grafik zu informieren.

Weitere Multimedia-Inhalte mit dem Texteditor einfügen

Wenn Sie im Texteditor komplexere Multimedia-Inhalte (wie z. B. Audio- oder Video-Files) einfügen wollen, klicken Sie auf das entsprechende Icon (siehe Seite 71). Es öffnet sich das Eingabefenster aus Abbildung 2.32.

Abbildung 2.32:
Eingabefenster zur
Einbettung von
Grafiken

Damit können Sie – unter Beachtung der Urheberrechte – beliebige Multimedia-Dateien in den Text einfügen, die sich in Ihrem Moodle-System,

---

[31] Der File Picker wird auf Seite 91 beschrieben.

auf Ihrem Rechner oder im Internet befinden. Ein Klick auf **Audio, Video oder Applet auswählen** öffnet den File Picker, mit dessen Hilfe Sie z. B. eine Video-Datei auswählen (siehe Seite 91).

Klicken Sie auf **Einfügen**, wird im Text ein Link auf die Video-Datei erzeugt. Den Teilnehmenden wird bei Klick auf diesen Link das entsprechende Video im Browser gezeigt.

2.5 Das persönliche Profil

Sind Sie in Moodle angemeldet, erscheint am oberen rechten Rand der Startseite (und jeder Kursstartseite) die Mitteilung **Sie sind angemeldet als...** mit Ihrem Vor- und Nachnamen. Durch Klick auf den Namen gelangen Sie zu Ihrer persönlichen Profilansicht (siehe Abbildung 2.33). Hier sind auch die aktuell besuchten Kurse zu sehen.

Anita Anger

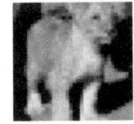

Weltbeste Schülerin!

Land:	Deutschland
Stadt/Ort:	Duisburg
E-Mail-Adresse:	aanger@osp.info
Kursprofile:	Kurs1 - Grundbausteine eines Moodle-Kurses, Entdeckendes Lernen in Mathematik, Glossare im Fremdsprachenunterricht, Geographie - Tourismus in Europa, Lerntest Strom (Grundschule), Feedback in Moodle
Erster Zugriff:	Friday, 1. April 2011, 12:44 (117 Tage 20 Stunden)
Letzter Zugriff:	Tuesday, 19. July 2011, 15:48 (8 Tage 17 Stunden)

Abbildung 2.33: Profilansicht

Die Profilansicht ist auch über den Navigationsblock unter **Mein Profil | Profil anzeigen** erreichbar. Die Profilansicht ist für jeden Teilnehmer mit einem gemeinsamen Kurs einsehbar (z. B. über den Navigationsblock unter **Meine Kurse | KursXY | Teilnehmerinnen**. Die persönliche E-Mail-Adresse kann versteckt werden. Dies geschieht im Menü zu **Mein Profil | Profil bearbeiten** des Einstellungsblocks. In der folgenden Einstellungsmaske finden Sie eine Vielzahl weiterer Einstellungsmöglichkeiten (von Vor- und Nachname bis zu Profilbeschreibung, Nutzerbild und Interessen).

Das eigene Moodle-Kennwort bestimmen Sie über **Mein Profil | Kennwort ändern**.

2.6 Die Mitteilungsverwaltung

Über ein Moodle-eigenes Mitteilungssystem können zwei Anwender sich gegenseitig Nachrichten schicken und so zeitversetzt miteinander diskutieren. Dieses virtuelle „Gespräch" lässt sich auch im Nachhinein (ähnlich einem Chatprotokoll) einsehen.

Im Unterschied zu einem Chat müssen die beiden Diskussionsteilnehmer nicht gleichzeitig online sein, sie können die Diskussion verfolgen und eigene Mitteilungen schreiben, wenn sie jeweils online und in Moodle angemeldet sind. Neue an Sie gerichtete Nachrichten erreichen Sie jeweils nach dem Login in einem Popup-Fenster. Ihre persönliche Mitteilungsverwaltung rufen Sie auf, indem Sie im Navigationsblock **Mein Profil | Mitteilungen**. Abbildung 2.34 zeigt die persönliche Ansicht des Mitteilungssystems.

Abbildung 2.34:
Persönliche Ansicht
der Mitteilungs-
verwaltung

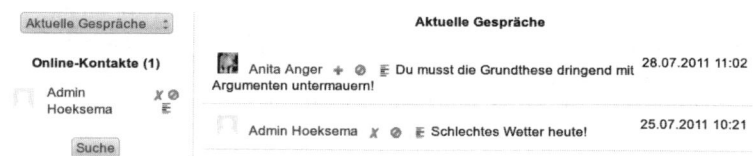

Hier sind (neben der Kontaktliste) z. B. alle aktuellen Gespräche eines Nutzers aufgelistet.

Das Benachrichtigungsverhalten des Mitteilungssystems kann über den Einstellungsblock (**Mein Profil | Mitteilungssystem**) bestimmt werden.

2.7 Blogs

Blogs ähneln Tagebüchern mit Mitteilungen, die Einzelne oder auch jede und jeder im Internet einsehen dürfen.

Abbildung 2.35:
Blogansicht in
Moodle

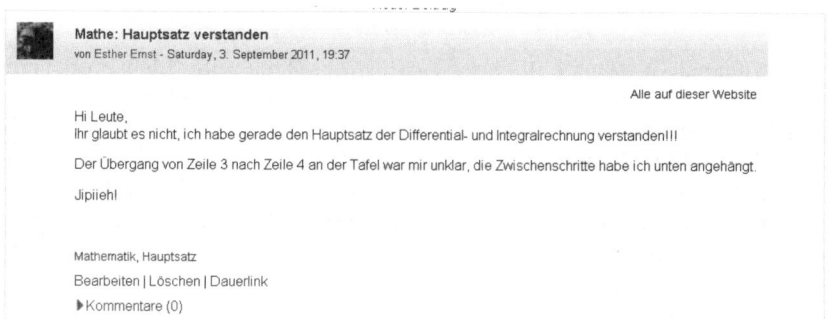

Blogs müssen innerhalb von Moodle von der Administration freigeschaltet werden, ihre Sichtbarkeit lässt sich auf einen Kurs, eine Gruppe oder einzelne Schülerinnen einschränken. Abbildung 2.35 zeigt die Blogansicht, zu der Sie z. B. gelangen, wenn Sie im Block **Navigation** unter **Website** auf den Eintrag **Blog** klicken oder in einem Kurs im Block **Blog-Menü** (wenn vorhanden) zum Beispiel auf **Zeige meine Einträge**.

Diesen Block (siehe Seite 68) finden Sie auch am Rand der Blogansicht. Er erlaubt es zudem, neue Einträge hinzuzufügen oder die Blog-Voreinstellungen anpassen.

2.8 Kursverwaltung

Unterrichtende wie Lernende müssen sich zunächst einen eigenen Moodle-Zugang anlegen, indem sie sich registrieren.[32] Die folgenden Abschnitte erläutern, wie das geht, wie man Lernende zu Kursen zuordnet, Gruppen bildet und wie das System der Rollen und Rechte in Moodle aussieht.

2.8.1 Anlegen eines eigenen Moodle-Zugangs

Um einen eigenen Zugang anzulegen, geben Lehrende wie Lernende die URL des Moodles im Browser ein. Im daraufhin gezeigten Startbildschirm klicken sie auf den Link **Login** am rechten oberen Rand, um die Login-Maske aufzurufen und dort **Neuen Zugang anlegen?** anzuklicken.[33] Daraufhin öffnet sich eine weitere Maske, die die erforderlichen Daten erfasst.[34] Abbildung 2.36 zeigt die Datenerfassungsmaske für Registrierungen auf dem Moodle zu diesem Buch.

Das Authentifizierungsverfahren legt die Administration fest. Standard ist die Authentifizierung über eine eigene E-Mail-Adresse: Zu diesem Zweck sendet Moodle eine E-Mail mit einer URL an die angegebene Adresse. Wird der darin enthaltene Link angeklickt, gilt die Anmeldung als authentifiziert. Der neue Zugang wird automatisch angelegt und mit den von der Administration definierten Standardrollen für sämtliche Kontexte innerhalb des Moodles versehen.

---

[32] Diese Zugänge können alternativ über den Menüpunkt **Website-Administration | Nutzerkonten | Nutzerkonten | Nutzer/in neu anlegen** von der Administration manuell oder durch Übergabe von Nutzerlisten erstellt werden.

[33] Die Login-Maske des OSP-Moodles finden Sie auf Seite 17.

[34] Diese Maske lässt sich administrationsseitig an die Bedürfnisse der jeweiligen Institution anpassen.

Abbildung 2.36:
Datenerfassungs-
maske für
Neuregistrierungen

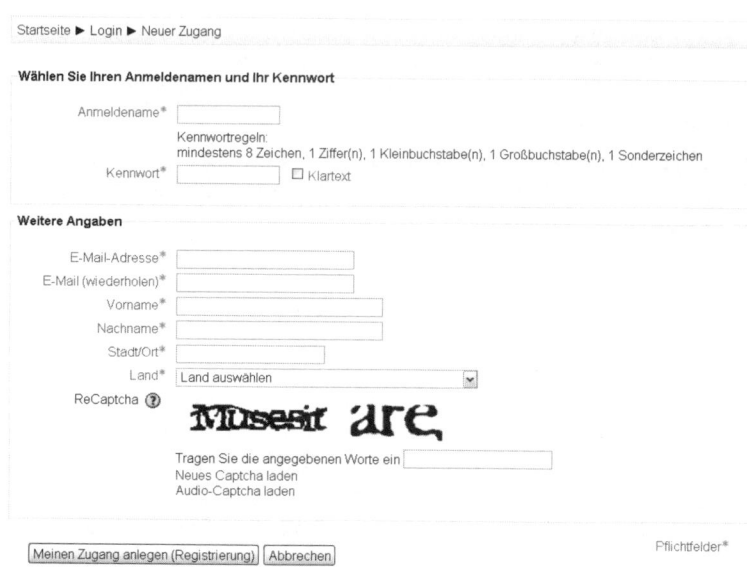

Abbildung 2.36:
Datenerfassungs-
maske für
Neuregistrierungen

Als Lehrerin oder Lehrer sollten Sie von der Administration Kursersteller-rechte für die entsprechenden Bereiche erhalten. Diese Rechte haben Sie, wenn Ihnen die Rollen Manager oder Kursverwalter eingeräumt wurden. Für die Kurse, die Sie darin erstellen, weist Moodle Ihnen dann (bei Standardeinstellung) Lehrerrechte zu, damit Sie in diesen Kursen unterrichten können.

2.8.2 Zuordnung der Lernenden zu den Kursen

Alle registrierten Anwender eines Moodles gelangen durch einfachen Klick auf der Startseite in einen zu diesem Zeitpunkt offenen Kurs. Sind sie darin noch nicht eingeschrieben, fragt Moodle, ob sie daran teilnehmen möchten. Auf diese Weise ordnen sich die Schüler im Normalfall selbst ihren Kursen zu.

Um im eigenen Kurs keinen unerwünschten Besuch zu bekommen, empfiehlt es sich, als Kursersteller einen Zugangsschlüssel zu vergeben, den jeder Neuzugang beim ersten Kursbesuch eintragen muss (siehe Seite 183). Welche Teilnehmer der Kurs bereits hat, erfahren Sie über die **Kurs-Administration** unter **Nutzer/-innen | Eingeschriebene Nutzer/-innen**. Die Auflistung in Abbildung 2.37 zeigt neben dem Nutzernamen auch das Datum des **letzten Zugriffs** auf den Kurs, die Rolle, Gruppenzugehörigkeit. In der Spalte **Einschreibemethode** können Sie die Dauer der Kurszugehörigkeit über das

Editiersymbol (Hand mit Stift) verändern oder den Teilnehmer über das Kreuz-Symbol aus dem Kurs entfernen. Aus Zeitgründen ist es nicht ratsam, einzelne Schüler manuell in Ihren Kurs einzuschreiben. Wenn Sie sich ausnahmsweise die Arbeit machen wollen, klicken Sie die Schaltfläche **Nutzer/innen einschreiben**. Aus der Liste der im Moodle-System angemeldeten Benutzer lassen sich die gewünschten auswählen und so in Ihren Kurs **manuell einschreiben**.

Eingeschriebene Nutzer/innen

Abbildung 2.37:
Teilnehmerliste eines
Kurses

Über den Unterpunkt **Teilnehmer/innen** für Ihren Kurs im Navigations-Block oder über den gleichen Unterpunkt im Block **Personen** gelangen Sie in die Teilnehmerverwaltung (Abbildung 2.38), die ebenfalls eine Liste aller eingeschriebenen Lehrenden und Lernenden anzeigt und zusätzliche Funktionen bereitstellt.

Erster neuer Kurs mit 4 Klicks

Startseite ▶ Kurse ▶ Sandkasten ▶ EnKm4K ▶ Teilnehmer/innen ▶ Teilnehmer/innen

Meine Kurse
Auswählen...

Nutzer/innen anzeigen, deren Inaktivität länger dauert als
Zeitraum auswählen

Nutzerliste
Auftrag

Derzeitige Rolle
Alle Teilnehmer/innen

Alle Teilnehmer/innen: 3

Vorname : **Alle** A Ä B C D E F G H I J K L M N O Ö P Q R S T U Ü V W X Y Z
Nachname : **Alle** A Ä B C D E F G H I J K L M N O Ö P Q R S T U Ü V W X Y Z

Nutzerbild	Vorname / Nachname	Stadt/Ort	Land	Letzter Zugriff ↑	Auswählen
	Katrin Klein	Neustadt	Deutschland	36 Tage 9 Stunden	☐
	Anita Anger	Duisburg	Deutschland	Nie	☐

Alle auswählen Nichts auswählen ⑦ Mit ausgewählten Nutzer/innen ... Auswählen...

Abbildung 2.38:
Teilnehmer-
verwaltung eines
Kurses

Sie können die Liste in Bezug auf die **derzeitigen Rollen** filtern oder **alle Teilnehmer/innen** in der Liste belassen. Der **letzte Zugriff** auf den Kurs wird in einer Spalte der Liste aufgeführt. Um sich noch schneller einen Überblick zu verschaffen, wer lange nicht mehr im Kurs aktiv gewesen ist, besteht die Möglichkeit **Nutzer/innen anzuzeigen, deren Inaktivität länger dauert als** eine bestimmte Zahl von Tagen oder Wochen. Durch Klick auf einen Namen sehen Sie das entsprechende Teilnehmerprofil ein (Seite 75). Für **ausgewählte Nutzer/innen** lassen sich durch die Auswahl **Mitteilung senden** innerhalb von Moodle Direktmitteilungen verschicken. Andere Optionen ermöglichen es, **neue Anmerkungen hinzuzufügen**. Das **Auswählen** der Nutzer erfolgt in der Liste.

Sie können die Anzahl der angezeigten Details über die Option **Nutzerliste** durch Auswahl von **Nutzerdetails** anstatt **Auftrag** steigern. Für jede einzelne Person erhalten Sie Zugriff auf die **Aktivitäten** im Kurs, auf **Anmerkungen** und Beiträge zu **Blogs**. Verfügen Sie über die Rolle **Manager/in**, können Sie sich sogar als diese Person einloggen. Eine Möglichkeit, die mit sehr viel Bedacht genutzt werden sollte, wenn überhaupt.

2.8.3 Gruppen und Gruppierung erstellen

Gruppenarbeit in der Form, dass sich mehrere Schülerinnen einen PC teilen, ist im *Blended Learning* weit verbreitet. Diese Gruppenbildungsmethode hat vor allem bei der Bewertung Nachteile.

Moodle bietet darüber hinaus seit Version 1.9 (wieder) die Möglichkeit, die einzelnen Schülerinnen und Schüler Gruppen zuzuordnen und Gruppenaktivitäten durchzuführen. Dies ist auch außerhalb von Präsenzsituationen wichtig, da Lernende so innerhalb ihrer Gruppen weiterarbeiten können.

Die Sichtbarkeit der Arbeitsergebnisse anderer Gruppen lässt sich lehrerseitig einstellen, die Bewertung von Einzelleistungen innerhalb einer Gruppe wird möglich. Sämtliche Kursteilnehmer (also gemäß der Moodle-Philosophie auch Lehrerinnen und Lehrer) können (mehrfach) in Gruppen eingeteilt werden. Gruppen dürfen sich also überschneiden. Spontane Umordnungen (z. B. bedingt durch kranke Schüler) lassen sich in Moodle schnell vornehmen. Mehrere Gruppen können zu einer Gruppierung zusammengefasst werden.

Generell entscheiden Sie bei der Kurserstellung, ob alle Aktivitäten des Kurses Gruppenaktivitäten werden und ob eine Gruppenaktivität von Kursteilnehmern eingesehen werden kann, die nicht zu dieser Gruppe gehören (andere Varianten sind nicht vorgesehen). Bei weniger zwingender Kurseinstellung kann für jede Aktivität einzeln entschieden werden, ob sie für alle oder nur für Gruppenmitglieder einzusehen ist (siehe hierzu Seite 112).

Haben Sie Trainerrechte in einem Kurs, erreichen Sie die Gruppenverwaltung durch einen Klick auf **Gruppen** im Unterpunkt **Nutzer/innen** des Kurs-Administrationsblocks (siehe Seite 66). Abbildung 2.39 zeigt die Gruppenverwaltung eines Moodle-Kurses. Hier wurden die Mitglieder der Gruppe **Niederlande** durch Klick auf den Gruppennamen aufgelistet.

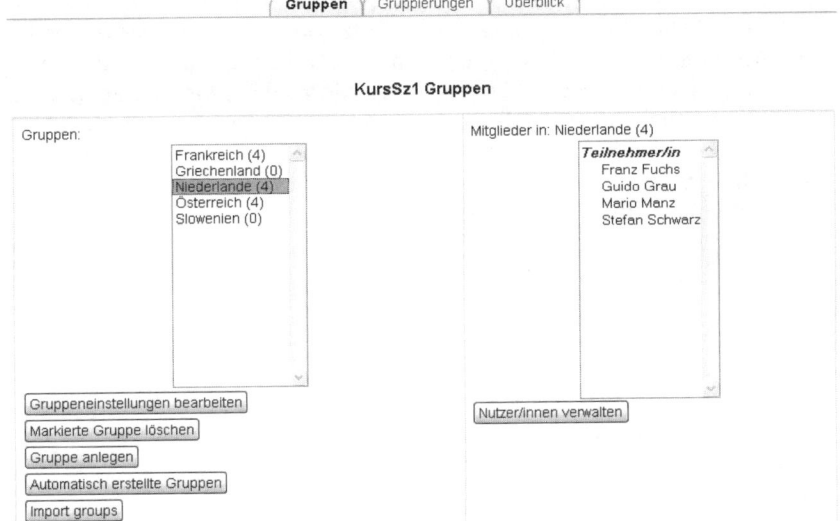

Neue Gruppe manuell anlegen

Ein Druck auf **Gruppe anlegen** öffnet eine Erstellungsmaske für eine neue Gruppe. Geben Sie hier einen neuen Gruppennamen und die Gruppenbeschreibung ein, und laden Sie eventuell ein zugeordnetes Gruppenbild hoch. Durch Vergabe eines **Einschreibeschlüssels** ermöglichen Sie es den Lernenden, sich selbst dieser Gruppe zuzuordnen, nachdem sie den Einschreibeschlüssel von Ihnen erhalten haben. Durch **Änderungen speichern** wird die neue Gruppendefinition gespeichert.

Gruppen automatisch anlegen

Durch Klick auf **Automatisch erstellte Gruppen** können Sie Ihre Kursteilnehmer automatisch in Gruppen aufteilen, wie die Abbildung 2.40 zeigt. Über **Nutzerauswahl in der Rolle** können Sie die Gruppeneinteilung auf die Kursteilnehmer beschränken. Aufteilungskriterium ist entweder die **Anzahl von Gruppen** oder die Zahl der **Mitglieder pro Gruppe**, die Sie festlegen können. Legen Sie ein **Namensschema** fest, indem Sie einen Gruppennamen, z. B. `Gruppe` gefolgt von einem @ oder einem #, eingeben. Das @-Symbol führt zu Gruppennamen, die sich durch Buchstaben unterscheiden (Gruppe A, Gruppe B, . . .), das #-Symbol führt zu einer Nummerierung der Gruppen. Wollen Sie mit Gruppierungen arbeiten, können Sie entscheiden, ob die neuen Gruppen in einer **neuen Gruppierung**, in einer bestehenden oder ohne

Gruppierung erstellt werden. Falls Sie sich für eine neue Gruppierung entscheiden, ist der **Name der Gruppierung** einzugeben. Sie können weiteren Einfluss auf die Gruppenbildung nehmen, indem Sie **zusätzliche Felder anzeigen** lassen. **Letzte kleine Gruppe vermeiden** bewirkt eine Verteilung der Teilnehmer, wenn die Gruppengröße zu gering wird. Außerdem können Sie in **Mitglieder zuordnen** auswählen, ob die Zuordnung zufällig erfolgen soll oder alphabetisch nach Vor-, Nachname oder ID-Nummer. In jedem Falle sollten Sie sich mit **Vorschau** vergewissern, ob die automatische Einteilung Ihren Vorstellungen entspricht, bevor Sie **Speichern**.

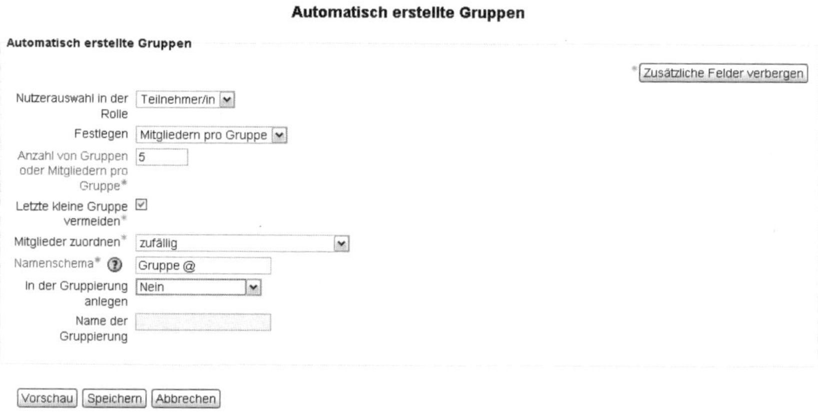

Abbildung 2.40:
Automatische
Erstellung von
Gruppen

Teilnehmerinnen manuell zuordnen

Durch Klick auf eine Gruppennamen in der **Gruppen**übersicht erhalten Sie eine nach Rollen geordnete Auflistung der Gruppenteilnehmer (siehe Abbildung 2.39). Ein Klick auf **Nutzer/innen verwalten** ermöglicht es, die Gruppenzusammensetzung innerhalb einer einfachen Maske zu ändern. Diese erlaubt es, Kursteilnehmerinnen einer Gruppe zuzuordnen oder die Gruppenzugehörigkeit aufzulösen.

Gruppen löschen

Eine Gruppe wird durch Klick auf ihren Namen markiert und anschließend durch Klick auf **Markierte Gruppe löschen** nach Bestätigung einer Sicherheitsabfrage gelöscht.

Gruppen importieren

Gruppen und die zugehörigen Informationen zur Definition der Gruppen können Sie importieren. Die späteren Gruppenteilnehmer sind davon nicht betroffen. In der ersten Zeile der Importdatei stehen die englischen Feldnamen, die für die Zuordnung der Daten notwendig sind. Es genügt die Angabe von **groupname** und **description**. In der Abbildung 2.41 ist zusätzlich noch der Einschreibeschlüssel aufgeführt.[35]

	A	B	C
1	groupname	description	enrolmentkey
2	Frankreich	Team F	paris
3	Griechenland	Team GR	athen
4	Niederlande	Team NL	denhaag
5	Oesterreich	Team A	wien

Abbildung 2.41:
Import von Gruppen
aus einer Datei

Die Daten sind durch Kommata voneinander getrennt in einer Datei abzuspeichern. Hilfreich ist hier das csv-Format, das viele Tabellenkalkulationen anbieten. Laden Sie Ihre Datei über **Gruppen importieren** wie üblich in das Moodle-System hoch und starten Sie den Import. Vorhandene Gruppen werden nicht überschrieben. Alle angelegten Gruppen werden aufgelistet oder es werden Fehlermeldungen angezeigt. Die Verwendung von Umlauten in Gruppennamen kann zu einem Abbruch des Imports führen.

Gruppierung vornehmen

Mehrere Gruppen können zu einer Gruppierung zusammengefasst werden. Ist eine Kursaktivität wie z.B. ein Forum einer bestimmten Gruppierung zugewiesen, dann können Teilnehmer aus den unterschiedlichen Gruppen dieser Gruppierung zusammenarbeiten. Im Bereich **Gruppierungen** können Sie die neue **Gruppierung anlegen**, indem Sie einen **Namen** vergeben und eine **Beschreibung der Gruppierung** vornehmen. Der obere Teil der Abbildung 2.42 zeigt die neue Gruppierung, der allerdings noch keine Gruppen zugewiesen sind. Unter **Bearbeiten** stehen für jede Gruppierung drei Icons zur Verfügung, mit denen Sie entweder die Gruppierungsbeschreibung bearbeiten, die Gruppierung löschen oder Gruppen für die Gruppierung auswählen. In einem neuen Fenster markieren Sie einen der aufgelisteten Gruppennamen und steuern über **Hinzufügen** oder **Löschen**, ob sie zur aktuellen Gruppierung gehört (Abbildung 2.42). Mehrere Einträge können mit Hilfe der Strg-Taste markiert und gleichzeitig verschoben werden. Verlassen Sie dieses Fenster über **Zurück zu Gruppierungen**, werden Ihre Änderungen in einer übersichtlichen Auflistung erkennbar. Im Bereich **Überblick** ist nun detailliert erkennbar, welcher Gruppe und welcher Gruppierung die Gruppenmitglieder angehören.

[35] Gruppen können nicht nur für den aktiven Kurs, sondern sogar für mehrere Kurse gleichzeitig importiert werden. Dazu dienen die weiteren Feldnamen **idnumber** und **coursename**. Erfolgt der Import innerhalb eines Kurses, füllt Moodle diese Informationen aus den aktuellen Kurseinstellungen.

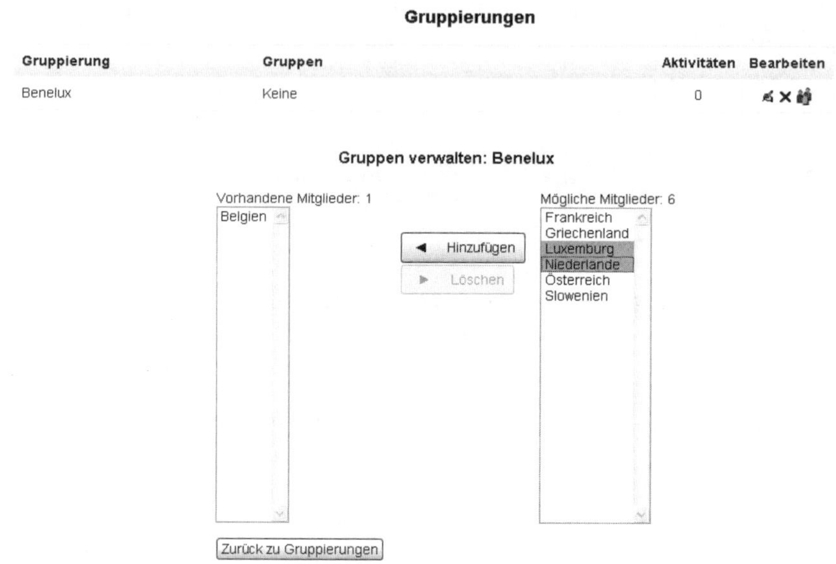

Abbildung 2.42:
Gruppen einer
Gruppierung
zuweisen

Gruppierungen

Gruppierung	Gruppen	Aktivitäten	Bearbeiten
Benelux	Keine	0	◢ ✕ ⚇

Gruppen verwalten: Benelux

Vorhandene Mitglieder: 1

Belgien

◀ Hinzufügen

▶ Löschen

Mögliche Mitglieder: 6

Frankreich
Griechenland
Luxemburg
Niederlande
Österreich
Slowenien

Zurück zu Gruppierungen

2.8.4 Rollen und Rechte

Innerhalb einer Lernplattform haben Nutzer unterschiedliche Rechte (z. B. dürfen Lehrende meist mehr als Schüler und Schülerinnen). Moodle regelt diese mit Hilfe eines recht komplexen Rollensystems. Folgende Standardrollen sind vorgesehen:

Gast (**guest**)
> kann lediglich beobachten und darf nicht an Lernaktivitäten teilnehmen.

Teilnehmer/in (**student**)
> darf an Lernaktivitäten teilnehmen.

Trainer/in ohne Bearbeitungsrecht (**teacher**)
> kann in Kursen unterrichten und Schüler bewerten.

Trainer/in (**editingteacher**)
> darf zusätzlich Kurse verändern, indem er/sie Lernaktivitäten hinzufügt, anpasst oder löscht.

Kursverwalter (**coursecreator**)
   kann Kurse erstellen und darin unterrichten, diese aber nicht löschen.

Administrator (**administrator**)
   darf sämtliche Funktionen in allen Bereichen der Moodle-Installation nutzen.

Manager (**manager**)
   darf auf alle Kurse zugreifen und diese verändern.

In Moodle lassen sich die Rechte dieser Rollen ändern und zusätzliche Rollen definieren.[36]

Rollen weist man Nutzern in Kontexten zu. Sie können für Kursbereiche, Kurse und einzelne Lernaktivitäten vergeben werden.

Rollenzuweisungen innerhalb eines Kontextes gelten auch für dessen Teilkontexte. So gilt zum Beispiel die Zuweisung einer Rolle in einem Kurskontext auch für sämtliche Lernaktivitäten dieses Kurses. Globale Rollenzuweisungen behalten normalerweise in sämtlichen Kontexten einer Moodle-Installation Gültigkeit. Abbildung 2.43 zeigt die Kontexthierarchie innerhalb einer Moodle-Installation.

Abbildung 2.43:
Kontexthierarchie bei
der Rollenvergabe

Die Administration legt für jede Rolle global fest, welche (der in Moodle 2.0 ungefähr 300) Funktionen Nutzern und Nutzerinnen in dieser Rolle erlaubt oder verboten sind. Für jede dieser Funktionen kann man in jedem Unterkontext aus folgenden Optionen wählen:

[36] Administratoren ändern Rechte (kursweit) im Administrationsblock unter Nutzer/innen | Rechte.

Vererben (nicht gesetzt)

Das Nutzungsrecht für diese Funktion entspricht dem aus dem höherliegenden Kontext.

Erlauben

Die Funktion darf innerhalb des Kontextes verwendet werden.

Entziehen

Die Funktion kann innerhalb des Kontextes nicht verwendet, in Unterkontexten aber wieder erlaubt werden.

Verbieten

Die Funktion darf weder innerhalb des Kontextes noch in sämtlichen Unterkontexten verwendet werden.

Das System der Rollen und Rechte in Moodle lässt sich vielfältig nutzen und anpassen. Auch wenn sich Moodle um sinnvolle Entscheidungen in Konfliktfällen bemüht, sollte äußerst vorsichtig damit umgegangen werden.

Kann ein Schüler eine gewünschte Funktion nicht ausführen, liegt dies nicht selten daran, dass ihm in einem höherliegenden (oder demselben) Kontext verschiedene Rollen zugewiesen wurden oder dass der ihm zugewiesenen Rolle in einem höherliegenden Kontext das Verwenden dieser Funktionalität verboten wurde. Auch der umgekehrte Fall ist möglich: Lernende dürfen bei fehlerhafter Konfiguration Funktionen ausführen, die nicht für sie gedacht sind. Um derart fatale Situationen zu vermeiden, empfiehlt es sich, Rollen auf der tiefstmöglichen Hierarchieebene zu vergeben. Treten dennoch Probleme auf, so kann zur Konfiguration der Moodle-Werkzeuge ein Blick in die Registerkarte **Zugriffsrechte ändern** helfen. Hier werden zu den vorhandenen Rollen die eingestellten Rechte aufgelistet, und Sie können gezielt Änderungen vornehmen. Jede dieser Änderungen zu dokumentieren empfiehlt sich.

2.8.5 Anmerkungen zu Lernenden

Moodle bringt seit Version 1.9 eine spezielle Anmerkungsverwaltung mit. Hier können Lehrerinnen sich Notizen zu einzelnen Kursteilnehmerinnen machen, und zwar sowohl nur zum persönlichen Gebrauch, zur Einsicht für Lehrer und Lehrerinnen desselben Kurses oder zur Lektüre für alle in der Moodle-Website eingetragenen Kollegen und Kolleginnen. Neben dem Inhalt wird der entsprechende **Kontext** bei der Erfassung einer Anmerkung festgelegt (Abbildung 2.44).

Neue Anmerkung hinzufügen

Vollständiger Nutzername	Inhalt	Kontext ⑦
Anita Anger	Sehr fleißig! Familiäre Belastung	Kurs ▾

Änderungen speichern

Abbildung 2.44:
Anmerkung erfassen
oder ändern

Abbildung 2.45 zeigt im rechten Teil die Anmerkungsansicht zu einer Schülerin. Anmerkungen, die für alle Lehrenden freigegeben sind, werden Ihnen über **Navigationsblock | Website | Anmerkungen** aufgelistet.

Wollen Sie Anmerkungen zu einem bestimmten Nutzer einsehen, müssen Sie diesen erst aus der Teilnehmerliste der Website auswählen (**Navigationsblock | Website | Teilnehmer/innen**). Lassen Sie sich das Profil des Teilnehmers anzeigen, indem Sie auf seinen Namen klicken. Die Anzeige der bestehenden **Anmerkungen** veranlassen Sie wieder über den Navigationsblock (Abbildung 2.45 links). Bestehende Anmerkungen können bearbeitet und gelöscht werden. Zusätzlich können kursspezifisch **neue Anmerkungen hinzugefügt werden**.

Innerhalb eines Kurses greifen Sie über den Unterpunkt **Teilnehmer/innen** im Navigationsblock auf die Teilnehmerverwaltung (Abbildung 2.38) zu, die eine Liste aller eingeschriebenen Lehrenden und Lernenden und zusätzliche Funktionen bereitstellt. Markieren Sie einen oder mehrere Nutzer in der Spalte **Auswählen** und entscheiden Sie sich, was zu den **ausgewählten Nutzer/innen** zu tun ist. Sie können für jeden eine **neue Anmerkung hinzufügen** oder eine übereinstimmende **neue Anmerkung für alle hinzufügen**. Wird die Teilnehmerliste angezeigt, so können Sie wieder über den Navigationsblock für den aktuellen Kurs zu allen **Teilnehmer/innen** die **Anmerkungen** einsehen.

Abbildung 2.45:
Anmerkungsansicht
zu einer Schülerin in
Moodle

Lehrer betrachtet Moodle als Teil des Kurses. Wundern Sie sich also nicht, wenn es auch zu Ihrer Person eine Anmerkungsseite gibt. Anmerkungsseiten von Lehrern dürfen innerhalb des OSP-Moodles aber mit der Rolle **Student** nicht eingesehen werden.

2.8.6 Berichte

Lehrern eines Kurses bietet Moodle die Möglichkeit, die Moodle-Aktionen einzelner Lernender anhand eines Berichts nachzuvollziehen. Klicken Sie auf einen Namen innerhalb der Teilnehmerliste eines Kurses, öffnet sich die zugehörige personenspezifische Überblicksansicht. Für diesen Teilnehmer können Sie sich über **Navigation | Aktivitäten | Zusammenfassung** einen Eindruck von seinem Engagement verschaffen. Abbildung 2.46 zeigt dies am Beispiel der Schülerin Anita Anger im Geographie-Kurs des OSP-Moodles.

Abbildung 2.46:
Zusammenfassung
eines
Aktivitätsberichts

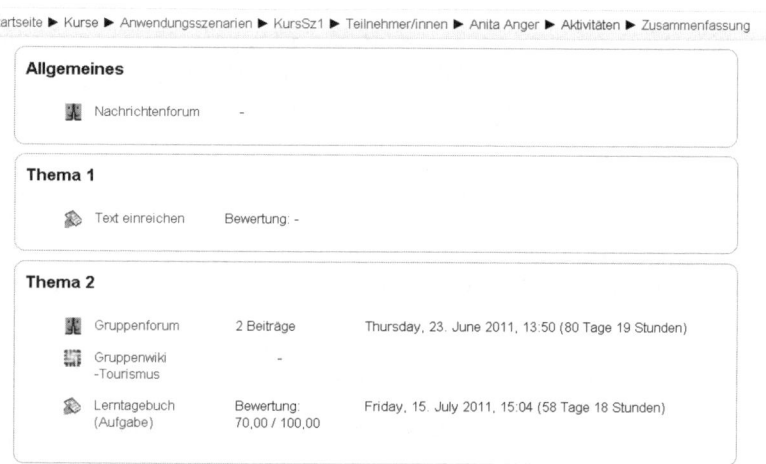

Zudem können Sie hier neben dem vollständigen Aktivitätsbericht, heutige oder alle Logdaten (IP-Adresse und aufgerufene Aktionen eingeschlossen) und Bewertungen des jeweiligen Lernenden einsehen.

Zusätzlich erhalten Sie über **Navigation | Website | Berichte** nach Kurselementen geordnet Zugriff auf die Ereignisprotokolle (Logdaten). Filterungen nach Teilnehmer/innen, Datum, Aktivitäten, Aktionen sind ebenso möglich wie die Ausgabe im Browser oder der Export zur Weiterverarbeitung in einem externen Programm. Eine umfassende Kontrolle aller Nutzer ist so grundsätzlich möglich (Abbildung 2.47).

Abbildung 2.47:
Zusammenfassung
eines
Aktivitätsberichts

Wir empfehlen, nicht nur Ihren Schülerinnen und Schülern, sondern auch allen Kolleginnen und Kollegen diese Moodle-Funktionalität und den Umgang damit (Datenschutz!) umfassend zu erläutern. Dies vermindert den Missbrauch von Moodle und baut Hemmschwellen zur wünschenswerten Nutzung ab.

2.8.7 Fragenverwaltung

Testfragen erstellen und organisieren Sie für jeden Kurs einzeln. Dazu rufen Sie die Fragenverwaltung (Abbildung 2.48) über **Kurs-Administration | Fragenliste | Fragen** auf. Darin können Sie Fragen nicht nur erstellen, sondern auch kategorisieren, exportieren und (aus anderen Kursen) importieren.

Abbildung 2.48:
Testfragen verwalten

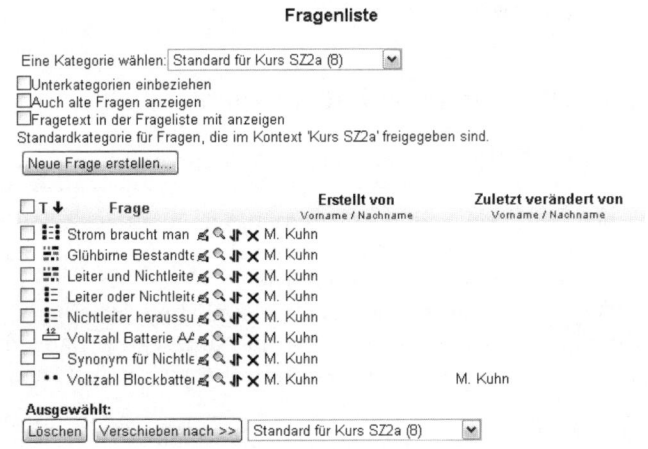

Neue Frage erstellen öffnet ein Fenster, das Ihnen die verschiedenen Fragetypen zur Auswahl auflistet (siehe Abbildung 2.49). Die vielen Fragenarten
ermöglichen abwechslungsreiche Tests, die Wissen und Kompetenzen auf
vielfältige Art überprüfen lassen.

In der Fragenliste lassen sich bestehende Fragen bearbeiten, als Vorschau
einsehen, innerhalb der Kategorien und Unterkategorien verschieben und
löschen.

Abbildung 2.49:
Unterschiedliche
Fragetypen

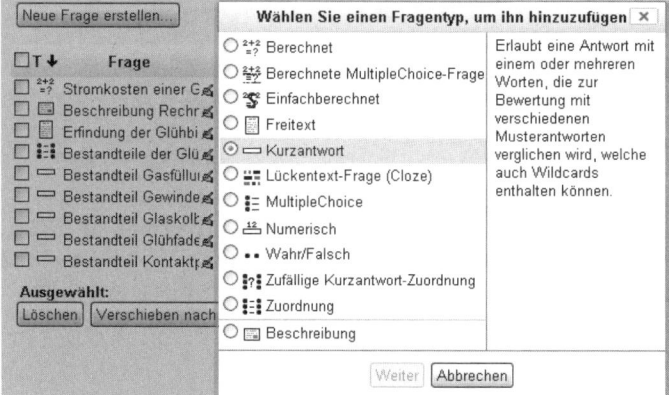

Um den Überblick über Ihre Testfragen zu behalten, legen Sie über **Kurs-
Administration | Fragenliste** verschiedene **Kategorien** an, die den Unterrichts-
themen entsprechen (z. B. `Strom`, `Magnetismus`, `Wetter`, `Luft und Was-
ser`). Diese lassen sich in Unterkategorien aufteilen. Fragen können Sie
auch nachträglich Kategorien oder Unterkategorien zuordnen. Mehrfach-
kategorisierung ist nicht möglich.

Das Erstellen und Kategorisieren wie auch den weiteren Umgang mit Testfragen thematisiert Abschnitt 3.3.8 ab Seite 146.

2.8.8 Dateiverwaltung und Dateiauswahl

Die Verwaltung der Dateien ist in Moodle 2.0 neu geregelt. Wurden zuvor
sowohl private wie auch den Kursen zugeordnete Dateien für jeden Kurs
getrennt gespeichert, erfolgt dies nun zentral. Die mehrfache Speicherung
identischer Dateien im Moodle-System kann damit häufig vermieden werden. Für Sie als Benutzer hat dies den großen Vorteil, dass Sie innerhalb
Ihres Moodle-Systems Zugriff auf Ihren persönlichen Dateibereich[37] mit
allen von Ihnen erstellten Verzeichnissen und abgelegten Dateien haben,
unabhängig davon, ob Sie sich auf der Startseite befinden oder gerade in

---

[37] Auch unter Moodle wird hierfür nun häufig der Begriff *Repository* verwendet, mit dem
zentrale Speicherorte bezeichnet werden.

einem Kurs arbeiten. Auch kann zuverlässiger gewährleistet werden, dass nur berechtigte Personen Zugriff auf abgelegte Dateien haben.

Zusätzlich erlaubt Moodle 2.0 die Einbindung anderer Repositories aus dem Internet wie z. B. Flickr, Google Docs, YouTube ... Hierfür ist in Moodle das neue Werkzeug *File Picker* (übersetzt als **Dateiauswahl**) entstanden. Die **Dateiauswahl** tritt immer dann in Aktion, wenn Sie Moodle eine Datei übergeben wollen. Das kann beim Ablegen einer Datei in Ihrem persönlichen Dateibereich sein, bei der Ergänzung eines Textbeitrags durch eine Grafik, bei der Bereitstellung eines Arbeitsblatts innerhalb eines Kurses usw.

Verwaltung persönlicher Dateien

Sie erreichen Ihren persönlichen Dateibereich über **Navigation | Startseite | Mein Profil | Eigene Dateien**. Bequemer geht es, wenn Sie sich den Block **Eigene Dateien** permanent einblenden (siehe Seite 65) und bei Bedarf **Eigene Dateien verwalten** anklicken.

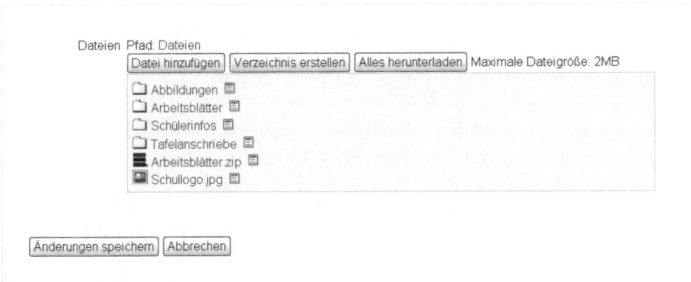

Abbildung 2.50:
Verwaltung
persönlicher Dateien

Zur Verwaltung stehen Ihnen zunächst drei Schaltflächen zur Verfügung (Abbildung 2.50). Dem aktuellen Verzeichnis können Sie eine neue **Datei hinzufügen**, ein **Verzeichnis erstellen** oder **alles**, d. h. den gesamten Datenbestand als komprimierte Datei im ZIP-Format, **herunterladen**.

Alle Veränderungen sind erst dann dauerhaft wirksam, wenn Sie die Schaltfläche **Änderungen speichern** anklicken. Dies können Sie nach jeder Operation tun, spätestens jedoch vor dem Verlassen dieses Arbeitsbereichs. Andernfalls sind Ihre Bearbeitungen hinfällig! Dies ist gewöhnungsbedürftig, da keine Sicherheitsabfrage erfolgt.

Über **Datei hinzufügen** erreichen Sie die **Dateiauswahl** hinter der sich der **File Picker** verbirgt. Zunächst soll nur die Aktion **Datei hochladen** beschrieben werden:

Sie **durchsuchen** Ihr Dateisystem nach der gewünschten Datei und wählen sie aus. Der Dateiname wird unter **Anhang** angezeigt und kann von Ihnen im Feld **Speichern unter ...** verändert werden (Abbildung 2.51). Den Namen der **Autor/in** können Sie überschreiben und unter Beachtung der Urheberrechte für das Dokument eine passende **Lizenz wählen**.

Abbildung 2.51:
Datei über die
Dateiauswahl
hochladen

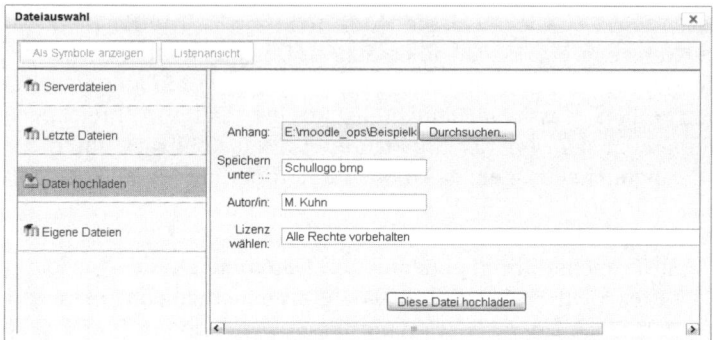

Sie können sich u. a. **alle Rechte vorbehalten** oder sich für eine Creative-Commens-Lizenz (siehe Seite 251) entscheiden, bevor Sie diese **Datei hochladen**. Die neue Datei ist nun Ihren eigenen Dateien hinzugefügt.[38]

Die neue Datei ist nun in Ihrem Dateibereich mit aufgelistet. Rechts neben jedem Datei- und Verzeichnisnamen befindet sich ein aktives Symbol, mit dem Sie den Eintrag **verschieben**, **umbenennen** oder **löschen** können. Dateien lassen sich **herunterladen**, ganze Verzeichnisse, in einer ZIP-Datei zusammengefasst, ebenfalls. Wollen Sie mehrere Dateien gleichzeitig in einen Moodle-Dateibereich übertragen, lohnt es sich, diese zuvor in einer ZIP-Datei zusammenzufassen und diese hochzuladen. Im Moodle-System können ZIP-Dateien bequem im aktuellen Verzeichnis entpackt werden. Die Wiederholung des umständlichen Upload-Vorganges kann so vermieden werden. Denken Sie daran, Ihre Änderungen immer wieder zu speichern.

Der angezeigte Datei-**Pfad** lässt sich nutzen, um schnell zwischen Verzeichnissen zu wechseln. Ein Klick auf einen Verzeichnisnamen im Dateipfad öffnet das zugehörige Verzeichnis und zeigt Ihnen den entsprechenden Inhalt.

Weitere Funktionen der **Dateiauswahl**

Die Dateiauswahl kann nicht nur aus Ihrem lokalen Dateibestand, sondern auch aus verschiedenen Dateibereichen von Moodle oder auch aus freigegebenen externen Dateibereichen (Repositories) erfolgen. Moodle bietet dafür die Bereiche **Serverdateien**, **letzte Dateien** und Ihre **eigenen Dateien** an. Die Anzeige erfolgt als **Listenansicht**

---

[38] In Moodle richtet der Administrator unter **Website-Administration | Kurse | Grundeinstellungen | Maximale Dateigröße** ein, wie groß hochzuladende Dateien sein dürfen. Überschreitet Ihre Datei die Grenze, wird sie abgewiesen.

oder als Ansicht mit Dateisymbolen. Aufgelistete Verzeichnisse können über einen Klick geöffnet, Dateien über einen Klick selektiert und über **Datei auswählen** der geplanten Verwendung zugeführt werden.

Bereich **Serverdateien** (vorher Lokale Dateien)

Auch dieser Bereich bietet Ihnen nur Zugriff auf Dateien, die Ihnen gehören oder für die Sie die erforderlichen Rechte haben. Als Teilnehmer kann man auf diese Weise nicht auf die vom Kursverwalter verwendeten Dateien zugreifen. Dateien sind im Moodle-System üblicherweise den Kursen zugeordnet. Sie können eine Datei aus irgendeinem Kurs auswählen und im aktuellen Kurs weiterverwenden, wenn diese Datei vom System dafür freigegeben ist.

Der Zugriff erfolgt über die Kursbereiche, in denen Kurse zusammengefasst werden. Jedem Kurs ist ein Verzeichnis für die enthaltenen Dateien zugeordnet. Die Navigation wird zusätzlich über den Dateipfad unterstützt, der im oberen Fensterbereich angezeigt wird. Damit wird erleichtert, aus Unterverzeichnissen zurückzugelangen und auf andere Kursbereiche zuzugreifen.

Bereich **Letzte Dateien**

In diesem Bereich werden die Dateien aufgelistet, die von Ihnen zuletzt verwendet wurden. Dies kann auch durchaus schon einige Wochen her sein.

Bereich **Eigene Dateien**

Die Auswahl aus Ihren persönlichen, im Moodle-System hinterlegten Dateien erleichtert dieser Bereich. In der Listenansicht (Abbildung 2.52) lassen sich alle Verzeichnisse mit allen Untereinträgen gleichzeitig anzeigen. Zum Öffnen eines Verzeichnisses genügt ein Klick auf das vorangestellte Pluszeichen. Sie erhalten einen besseren Überblick als in der normalen Sicht auf Ihre eigenen Dateien.

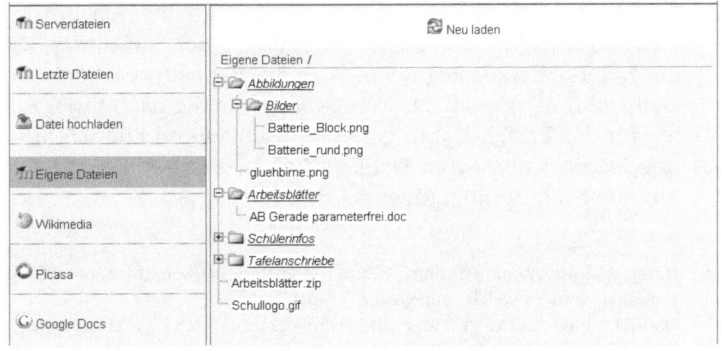

Abbildung 2.52:
Aufgefächerte
Ansicht der eigenen
Dateien

Andere Repositories

Zunehmend werden Dateien und Medien auf verschiedenen Plattformen im Internet abgelegt. Nutzer ermöglichen sich so den Zugriff auf persönliche Daten über das Internet unabhängig von ihrem aktuellen Aufenthaltsort. Andere möchten Fotos oder Videos veröffentlichen oder zumindest Freunden und Bekannten den Zugang erlauben. Entsprechende Dienste bieten u. a. Wikimedia, Flickr oder Google Docs an.

Moodle 2.0 erlaubt über die Dateiauswahl einen komfortablen Zugriff, indem es diese Plattformen einbettet und als weitere Quellen anbietet. Voraussetzung ist, dass ein Administrator Ihres Moodle-Systems die entsprechenden Repositories freischaltet.[39]

Abbildung 2.53:
Zugriff auf externe
Mediendateien

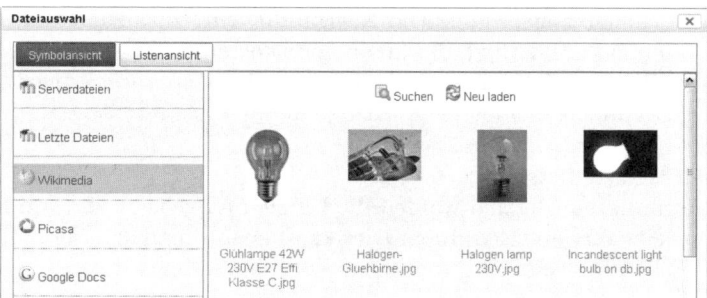

Wenn z. B. das Repository Wikimedia[40] aktiviert ist, so kann Wikimedia direkt mittels eines Stichwortes durchsucht und passende Bilddateien in den jeweiligen Kurs eingebunden werden. Anders verhält es sich bei Flickr. Um aus Moodle auf diese öffentliche Mediendatenbank zuzugreifen, benötigt man einen persönlichen **API-Schlüssel**, den man sich zunächst bei www.flickr.com erstellen muss. Nutzen Sie Google nicht nur zum Recherchieren, sondern auch für den Austausch von E-Mails, so steht Ihnen ein Dateibereich für das Abspeichern von Dokumenten zur Verfügung. Auch auf diesen können Sie aus Moodle heraus zugreifen. Wird das Repository Google Docs in der Dateiauswahl angeklickt, werden Sie einmalig nach Ihren Zugangsdaten für das E-Mail-Konto gefragt. Anschließend können Sie aus Ihren bei Google hinterlegten Dateien die gewünschte auswählen und dem Moodle-System hinzufügen.[41]

---

[39] Unter **Website-Administration | Plugins | Repositories | Übersicht** kann differenziert entschieden werden, welche zugelassen werden.

[40] Die Abbildung 2.53 zeigt Bilder aus Wikimedia zum Stichwort Glühbirne.

[41] Dieser Zugriff lässt sich in Ihrem Google-Konto in den Einstellungen unter **Verbundene Konten** jederzeit widerrufen.

2.8.9 Bewertungen

Moodle integriert ein umfangreiches Bewertungssystem, das es Ihnen erlaubt, unterschiedliche Lernaktivitäten zu bewerten und miteinander zu einer Gesamtbewertung zu kombinieren. Es deckt derzeit zumindest die Lernaktivitäten Aufgabe, Datenbank, Forum, Glossar, Lektion, Lernpaket, Test und Workshop ab.[42]

Bewertungen können numerisch sein und sich auf eine Punkteskala oder Noten beziehen. Moodle unterstützt aber auch andere, qualitative Bewertungsskalen. In Deutschland sind beispielsweise die Prädikate *sehr gut* bis *ungenügend* üblich.

Sie können Ihre Bewertung aus mehreren Kategorien (z. B. für den Sprachunterricht aus Sprechen, Schreiben, Lesen und Sprachgebrauch) zusammenstellen und Ihren Erfordernissen entsprechend gewichten. Jede Kategorie umfasst einen oder mehrere Bewertungsaspekte, bewertbare Lernaktivitäten repräsentieren diese.

Moodle übernimmt bis hin zum Gesamtergebnis sämtliche Berechnungen für jeden Lernenden. Als Unterrichtende haben Sie die Möglichkeit, Einzelbewertungen in einer Bewerterübersicht zu verändern und sich über die numerisch ermittelten Resultate hinwegzusetzen.

Die Bewerterübersicht

Die **Bewerterübersicht** zu einem einzelnen Kurs rufen Sie über **Kurs-Administration | Bewertungen** auf. Sie zeigt die Ergebnisse zu den bewertbaren Lernaktivitäten für jeden Teilnehmer an (Abbildung 2.54), ergänzt um die **Summe für den Kurs**. Im Beispiel erreichte die Schülerin Anita Anger 52,50 von 60 Punkten im **Test zum Strom**, 6,15 von 10 Punkten im **Test zur Glühbirne** und 30 von 100 Punkten im Referat. Unter Berücksichtigung der Gewichtung der einzelnen Bewertungsapekte errechnet Moodle als Summe 70,81 von 100 Punkten.[43]

Durch Drücken der Schaltflächen **+**, **–** bzw. **o** neben den Bewertungskategorien lässt sich die Anzeige durch Ein- und Ausblenden der Spalten für Zwischensummen oder für die Bewertungsaspekte anpassen.[44]

---

[42] Auf die Aktivitäten Lektion (ermöglicht Steuerung des Aktivitätsflusses durch Bedingungen) und Lernpaket (ermöglicht das Importieren von Online-Inhaltssammlungen gemäß dem SCORM (*Shareable Content Object Reference Model*)) geht dieses einführende Buch nicht näher ein.

[43] Im Bewertungskonzept zu diesem Kurs (siehe Seite 225) ist festgelegt, dass der Test zum Strom 60% des Gesamtergebnisses bestimmt, der Test zur Glühbirne und das Referat jeweils 20%.

[44] Zur Konfiguration der Anzeige standen in Moodle 1 die Schalter **Durchschnittswerte verbergen**, **Gruppen verbergen** und **Stufen verbergen** zur Verfügung.

Abbildung 2.54:
Bewerterübersicht
für die
Lernaktivitäten eines
Kurses

| Nachname Vorname ↑ | | Lerntest Strom (Grundschule) ⊟ | | | |
| | | Grundlagen Elektrizität ◯ | Vertiefung Elektrizität ◯ | | |
		☑ Test zum Strom ↓↑	☑ Test zur Glühbirne ↓↑	▓ Referat ↓↑	Σ Summe für den Kurs ↓↑
Anita Anger	▓	52,50	6,15	30	70,81
Bernd Braun	▓	-	-	-	-
Dieter Dachs	▓	57,95	3,85	10	67,65
Esther Ernst	▓	-	-	-	-
Mario Manz	▓	-	-	80	32,00
Nina Neu	▓	32,05	4,62	-	50,51

Die aus den Testergebnissen berechneten Punktzahlen lassen sich überschreiben (Abbildung 2.55). Diese Flexibilität hilft dabei, besondere Leistungen oder Beeinträchtigungen eines Lernenden zu berücksichtigen. Dazu betätigen Sie die Schaltfläche **Bearbeiten einschalten**. Sie erhalten eine veränderte Übersicht, in der Sie Punktzahlen überschreiben können. Manuell veränderte Punktzahlen werden farbig gekennzeichnet. Wollen Sie sicherstellen, dass diese Punktzahl endgültig ist und eventuell erst zu einem bestimmten Zeitpunkt für den Teilnehmer sichtbar wird, klicken Sie auf das Bearbeitungsicon oberhalb der gerade angepassten Bewertungszahl. Aktivieren Sie die Option **Überschrieben** und vergeben Sie eine Ihnen angemessener erscheinende **Endbewertung**. Die Funktion **Überschrieben** bewirkt, dass der Teilnehmer den Test nicht noch einmal abgeben kann, so dass Moodle die Bewertung in der Tabelle von nun an nicht mehr verändert.

Abbildung 2.55:
Bewertung der
Lernaktivität eines
Teilnehmers
überarbeiten

Die Einstellungen **Verborgen** und **Verborgen bis** erlauben es, Bewertungen (noch) nicht oder erst zu einem bestimmten Zeitpunkt für die Lernenden freizugeben. In gleicher Weise ist es möglich, die Bewertung automatisch zu sperren, wenn die Bearbeitung der Lernaktivität abgeschlossen ist. Wie gewohnt können Sie der Bewertung ein **Feedback** in Form eines Kommentars hinzufügen.

Teilnehmerübersicht

Die **Teilnehmerübersicht** stellt für Sie die Ergebnisse eines Teilnehmers zusammen. Diese Übersicht eignet sich auch zum Austeilen an die Lernenden, um sie (offiziell) über ihre Beurteilung zu informieren.

Um zur Teilnehmersicht zu gelangen, wählen Sie in der Bewerterübersicht aus der Auswahlliste den Eintrag **Teilnehmerübersicht** oder wählen unter **Einstellungen | Bewertungsverwaltung** den entsprechenden Eintrag. Sobald Sie nun unter **Alle oder einen auswählen** einen Teilnehmer bestimmt haben, stellt Moodle für diesen die Einzelbewertungen und deren Summe für den gesamten Kurs zusammen (Abbildung 2.56). Wählen Sie **Alle Nutzer/innen**, werden Ihnen die Teilnehmerübersichten für alle Lernenden des Kurses angezeigt. Welche Spalten gezeigt und ob Summen gebildet werden, hängt von den **Einstellungen zur Kursbewertung** in der **Bewertungsverwaltung** ab. Im Bereich **Teilnehmerübersicht** können Sie u. a. die Optionen **Prozentwerte anzeigen** oder **Summen verbergen** aktivieren.

	Alle oder einen auswählen	Anita Anger				▼
Bewertungsaspekt	**Bewertung**	**Bereich**	**Prozentsatz**	**Rang**	**Feedback**	
Lerntest Strom (Grundschule)						
Σ *Summe für den Kurs*	*70,8*	*0–100*	*70,8 %*	*1/13*		
Grundlagen Elektrizität						
x̄ *Summe für die Kategorie*	-	*0–60*	-	-		
Test zum Strom	52,5	0–60	87,5 %	2/13		
Vertiefung Elektrizität						
x̄ *Summe für die Kategorie*	*18,3*	*0–40*	*45,8 %*	*4/13*		
Test zur Glühbirne	6,2	0–10	61,5 %	1/13		
Referat	30	0–100	30 %	3/13		

Abbildung 2.56: Teilnehmerbezogene Übersicht über die Bewertungen zu einem Kurs

Bewertungen im- und exportieren

Den Import von Bewertungsdaten veranlassen Sie ebenfalls über die Auswahlliste in der **Bewerterübersicht** oder über die **Bewertungsverwaltung**. Zudem können Sie die Informationen aus der Bewerterübersicht als Excel- oder OpenOffice-Datei, in reiner Textform oder als XML-Datei auf Ihren persönlichen Rechner herunterladen.

Bewertungsbezogene Kurseinstellungen ändern

Die **Bewertungsverwaltung** erlaubt es, die bewertungsrelevanten **Kurseinstellungen** zu ändern und festzulegen, wie Moodle die Bewertungen organisieren und berechnen soll. Einen Überblick über die im Kurs vorhandenen **Kategorien und Aspekte**, **Bewertungsskalen** und **Notenstufen** verschaffen die gleichnamigen Auswahlpunkte. Wie Sie Fragenkategorien und Bewertungsaspekte sinnvoll ergänzen oder anpassen, wird im Szenario „Lerntest Strom" ab Seite 225 praktisch beschrieben.

Die **Einstellungen zur Kursbewertung** erlauben es Ihnen auch, das Erscheinungsbild der Übersichten zu beeinflussen:

Grundeinstellungen

Hier legen Sie fest, ob die **Anzeige des Gesamtergebnisses** in der ersten oder letzten Zeile der Teilnehmerübersicht erfolgen soll.

Bewertungsaspekte

Hier können Sie den Typ der **Bewertungsanzeige** von **Voreinstellung** u. a. auf **Punkte**, **Prozentsatz** oder **Note** ändern. Anhand der Prozentsätze werden die Noten über die definierten Notenstufen ermittelt. Auch Kombinationen sind möglich.[45]

Übersicht

Sie listet die Bewertungen aus allen Kursen für den gewählten Teilnehmer auf. Die Rangfolge des Teilnehmers im Vergleich zur Lerngruppe kann ausgewiesen oder verborgen werden. Zusätzlich lassen sich für Teilnehmer **Summen verbergen, wenn sie verborgene Elemente enthalten.** Unter „verborgenen Werten" versteht Moodle Bewertungen, die zu Bewertungsaspekten gehören, die der oder die Unterrichtende auf unsichtbar gesetzt hat oder deren Freigabedatum noch nicht erreicht ist.

Teilnehmerübersicht

Hier kann der Rang tatsächlich anzeigt oder verborgen werden. Für jede Bewertung lassen sich **Prozentwerte anzeigen**. Ähnlich wie in der Bewerterübersicht entscheiden Sie, wie mit „verborgenen Werten" umzugehen ist. Diese können als solche verborgen bleiben ebenso wie Summen, in denen sie enthalten sind.

Für jeden Bereich lassen sich die von der Website-Administration hinterlegten Voreinstellungen über **Grundeinstellungen ändern** aufrufen und anpassen.

---

[45] Diese Einstellung wirkt sich nur für die Bewertungsaspekte aus, bei denen der Typ der **Bewertungsanzeige** auf **Voreinstellung** gesetzt ist (siehe Seite 229).

Bewertungsskalen

Bewertungsskalen können an Stelle von Punkten oder Noten zur Beurteilung herangezogen werden. Diese qualitativen Bewertungen sind unter Umständen informativer als numerische. Für alle Lernaktivitäten stehen die zentral im Moodle-System vorhandenen und die für den Kurs eingerichteten Bewertungsskalen zur Auswahl.

Zum Erstellen und Bearbeiten von Bewertungsskalen wählen Sie den entsprechenden Eintrag unter **Einstellungen | Bewertungsverwaltung**.[46] Abbildung 2.57 zeigt alle im Kurs zur Verfügung stehenden Skalen.

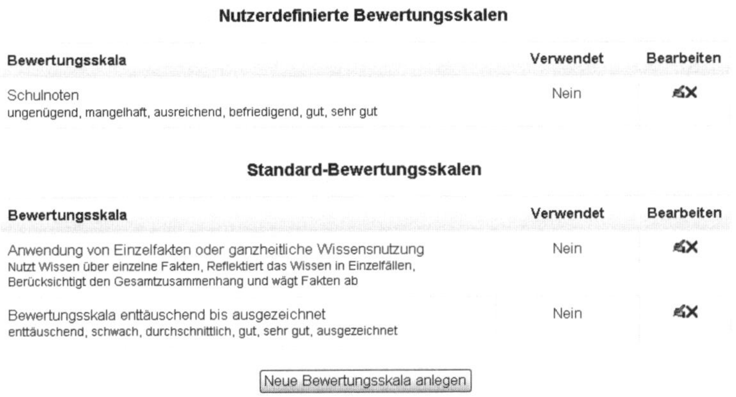

Nutzerdefinierte Bewertungsskalen

Bewertungsskala	Verwendet	Bearbeiten
Schulnoten ungenügend, mangelhaft, ausreichend, befriedigend, gut, sehr gut	Nein	✎✗

Standard-Bewertungsskalen

Bewertungsskala	Verwendet	Bearbeiten
Anwendung von Einzelfakten oder ganzheitliche Wissensnutzung Nutzt Wissen über einzelne Fakten, Reflektiert das Wissen in Einzelfällen, Berücksichtigt den Gesamtzusammenhang und wägt Fakten ab	Nein	✎✗
Bewertungsskala enttäuschend bis ausgezeichnet enttäuschend, schwach, durchschnittlich, gut, sehr gut, ausgezeichnet	Nein	✎✗

[Neue Bewertungsskala anlegen]

Abbildung 2.57: Übersicht über vorhandene Bewertungsskalen

Wenn Sie eine **Neue Bewertungsskala anlegen**, geben Sie ihr zunächst einen **Namen** und legen fest, ob diese Skala als **Standard-Bewertungsskala** in jedem Kurs zur Verfügung stehen soll oder nur in diesem Kurs gültig ist. Die **Bewertungsskala** selbst geben Sie als Werteliste ein, vom Negativen zum Positiven geordnet. Die einzelnen Werte trennen Sie durch Kommata, für die üblichen Schulnoten geben Sie etwa `ungenügend, mangelhaft, ausreichend, befriedigend, gut, sehr gut` ein. Zusätzlich können Sie im Feld **Beschreibung** den Zweck der Skala erläutern.

Notenstufen

Um Notenstufen anzuzeigen und zu bearbeiten, wählen Sie in der **Bewertungsverwaltung** den Eintrag **Notenstufen**. Moodle zeigt Ihnen an, wie Prozentwerte und Noten aktuell zugeordnet sind.

---

[46] Sollten Sie diesen Eintrag nicht im Bereich **Bearbeiten** finden, so haben Sie in dem Kurs, in dem Sie sich gerade befinden, nicht die erforderlichen Rechte. Wechseln Sie in einen Kurs, den Sie selber angelegt haben, um auch die Bewertungsskalen einsehen oder editieren zu können.

Über **Notenstufen bearbeiten** erreichen Sie ein Eingabefenster und können die **Voreinstellungen überschreiben** (Abbildung 2.58). Definieren Sie die Notenstufen jetzt nach Ihren Vorstellungen, indem Sie jeder **Note** eine Bezeichnung und eine **untere Grenze** für diese Note zuweisen. Die Noten können Sie nun für die Bewertung von Schülerleistungen verwenden. Moodle ermittelt, welchen Prozentsatz ein Lernender erzielt hat, und ordnet die entsprechende Note zu.

Abbildung 2.58:
Notenstufen
bearbeiten

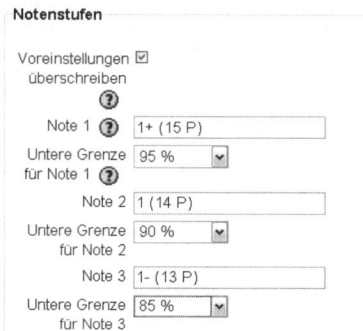

2.8.10 Sichern und Wiederherstellen von Moodle-Kursen

Eine der Stärken von Moodle besteht darin, die Wiederverwendbarkeit[47] Ihrer inhaltlichen und konzeptionellen Arbeit sicherzustellen. Ein wichtiges Mittel dazu ist die teilweise oder komplette **Sicherung** von Moodle-Kursen. Diese Sicherungen können einen Bearbeitungsstand Ihrer Lerngruppe widerspiegeln oder auch keinerlei **Nutzerdaten** enthalten, um den Kurs einer neuen Lerngruppe anzubieten. Veränderungen und Aktualisierungen sind selbstverständlich möglich.

Die Kurse werden komprimiert gesichert und erhalten ab Moodle 2.0 die Dateiendung **.mbz**, um die Sicherungsdateien von anderen ZIP-Dateien eindeutig zu unterscheiden. Diese Kurssicherungen können Sie auf einem privaten Datenträger – z. B. der Festplatte in Ihrem PC – ablegen. Eine Sicherungsdatei bildet die Grundlage zur **Wiederherstellung** des Kurses im Moodle-System. Die Wiederherstellung kann unter einem neuen Namen in einem Kursbereich Ihrer Wahl erfolgen – auch in einem beliebigen anderen Moodle-System, z. B. einer anderen Bildungseinrichtung. Wählen Sie zunächst **Kurs-Administration . . . Sicherung** (Abbildung 2.59).

---

[47] Derzeit ist es allerdings nur möglich, Kurse, die unter Moodle 2 erzeugt wurden, in Moodle 2 wiederherzustellen. Gleiches gilt für Kurse in Moodle-1-Systemen. Eine Übernahmen von Kursen aus Moodle 1 in Moodle 2 ist zwar geplant, aber derzeit (Juni 2011) noch nicht realisiert. Damit ist aktuell innerhalb von Moodle der Grundsatz der Wiederverwendbarkeit und Nachhaltigkeit verletzt.

Die Sicherung läuft nun in den fünf Schritten **Voreinstellungen, Einstellungen, Kontrollieren und bestätigen, Sicherung ausführen** und **Fertigstellen** ab.

Da Moodle-Kurse sehr umfangreich sein können, erlauben es die Voreinstellungen zu selektieren, welche Elemente eines Kurses überhaupt für die Sicherung berücksichtigt werden sollen. Sie bestimmen jeweils pauschal, ob die Sicherung z. B. die **Logdaten**, die **Nutzerdateien**, die **Rollenzuweisungen** und den **Bewertungsverlauf** enthalten soll.

Sicherungseinstellungen

Eingeschriebene Nutzer/innen einbeziehen	☑
Nutzerinformationen anonymisieren	☐
Rollenzuweisungen einbeziehen	☑
Nutzerdateien einbeziehen	☑
Aktivitäten einbeziehen	☑
Blöcke einbeziehen	☑
Filter einbeziehen	☑
Kommentare einbeziehen	☑
Nutzerabschlussdetails einbeziehen	☑
Kurslogdaten einbeziehen	☐
Bewertungsverlauf einbeziehen	☐

Wollen Sie einen Kurs mit einer anderen Lerngruppe durchführen, sind die bisherigen **eingeschriebenen Nutzer** irrelevant. Anders verhält es sich, wenn Sie den Leistungsstand einer Lerngruppe z. B. zu einer Abschlussbewertung archivieren wollen. In diesem Falle werden Sie über die **einge-**

schriebenen **Nutzer** hinaus auch den **Bewertungsverlauf einbeziehen** wollen. Welchen Umfang Ihre Sicherung hat, hängt auch von Ihrer Rolle (Administrator, Kursverwalter oder Trainer) ab. In den Voreinstellungen treffen Sie pauschale Entscheidungen. Benötigen Sie nicht alle Aktivitäten, Blöcke oder Filter können Sie diese auch im nächsten Schritt noch ausschließen.

Im zweiten Schritt der Kurssicherung (Abbildung 2.61) legen Sie für die entsprechend Ihrer Vorauswahl aufgeführten Kurs-Elemente einzeln fest, ob sie gespeichert und ob gegebenenfalls die Daten der Benutzer mit gesichert werden.

Abbildung 2.61:
Auswahl von Kurs-
und Nutzerdaten für
die Sicherung

Nachdem Sie diese Einstellungen mit **Weiter** bestätigt haben, können Sie den Umfang der Sicherung im dritten Schritt **Kontrollieren und bestätigen** anhand einer Auflistung überprüfen und den vorgeschlagenen **Dateinamen** für die Sicherungsdatei ändern. Eine erneute Bestätigung führt die Sicherung aus (Schritt 4). Im Schritt **Fertigstellen** wird die erfolgreiche Ausführung gemeldet und anschließend ist die mbz-Datei im Verzeichnis **Backup-Bereich** abgelegt (Abbildung 2.62). Backup-Dateien mit der Voreinstellung **Nutzerinformationen anonymisieren** werden in Ihrem persönlichen Dateibereich für Sicherungsdateien gespeichert und unter **Backup-Bereich des Nutzers** aufgelistet. Ansonsten werden die Dateien im **Backup-Bereich des Kurses** abgelegt.

Abbildung 2.62:
Sicherungdateien des
Kurses

Backup-Bereich des Kurses ⑦

Dateiname	Zeit	Größe	Herunterladen	Wiederherstellen
sicherung-moodle2-course-kurssz2-20110503-1834.mbz	Dienstag, 3. Mai 2011, 18:36	290.5KB	Herunterladen	Wiederherstellen

[Backupdateien verwalten]

Backup-Bereich des Nutzers ⑦

Dateiname	Zeit	Größe	Herunterladen	Wiederherstellen
sicherung-moodle2-course-kurssz2-20110503-1846-an.mbz	Dienstag, 3. Mai 2011, 18:46	62.4KB	Herunterladen	Wiederherstellen
sicherung-moodle2-course-kurssz3-20110503-1845-an.mbz	Dienstag, 3. Mai 2011, 18:45	24.6KB	Herunterladen	Wiederherstellen

[Backupdateien verwalten]

Um diese Datei in Ihr persönliches Dateisystem zu übertragen, klicken Sie neben dem Dateinamen auf **Herunterladen** und führen den Download durch. Damit ist die Sicherung und persönliche Archivierung erfolgreich abgeschlossen.

Zum **Wiederherstellen** wählen Sie den entsprechenden Punkt im Block **Kurs-Administration** (Abbildung 2.59). Moodle listet nun die für Sie in den **Backup-Bereichen** vorhandenen Dateien auf (Abbildung 2.62). Alternativ können Sie eine in Ihrem Dateisystem gespeicherte **Sicherungsdatei importieren**. Mit **Wiederherstellen** starten Sie den gewünschten, mehrstufigen Prozess für die Datei Ihrer Wahl. Die in der Sicherung enthaltenen Sicherungs- und Kursdetails sowie die Sicherungseinstellungen werden nun erneut aufgelistet.

Im nächsten Schritt haben Sie drei Möglichkeiten, das Ziel für die Wiederherstellung festzulegen.

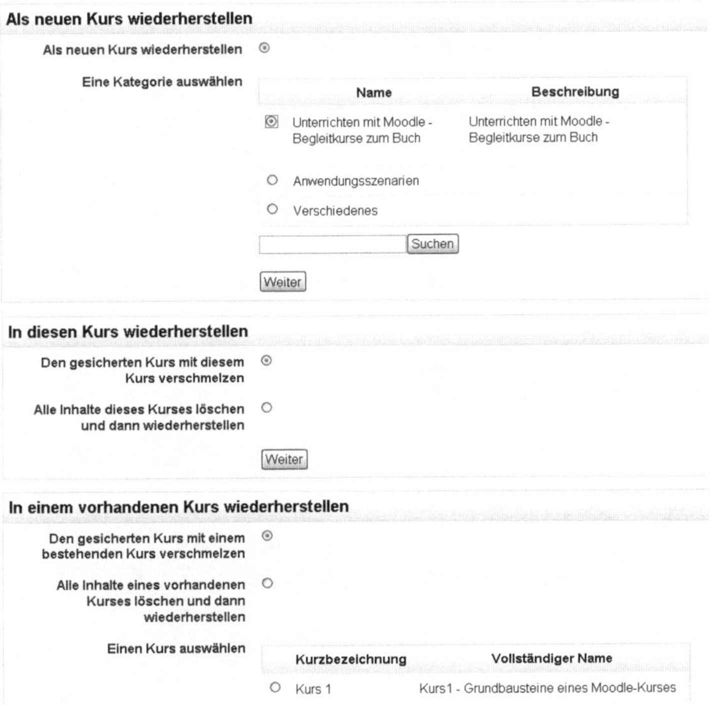

Abbildung 2.63:
Auswahl von Kurs-
und Nutzerdaten für
die
Wiederherstellung

Als neuen Kurs wiederherstellen

In diesem Falle wird aus der Sicherungsdatei ein neuer Kurs erzeugt. Sind in Ihrem Moodle-System Kursbereiche angelegt, markieren Sie unter **Eine Kategorie auswählen** einen Kursbereich, bevor Sie **Weiter** drücken.

In diesen Kurs wiederherstellen

Es stehen zwei Optionen zur Auswahl: Sie können den gesicherten Kurs mit dem Kurs verschmelzen, aus dem heraus Sie die Aktion Wiederherstellen ausgewählt haben. Die gesicherten Daten werden den vorhandenen Daten hinzugefügt. Alternativ können Sie die Inhalte des gerade aktiven Kurses komplett löschen und dann die Daten aus der Sicherung wiederherstellen. Sie setzen damit auf einen früheren Bearbeitungsstand zurück.

In einem vorhandenen Kurs wiederherstellen

Sie können die Sicherung auch in einem anderen Ihrer Kurse wiederherstellen. Dazu können Sie aus der Liste **einen Kurs auswählen**. Eine Auswahl zwischen den Alternativen, den Datenbestand vor der Wiederherstellung zu löschen oder eine Verschmelzung der Kurse herbeizuführen, ist auch hier erforderlich.

Achten Sie darauf, die **Weiter**-Schaltfläche aus dem entsprechenden der drei Bereiche zu benutzen.

Im nächsten Schritt **Einstellungen** wählen Sie Kurs-Elemente und Daten der Sicherung für die Wiederherstellung aus. Sie können entsprechend Ihrer Rechte im Moodle-System selektieren. Die Optionen entsprechen denen der Voreinstellungen für eine Sicherung (Abbildung 2.60).

Abbildung 2.64:
Wiederherstellen
eines Kurses

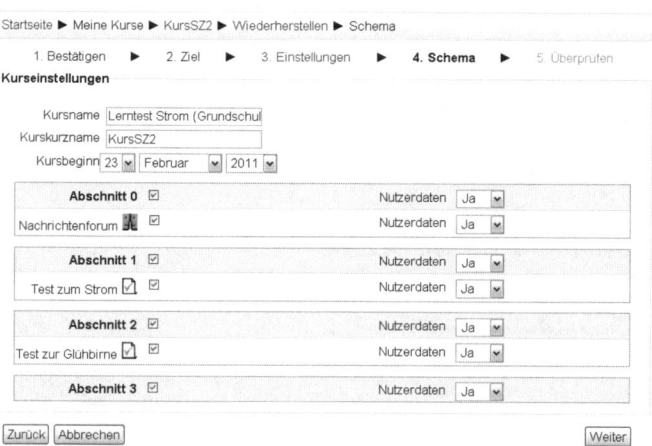

Weitere Kurseinstellungen (Schritt **Schema**) für den **Kursnamen**, den **Kurskurznamen** und den **Kursbeginn** sind zur erfolgreichen Wiederherstellung erforderlich. Bei Namensdopplungen ändert Moodle die **Kursnamen** und den **Kurskurznamen**. Besser ist es, die Namen selber zu vergeben und gegebenenfalls den **Kursbeginn** neu festzulegen. Je nach den getroffenen Voreinstellungen haben Sie außerdem die Möglichkeit, zu den Abschnitten des Kurses bei der Wiederherstellung einzelne Aktivitäten und Nutzerdaten wegzulassen. Dies erfolgt analog zur Auswahl der Kurselemente für die Sicherung (Abbildung 2.61).

Abschließend können Sie Ihre Einstellungen **überprüfen**, die **Wiederherstellung ausführen** lassen oder über **Zurück** Veränderungen vornehmen. Treten bei der Ausführung Probleme auf, z. B. wenn es Unstimmigkeiten bei der Rollenzuweisung gibt, fordert Moodle weitere Angaben von Ihnen. Nach einer erfolgreichen Ausführung steht der wiederhergestellte Kurs zur Verfügung. Sobald Lernende für den Kurs eingeschrieben sind (siehe Seite 78), können sie mit der Bearbeitung beginnen.

3

Erstellen von Moodle-Kursen

Ein Moodle-Portal teilt sich (ähnlich dem Verzeichnissystem einer Festplatte) in Bereiche mit Unterbereichen, die wieder Unterbereiche enthalten usw. Über diese Bereiche organisiert man Moodle-Kurse als Moodle-Grundelemente. Dieses Kapitel erläutert, wie Sie einen Moodle-Kurs mit seinen Werkzeugen und Lerndokumenten auf einer bestehenden Moodle-Installation einrichten.[1] Es schließt mit einem Unterrichtsbeispiel ab, zu dem ein unterstützender Moodle-Kurs erzeugt wird.

3.1   Neuen Kurs anlegen

Um einen neuen Moodle-Kurs anzulegen, gehen Sie in den passenden Unterbereich.[2] Sind Sie angemeldet und haben Sie hier Kursverwalter-Rechte, erscheint unten der Button **Neuen Kurs anlegen**.

---

[1] Zur Einrichtung einer Moodle-Installation auf einem Webserver siehe Seite 247.
[2] Mit den Login-Daten von Seite 17 haben Sie im Sandkasten-Bereich des OSP-Moodles die Möglichkeit, alles selbst auszuprobieren.

Ein Klick öffnet die Kurserstellungsmaske. Abbildung 3.1 zeigt die wichtigsten Voreinstellungen für einen neuen Kurs. Die gelben Kreise mit dem Fragezeichen verraten, dass es zum jeweiligen Punkt einen Hilfetext gibt. Ein Klick darauf zeigt diesen in einem separaten Browserfenster an. Im Folgenden gehen wir alle Einstellungsmöglichkeiten Schritt für Schritt durch.

Abbildung 3.1:
Grundlegende
Einstellung für neue
Kurse

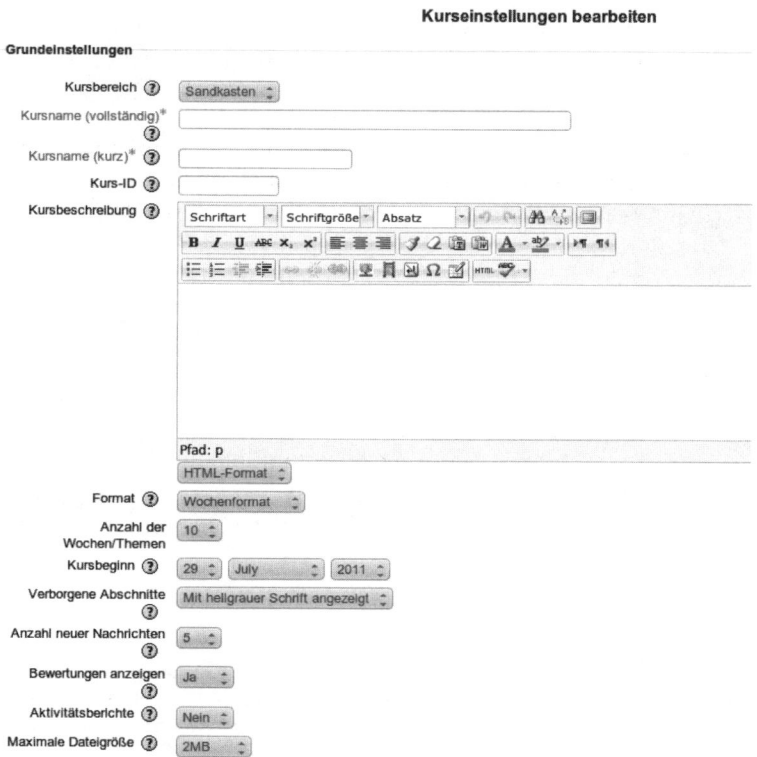

Kursbereich

Der Kursbereich, dem der neue Kurs zugeordnet werden soll, lässt sich an dieser Stelle noch ändern.

Vollständiger Name

In diesem Feld geben Sie den vollständigen Namen des neuen Kurses ein. Das Sternchen zeigt, dass diese Angabe obligatorisch ist.

Kursname (kurz)

An dieser Stelle geben Sie eine im Moodle eindeutige Kurzbezeichnung für den neuen Kurs ein. Auch diese Angabe ist obligatorisch.

Kurs-ID

Dieses Feld ist in der Version 1.9 neu hinzugekommen. Moodle wertet es bislang nicht aus. Sie können das Feld daher frei lassen oder es für die Kursnummern verwenden, die Ihre Institution ggf. verwendet.

Beschreibung

Die Eingabe einer Kursbeschreibung ist ebenfalls obligatorisch. Sie wird in der Kursansicht im Block **Kursbeschreibung** (siehe Seite 68) angezeigt und bei der Kurssuche berücksichtigt.

Format

Moodle kennt (seit Version 2.0) insgesamt vier Kursformate. Die Namen der wichtigsten drei (**Soziales Format**, **Themenformat** und **Wochenformat**) beziehen sich im Wesentlichen auf die Art der Unterteilung des zentralen Arbeitsbereichs:

Soziales Format

Ein Kurs im sozialen Format stellt eine Arbeitsfläche zur Verfügung, in deren Mitte ein Forum als soziale Aktivität eingerichtet ist, über das die Lernenden miteinander kommunizieren. Um diesen Mittelpunkt, wie ihn Abbildung 3.2 zeigt, herum können Unterrichtende Lernwerkzeuge und Inhalte ergänzen.

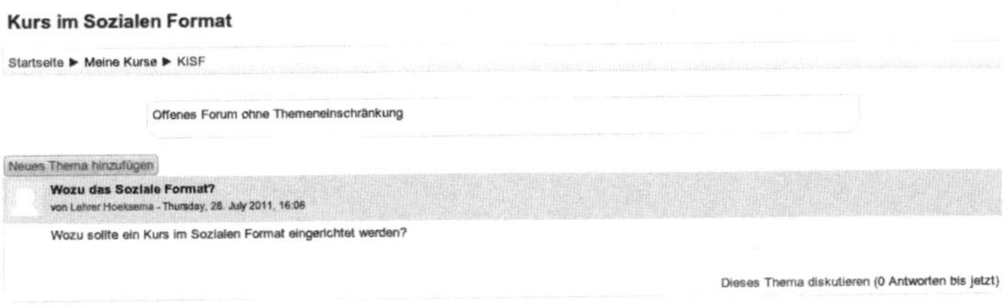

Abbildung 3.2:
Arbeitsfläche eines Kurses im sozialen Format

Das soziale Format eignet sich, wenn der Kurs vorrangig zur Kommunikation genutzt werden soll und weder die Strukturierung von Lernmaterial noch von Moodle-Aktivitäten notwendig erscheint. Es empfiehlt sich zum Beispiel für Arbeitsgemeinschaften (AGs, Klassenpflegschaft, Fachkonferenz, ...).

Themenformat

Kurse im Themenformat bieten zusätzlich die Möglichkeit, Lernwerkzeuge und Inhalte, nach Themenbereichen geordnet, in vertikal angeordneten Abschnitten zu strukturieren. Das erlaubt es, sowohl einen geplanten Stundenablauf widerzuspiegeln als auch Übersicht über komplexe Themengebiete zu schaffen. Abbildung 3.3 zeigt die Mitte der Arbeitsfläche eines Kurses im Themenformat.

Abbildung 3.3:
Arbeitsfläche eines
Kurses im
Themenformat

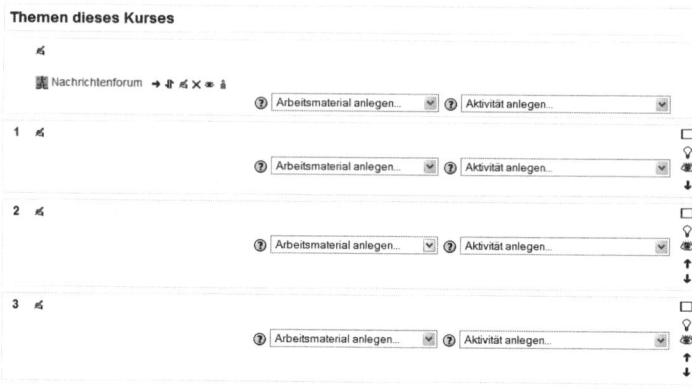

Wochenformat

Ein Kurs im Wochenformat erlaubt es, eine tatsächliche Unterrichtsabfolge mit Moodle-Werkzeugen und -Inhalten zu verknüpfen. Darin ordnet Moodle einzelne Wochenbereiche automatisch vertikal, nach Datum sortiert, an. Das Wochenformat eignet sich besonders für Tafelbildsammlungen. Abbildung 3.4 zeigt die Mitte der Arbeitsfläche eines Kurses im Wochenformat.

Abbildung 3.4:
Arbeitsfläche eines
Kurses im
Wochenformat

Beim verbliebenen Kursformat SCORM (*Sharable Content Object Reference Model*) handelt es sich um ein Standardformat, das die Integration von Moodle in größere Lernkontexte erlaubt. Es spielt im Schulalltag in Deutschland derzeit keine Rolle.

Anzahl der Wochen/Themen

In diesem Feld geben Sie bei Kursen im Themen- oder Wochenformat die Anzahl der Kursabschnitte an.

Falls es schnell gehen soll, können Sie ab dem folgenden Punkt die Voreinstellungen übernehmen.

Kursbeginn

Als Kursbeginn ist der nächstmögliche Termin bereits eingetragen.
Achten Sie bei Änderung darauf, dass der Moodle-Kurs zum Unter-
richtstermin wirklich zur Verfügung steht.

Verborgene Abschnitte

Im Bearbeitungsmodus lassen sich während der Kurslaufzeit einzelne
Abschnitte durch Klick auf das Auge am rechten Abschnittrand vor
den Lernenden verbergen. Hier stellen Sie ein, ob diese Abschnitte
tatsächlich verschwinden oder ausgegraut als verborgen zu erkennen
sind.

Anzahl neuer Nachrichten

Hier stellen Sie die Maximalanzahl der Einträge im Block **Neueste
Nachrichten** ein. Bei 0 zeigt Moodle den Block nicht an.

Bewertungen anzeigen

An dieser Stelle legen Sie fest, ob die Lernenden die für ihre Leistungen vergebenen Bewertungen einsehen können (siehe auch Seite 95).

Aktivitäten-Berichte

Moodle protokolliert sämtliche Aktionen. Mit diesem Punkt legen Sie
fest, ob die Lernenden ein Verlaufsprotokoll ihrer eigenen Aktivitäten einsehen dürfen. Die Aktivierung dieser Funktion kann in großen
Kursen zu längeren Wartezeiten führen.

Maximale Dateigröße

Die Konfiguration des Webservers legt eine Maximalgröße für die in
Moodle verwendeten Dateien fest (siehe Seite 249), die der Adminis-
trator der Moodle-Installation weiter herabsetzen kann. Mit diesem
Feld lässt sich die Grenze für den Kurs noch niedriger ansetzen.

Neben den soeben beschriebenen Grundeinstellungen lassen sich viele weitere Kursparameter zu einem späteren Zeitpunkt variieren. Deren Voreinstellungen legt Moodle sinnvoll fest, so dass in der Regel zunächst keine Anpassungen nötig werden. Abbildung 3.5 zeigt den unteren Teil der Kursein-
stellungsmaske, in dem Sie diese Parameter finden.

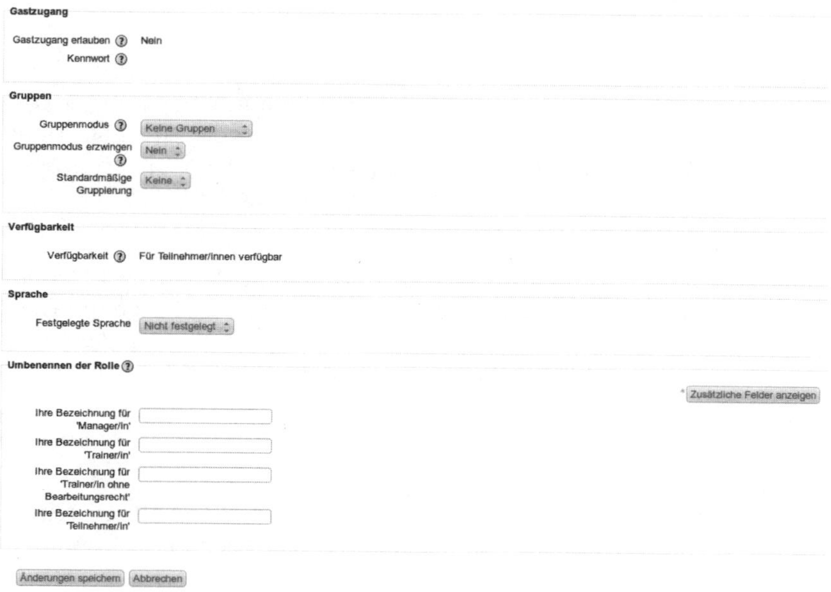

Abbildung 3.5:
Unterer Teil der
Kurseinstellungs-
maske

Gastzugang

Gastzugang erlauben ⑦   Nein
Kennwort ⑦

Gruppen

Gruppenmodus ⑦   [Keine Gruppen ▲▼]
Gruppenmodus erzwingen ⑦   [Nein ▲▼]
Standardmäßige Gruppierung   [Keine ▲▼]

Verfügbarkeit

Verfügbarkeit ⑦   Für Teilnehmer/innen verfügbar

Sprache

Festgelegte Sprache   [Nicht festgelegt ▲▼]

Umbenennen der Rolle ⑦

* Zusätzliche Felder anzeigen

Ihre Bezeichnung für 'Manager/in'   [   ]
Ihre Bezeichnung für 'Trainer/in'   [   ]
Ihre Bezeichnung für 'Trainer/in ohne Bearbeitungsrecht'   [   ]
Ihre Bezeichnung für 'Teilnehmer/in'   [   ]

[Änderungen speichern] [Abbrechen]

Gastzugang

An dieser Stelle legen Sie fest, ob Gäste den Kurs besuchen dürfen und ob diese ein **Kennwort** brauchen. Behandeln Sie unbekannte Gäste im Kurs ähnlich wie unbekannte Gäste im Klassenraum: sehr zurückhaltend. Wir empfehlen, die Voreinstellung **Nein** für **Gastzugang erlauben** zu belassen.

Gruppen

Welchen **Gruppenmodus** soll der Kurs haben? Neben der Option **Keine Gruppen** gibt es die Möglichkeit, Werkzeuge im Kurs gruppenspezifisch zu setzen. Sollen Gruppen völlig unabhängig voneinander arbeiten, wählt man **Getrennte Gruppen**, die füreinander nicht sichtbar sind. Wählt man **Sichtbare Gruppen**, sehen die Lernenden, dass auch andere Gruppen diesen Kurs belegen, und können je nach Einstellung der Werkzeuge auch deren Arbeit mitverfolgen, aber nicht ändern.

Den Gruppenmodus, der auf Kursebene eingestellt wird, können Sie bei der Konfiguration der Werkzeuge und Aktivitäten, die die Gruppenarbeit unterstützen, übernehmen, wenn Sie bei **Gruppenmodus erzwingen** den Wert **Ja** auswählen. Es ist dann nicht mehr möglich, einzelnen Kursaktivitäten lokal einen anderen Wert zuzuweisen. Bei

Nein gilt der Gruppenmodus lediglich als veränderbare Voreinstellung für neue Aktivitäten.

In jedem Kurs können Sie seit Moodle 1.9 Gruppierungen anlegen (siehe Seite 83). In einer Gruppierung werden mehrere Gruppen zusammengefasst. Sollen einige Aktivitäten und Arbeitsmaterialien Ihres Kurses nur für einige bestimmte Gruppen verfügbar sein, dann ordnen Sie diese Gruppen einer Gruppierung zu. Diese Gruppierung können Sie anschließend im Kurs als **standardmäßige Gruppierung** eintragen.

Verfügbarkeit

Ist der Kurs **für Teilnehmer/innen verfügbar**, trägt Moodle ihn direkt nach Erstellung in den für die Lernenden einsehbaren Kurslisten ein und gestattet den Zugriff darauf.

Sprache

Unter **Festgelegte Sprache** lässt sich aus den Voreinstellungen der Administration die Sprache wählen, in der Moodle seine Meldungen ausgibt. Diese Wahl kann mit **Nicht festgelegt** den Lernenden selbst überlassen werden. Im Fremdsprachenunterricht ist es dagegen sinnvoll, dass Moodle seine Hinweise in der zu erlernenden Sprache gibt.

Rollen

Sollten für den Kurs besondere Rollen definiert werden, legen Sie hier fest, auf welchen Moodle-Rollen diese basieren (siehe auch Seite 84).

Sobald Sie Ihre Einstellungen mit **Änderungen speichern** abschließen, blendet Moodle den Arbeitsbereich des Kurses ein. Sie können jederzeit die Kurseinstellungen verändern, nutzen Sie hierfür die Option **Kursadministration | Einstellungen bearbeiten** des Einstellungsblocks.

3.1.1 Randbereich des Kurses einstellen

Der Randbereich eines neuen Kurses enthält zunächst die Elemente, die die Administration als Voreinstellung vorsieht, ist aber von Ihnen konfigurierbar. Moodle verlangt lediglich die beiden Blöcke **Navigation** und **Einstellungen**. Anzahl, Art und Lage der Randblöcke können Sie hiervon abgesehen mit Lehrerrechten im laufenden Unterrichtsprozess jederzeit ändern. In der Kursansicht klicken Sie dazu auf den Punkt **Bearbeiten einschalten** im Randblock **Einstellungen**. Damit erscheint zu jedem Kurselement eine Bearbeitungsleiste wie in Abbildung 3.6.

Abbildung 3.6:
Bearbeitungsleiste
eines Kurselements

Abhängig vom Element zeigt diese unterschiedlich viele Symbole an, die sich durch einen Klick aktivieren lassen. Das Gesicht mit der Maske (ganz links in Abbildung 3.6) erlaubt es, die Zugriffsrechte auf dieses Element zu bearbeiten.

Ein Klick auf das offene Auge verbirgt das Element vor den Lernenden. Damit ändert sich auch das Augen-Icon in der Bearbeitungsleiste: Es zeigt nun ein geschlossenes Auge. Ein Klick darauf macht das Element wieder für alle sichtbar.

Ein Klick auf die Hand mit dem Stift ermöglicht die weitere Konfiguration des Elements. Ein Klick auf das **X** löscht das Element aus der Kursansicht. Mit Hilfe der Pfeile positionieren Sie das Element auf dem Kursarbeitsbereich. Der Block **Blöcke** ist nur in der Kursverwalterrolle sichtbar. Ein Klick auf den darunter stehenden Punkt **Hinzufügen...** erlaubt es, aus den für den Kurs zur Verfügung stehenden Blöcken einen zur Anzeige auszuwählen (Abbildung 3.7).

Abbildung 3.7:
Blockauswahlmenü
des Blocks Blöcke

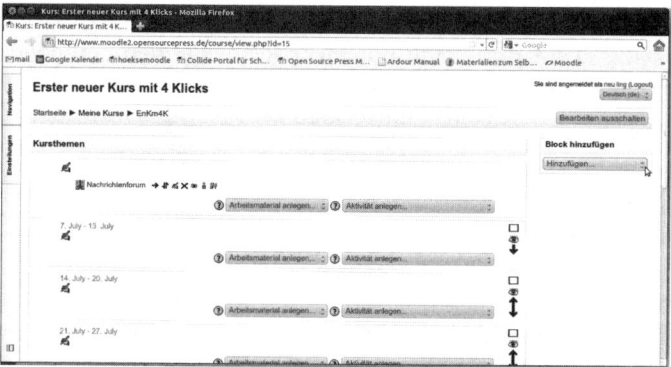

Die zur Verfügung stehenden Blöcke hängen nicht nur von den Vorgaben der Moodle-Administration ab – sie ändern sich auch von Version zu Version. Die wichtigsten Blöcke der Version 2.0 sind ab Seite 65 beschrieben. Die meisten Blöcke lassen sich einfach hinzufügen, manche bedürfen der Konfiguration. So müssen Sie z. B. für den Glossarblock die zuzuordnende Glossaraktivität einstellen.

Mit Hilfe der Pfeile in der Bearbeitungsleiste des neuen Blocks können Sie ihn jeweils an die gewünschte Stelle des Randbereichs schieben.[3]

---

[3] Falls die Administration Ajax (*Asynchronous JavaScript and XML*) für Moodle freigegeben hat, nutzen Sie dazu einfach Ihre Maus.

3.2 Arbeitsmaterial zur Verfügung stellen

Um Arbeitsmaterial in einen Kursabschnitt einzustellen, schaltet man in der Kursansicht den Bearbeitungsmodus ein (z. B. über **Einstellungen | Kurs-Administration | Bearbeiten einschalten**). Ein Klick auf **Arbeitsmaterial anlegen...** im gewünschten Abschnitt öffnet ein Pulldown-Menü, wie es Abbildung 3.8 zeigt. Die Anwahl eines Menüpunktes öffnet die Einstellungsmaske für das jeweilige Arbeitsmaterial.

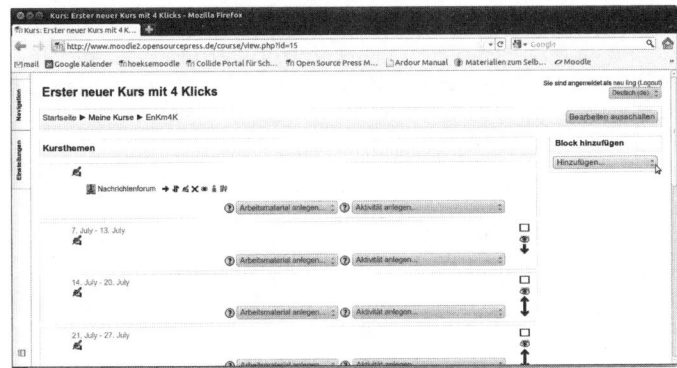

Abbildung 3.8:
Auswahlmenü zu
Arbeitsmaterial
anlegen ...

3.2.1 Datei einfügen

Wählen Sie die Option **Arbeitsmaterial hinzufügen | Datei hinzufügen**, öffnet sich die entsprechende Maske (Abbildung 3.9):

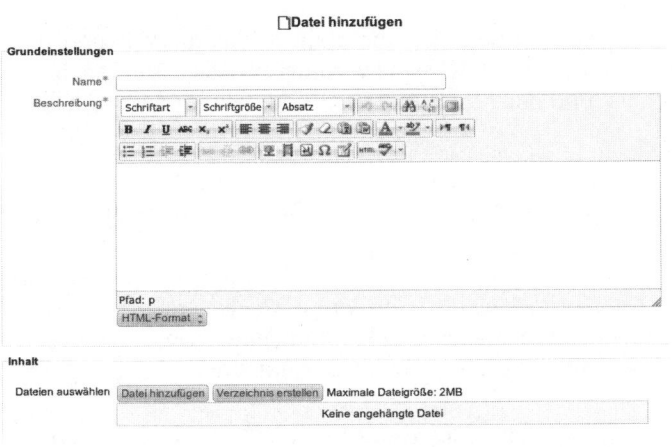

Abbildung 3.9:
Auswahlmenü zu
Dateien als
Arbeitsmaterial
hinzufügen

Zunächst müssen der Name des Arbeitsmaterials und dessen Beschreibung in Moodle angegeben werden. Unter **Inhalt** können Sie jetzt dem Arbeitsmaterial verschiedene Dateien zuordnen und in verschiedenen Unterverzeichnissen ordnen (hierbei hilft auch ein Klick auf das Symbol rechts neben einer hochgeladenen Datei). Moodle bietet die Möglichkeit, komplette Mini-Websites als Arbeitsmaterial hochzuladen. Vergessen Sie nicht, eine Datei als **Hauptdatei** zu setzen. Diese Datei wird den Lernenden bei Klick auf das Arbeitsmaterial angezeigt.

Abbildung 3.10 zeigt den unteren Teil der Maske zum Hinzufügen von Dateien als Arbeitsmaterial:

Abbildung 3.10:
Auswahlmenü zu
Dateien als
Arbeitsmaterial
hinzufügen –
Optionen

Unter **Optionen** legen Sie fest, wie das Arbeitsmaterial den Lernenden angeboten (z. B. im gleichen Fenster, in einem Popup-Fenster oder als Download...) und ob der Name und die Beschreibung angezeigt werden sollen. Ist die Option **Dateidownload erzwingen** gesetzt, wird die entsprechende Datei nicht im Browser angezeigt, sondern auf dem Arbeitsrechner gespeichert und mit der entsprechenden Applikation geöffnet. Diese Option eignet sich besonders für zu bearbeitende Dateien, also Arbeitsblätter, die nicht nur gelesen, sondern auch mit einem geeigneten Programm verändert werden sollen.

Weitere Einstellungen betreffen die aktuelle Sichtbarkeit und die Vergabe einer ID-Nummer für spätere Bewertungszwecke. Drücken Sie **Speichern und zum Kurs**, und das Arbeitsmaterial wird definitionsgemäß eingefügt.

3.2.2 IMS-konforme Inhalte als Arbeitsmaterial

Der Menüpunkt **IMS Content** erlaubt es, Arbeitsmaterial hochzuladen, das dem IMS *Content Packaging Information Model*[4] entspricht. Diesem Standard entsprechend formatierte Dokumente enthalten unter anderem Metainformationen über die abgedeckten Lerninhalte.

---

[4] Nähere Informationen zu den IMS-Standards unter http://www.imsglobal.org/.

3.2.3 Einen Link einfügen

Ein Link wird als Arbeitsmaterial ganz ähnlich hinzugefügt wie eine Datei. Statt einer Datei wird hier in der entsprechenden Maske eine **Externe URL** ausgewählt, der bei Bedarf noch verschiedene **Parameter** übergeben werden.

3.2.4 Text als Arbeitsmaterial erstellen

Text als Arbeitsmaterial kann als **Textfeld** oder als **Textseite** eingefügt werden. Textfelder besitzen keine Beschreibung, der entsprechende Text wird einfach mit dem Texteditor erfasst und gespeichert. Den Lernenden wird ein Textfeld unmittelbar in der Kursansicht angezeigt. Eine Textseite wird dagegen in der Kursansicht nur mit ihrem Namen angezeigt und bei Klick geöffnet. Eine **Textseite** wird ebenso mit dem Texteditor erfasst. Zunächst müssen Sie aber den Namen und die Beschreibung des neuen Arbeitsmaterials eingeben – Achtung, nicht Beschreibung und Seiteninhalt verwechseln! Zuletzt folgen die üblichen Optionen zur Namens- und Beschreibungsanzeige und zur generellen Sichtbarkeit etc.

3.2.5 Verzeichnisse mit Arbeitsmaterial

Möchten Sie den Lernenden eine Reihe von Dateien zugänglich machen, so erstellen Sie das Arbeitsmaterial **Verzeichnis**. Die entsprechende Erstellungsmaske ist ähnlich der Datei-Maske (Vereinfachte Optionen) Es kann allerdings keine **Hauptdatei** ausgewählt werden. Die Lernenden sehen in der Kursansicht ein Verzeichnissymbol, das bei Klick eine Verzeichnisstruktur mit den entsprechenden Dateien liefert.

3.3 Werkzeuge und Moodle-Aktivitäten einrichten

Wollen Sie das eine oder andere der in Kapitel 2 (Seite 39 ff.) vorgestellten Werkzeuge an Ihre Vorstellungen anpassen oder gegen ein anderes austauschen, bieten die verschiedenen Einstellungsmasken häufig sehr viele Möglichkeiten, die mit Ihrem ursprünglichen Vorhaben nichts zu tun haben und/oder von denen Sie denken, dass sie vielleicht in Zukunft irgendwann einmal nützlich sein können. Widerstehen Sie in diesen Fällen der Versuchung, alles und jedes jetzt und hier ändern zu wollen: Die von Moodle vorgeschlagenen Einstellungen sind sinnvoll, und die Option, etwas zu ändern, was nicht Ihren Vorstellungen entspricht, besteht jederzeit. Passen Sie am besten immer nur dann etwas an, wenn sich Ihre Anforderungen geändert haben.

3.3.1 Abstimmung erstellen

Um eine Abstimmung einzufügen, wählen Sie das Popup-Menü **Aktivität anlegen...** im entsprechenden Kursabschnitt (vgl. Seite 110) aus und klicken darin den Punkt **Abstimmung** an. Damit öffnet sich die Einstellungsmaske aus Abbildung 3.11.

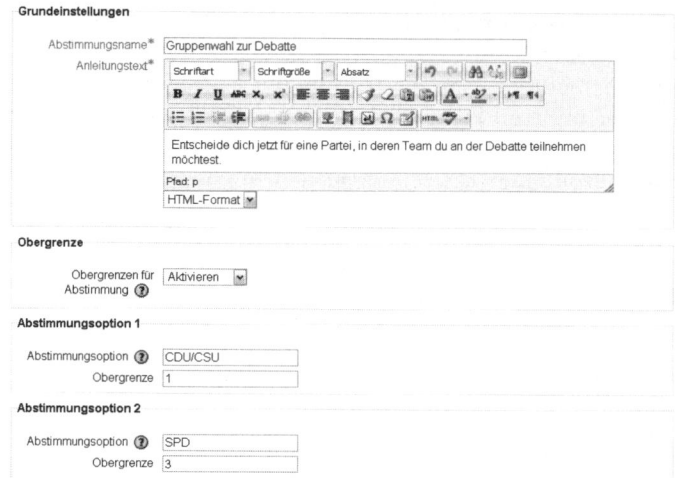

Abbildung 3.11:
Der obere Teil der
Abstimmungserstel-
lungsmaske

Im Abschnitt **Grundeinstellungen** geben Sie zunächst den **Abstimmungsnamen** und den **Anleitungstext** ein. Aktivieren Sie im Abschnitt **Obergrenze** den Punkt **Obergrenze für die Abstimmung**, können Sie für jede Antwort festlegen, wie viele Lernende diese maximal wählen dürfen. Im Anschluss formulieren Sie mindestens zwei verschiedene **Abstimmungsoptionen** und legen eventuell die entsprechenden **Obergrenzen** fest. Leere Antworten berücksichtigt Moodle nicht. Reicht die Anzahl der vorgesehenen Optionsfelder nicht aus, erhöhen Sie diese über den Button **3 Felder zum Formular hinzufügen**.

Im Abschnitt **Abstimmung nur im Zeitraum** legen Sie bei Bedarf Anfangs- und Enddzeitpunkt der Abstimmung fest.

Der Abschnitt **Verschiedene Einstellungen** erlaubt es, mit **Anzeigemodus** festzulegen, ob Moodle die möglichen Antworten horizontal oder vertikal darstellt. **Ergebnisse veröffentlichen** bestimmt, ob die Lernenden die Abstimmungsergebnisse immer, sofort nach der eigenen Abstimmung, nach Ende der Gesamtabstimmung oder gar nicht angezeigt bekommen. Über **Anonymität** wird eingestellt, ob die Ergebnisanzeige erkennen lässt, wer wofür gestimmt hat. Weiter kann konfiguriert werden, ob sich die Lernenden nach Stimmabgabe neu entscheiden dürfen und ob die Anzahl der Teilnehmer mit fehlender Stimmabgabe im Kurs angezeigt wird.

Zuletzt entscheiden Sie im Abschnitt **Weitere Einstellungen**, ob (und wie) in einzelnen Gruppen gearbeitet werden soll (siehe auch Seite 80), falls dies nicht kursweit für sämtliche Aktivitäten festgelegt ist (siehe Seite 112).

3.3.2 Aufgaben stellen

Moodle unterscheidet zwei Aufgabentypen (siehe auch Seite 43): Online- und Offline-Aufgaben. Bei ersteren haben Sie die Wahl, mehrere Dateien hochzuladen (**Online - Hochladen mehrerer Dateien**), den Aufgabentext im Moodle-eigenen Editor zu formulieren (**Online - Texteingabe**) oder die Aufgabe als Einzeldatei in Moodle einzupflegen (**Online - Hochladen einer Datei**).

Das Erstellen von Offline-Aufgaben geht sehr schnell, da Moodle sich nicht um die Abgabemodalitäten kümmern muss. Die Erstellungsmaske, die im Bearbeitungsmodus erscheint, wenn Sie im entsprechenden Kursabschnitt **Aktivität anlegen...** | **Offline - Aktivität** wählen, zeigt Abbildung 3.12.

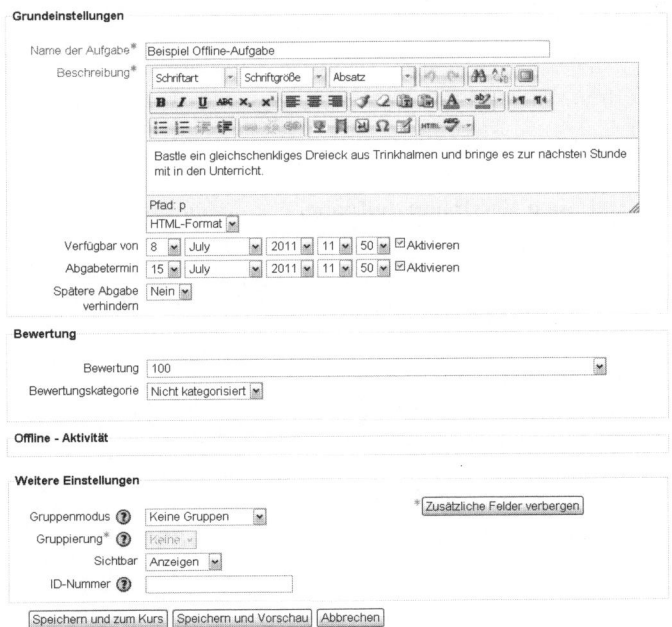

Abbildung 3.12: Erstellungsmaske einer Offline-Aufgabe

Sie erlaubt folgende Eingaben:

Grundeinstellungen
Dieser Abschnitt ist für alle Aufgabentypen (fast) identisch. Er erlaubt es, der Aufgabe unter **Name der Aufgabe** eine Überschrift zu geben;

unter **Beschreibung** legt man im Editorfenster den vollständigen Arbeitsauftrag ab. Weiter können Anfangzeitpunkt (**Verfügbar von**) und **Abgabetermin** der Aufgabe aktiviert und bestimmt werden, die in die Terminverwaltung übernommen und in der Aufgabenansicht angezeigt werden. Voreingestellt ist in Moodle das Erlauben einer verspäteten Abgabe; dies kann durch **Spätere Abgabe verhindern:Ja** unterbunden werden. Im Abschnitt **Bewertung** legt man eine Bewertungsskala fest oder bestimmt, welches Gewicht die Aufgabe bei der Gesamtbewertung haben soll. Sind **Bewertungskategorien** (siehe Seite 225) im Kurs vorhanden, kann eine Auswahl erfolgen.

Offline-Aktivität

Dieser Abschnitt erlaubt in Moodle-Version 2.x keine weiteren Einstellungen.

Weitere Modul-Einstellungen

Zuletzt entscheiden Sie im diesem Abschnitt, ob (und wie) in einzelnen Gruppen oder einer Gruppierung gearbeitet werden soll (siehe auch Seite 80), falls dies nicht kursweit für sämtliche Aktivitäten festgelegt ist (siehe Seite 112).

Mit **Speichern und zum Kurs** zurück schließen Sie die Erstellung der neuen Aufgabe ab.

Zusätzliche Optionen für Online-Aufgaben

Abbildung 3.13 zeigt die zusätzlichen Einstellungsmöglichkeiten für Aufgaben, deren Lösung die Lernenden online (**Online-Texteingabe**) einreichen sollen.

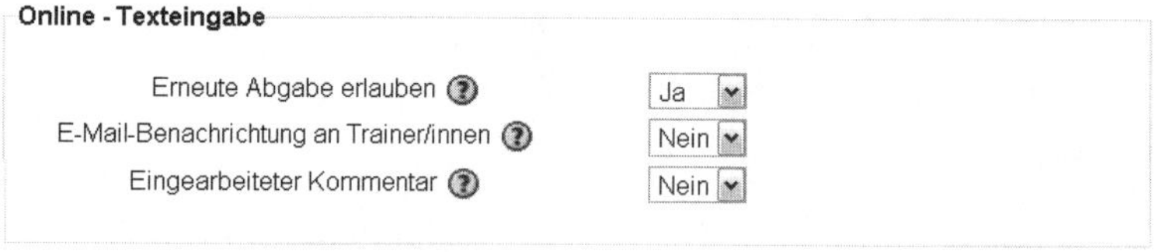

Abbildung 3.13:
Zusätzliche Einstellungsmöglichkeiten
einer Aufgabe mit
Online-Texteingabe

Erneutes Einreichen erlauben

Hier legen Sie fest, ob die Lernenden ihre Ergebnisse nach Einreichung noch überarbeiten dürfen.

E-Mail-Benachrichtigung an Trainer/innen

Ist dieser Punkt aktiv, versendet Moodle bei Einreichung einer Lösung einen Hinweis per E-Mail.

Eingearbeiteter Kommentar

Wird diese Option bejaht, kann der/die Unterrichtende die Korrekturen in einer Kopie der eingereichten Lösung vornehmen und für die Lernenden zur Ansicht speichern.

Bei Wahl des Punktes **Aufgabe Online – Hochladen einer Datei** lässt sich mit der Option **Maximale Größe** (siehe Abbildung 3.14) die maximale Größe für das Hochladen der Ergebnisdatei begrenzen (siehe auch Seite 249).

Abbildung 3.14:
Zusätzliche
Einstellungen zum
Hochladen einer
Datei

Darf oder muss sich die Lösung auf mehrere Dateien verteilen, wählen Sie den Punkt **Aufgabe Online – Hochladen mehrerer Dateien**. Abbildung 3.15 zeigt, welche zusätzlichen Einstellungsmöglichkeiten es dann gibt.

Abbildung 3.15:
Zusätzliche
Einstellungen zum
Hochladen mehrerer
Dateien

Löschen erlauben

Hier stellen Sie ein, ob die Lernenden zwischenzeitlich hochgeladene Dateien wieder löschen dürfen, solange sie ihr Arbeitsergebnis noch nicht zur Bewertung freigegeben haben.

Maximalzahl hochgeladener Dateien

Die maximale Anzahl der pro Person hochzuladenen Dateien kann auf eine Zahl von 1 bis einschließlich 20 eingestellt werden. Von dieser Einschränkung erfahren die Lernenden nichts, solange sie diesen Wert nicht überschreiten. Gegebenenfalls sollten Sie auf die Beschränkung im Aufgabentext hinweisen.

Anmerkungen zulassen

Wenn aktiviert, können die Lernenden in einem Kommentarfenster in der Aufgabenanzeige Anmerkungen eingeben.

Beschreibung vor dem Veröffentlichungszeitpunkt verbergen

Hier legen Sie fest, ob die Lernenden die Aufgabe ab sofort einsehen dürfen. Diese Option fehlt bei den anderen Aufgabentypen. Haben Sie die Option **Verfügbar von** nicht ausgeschaltet, bezieht sich die Verfügbarkeit nur auf das Hochladen von Dateien, nicht aber auf die Anzeige der Aufgabenbeschreibung.

"Zur Bewertung freigeben" aktivieren

Legen Sie diesen Punkt auf **Ja** fest, zeigt Moodle den Lernenden einen Button mit der Aufschrift **Zur Bewertung freigeben** an, sobald sie mindestens eine Datei als Arbeitsergebnis hochgeladen haben. Durch Drücken dieses Knopfs markieren sie das Ende der Aufgabenbearbeitung.

Lerntagebuch als besondere Online-Aufgabe

In der Einstellungsmaske einer Online-Aufgabe für ein Lerntagebuch (Abbildung 3.16) geben Sie deren Namen und unter **Beschreibung** einen einleitenden Text an, der die Zielsetzung der Online-Aufgabe als Lerntagebuch beschreibt. Auch können Sie den Bearbeitungszeitraum für das Tagebuch (zwingend) festlegen.

Abbildung 3.16:
Einstellungsmaske
für Lerntagebücher
als Online-Aufgabe

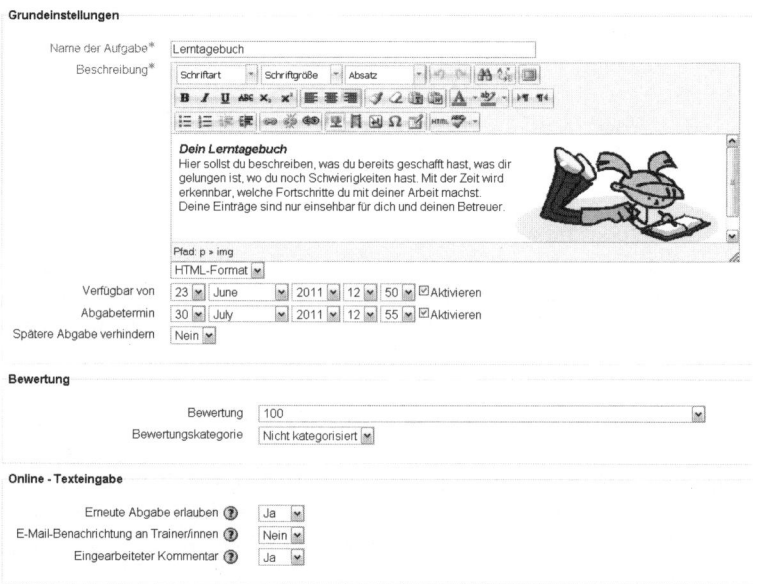

Unter **Bewertung** wird festgelegt, ob und in welcher Form das Tagebuch z. B. mit einer Note oder einer Punktzahl bewertet wird. Es kann eine der vorhandenen **Bewertungsskalen** (siehe Seite 99) ausgewählt, eine Höchstpunktzahl zwischen 1 und 100 festgelegt oder über **Keine Bewertung** auf eine Bewertung verzichtet werden. Falls **Bewertungskategorien** (siehe Seite 225) definiert sind, kann man die gewünschte auswählen, andernfalls behält man **Nicht kategorisiert** bei.

Für diese besondere **Online-Texteingabe** ist es notwendig, **erneute Eingaben zu erlauben**. Entscheiden Sie selber, ob Sie bei Abgaben **benachrichtigt** werden und ob Sie Ihre Kommentare direkt im abgegebenen Text **einarbeiten** wollen.

Außerdem legen Sie im Abschnitt **Weitere Einstellungen** fest, ob (und wie) in einzelnen Gruppen gearbeitet werden soll (siehe auch Seite 80), falls dies nicht kursweit für sämtliche Aktivitäten festgelegt ist (siehe Seite 112). Für ein persönliches Lerntagebuch wählen Sie **Keine Gruppen** aus.

3.3.3 Chat einrichten

Wählen Sie im Bearbeitungsmodus der Kursansicht den Punkt **Aktivität anlegen... | Chat**, erscheint die Einstellungsmaske für einen neuen Chat (Abbildung 3.17).

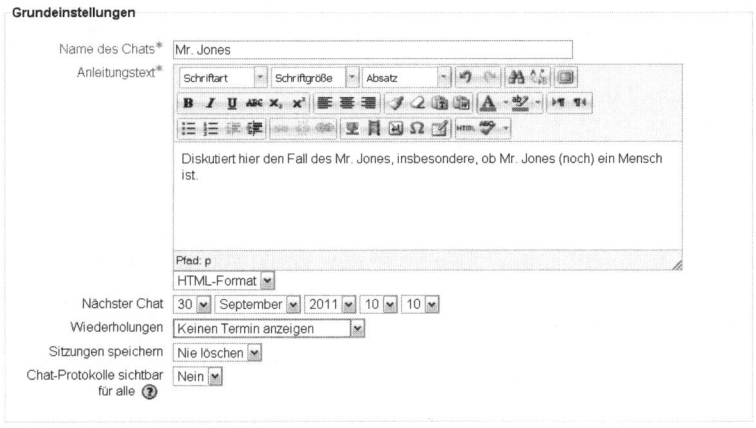

Abbildung 3.17:
Einstellungsmaske
für Chats

Hier füllen Sie zunächst die Punkte **Name des Chats** und **Anleitungstext** aus. Unter **Nächster Chat** kann ein Termin eingetragen werden, den Moodle automatisch in den Kalender übernimmt. Dieser Termin ist unverbindlich: Ein eingebundener Chat kann jederzeit besucht werden.

Unter **Wiederholungen** lässt sich kommunizieren, dass der Chat täglich oder wöchentlich zur angegebenen Zeit wiederholt wird. Diese Terminangaben übernimmt Moodle in die Terminverwaltung, der erstellte Chatraum bleibt aber zu jedem Zeitpunkt zugänglich.

Der Punkt **Sitzungen speichern** legt fest, ob und wie lange die Protokolle eines Chats zur Einsicht zur Verfügung stehen. (Diese finden Sie später nach Datum geordnet nach Aufrufen des Chats unter **Chat-Protokolle anzeigen**.) Ob die Kursteilnehmer und -teinehmerinnen diese Protokolle einsehen dürfen, legt der Punkt **Chat-Protokolle sichtbar für alle** fest.

Die Einstellungen im Abschnitt **Weitere Einstellungen** entscheiden, ob (und wie) in einzelnen Gruppen und Gruppierungen gearbeitet werden soll (siehe auch Seite 80), falls dies nicht kursweit für sämtliche Aktivitäten festgelegt ist (siehe Seite 112).

3.3.4 Datenbank einrichten

Eine Datenbank ist mit einem Karteikasten vergleichbar: Jeder Datensatz entspricht einer Karteikarte. Die verschiedenen Inhalte der Karteikarte (z. B. Datum, Überschrift, illustrierendes Bild, Stichwortliste) legt man in vorab zu definierenden Datenfeldern ab, die nach dem Typ des Inhalts unterschieden werden. Die Anordnung dieser Inhalte auf der Karteikarte findet ihre Entsprechung in den verschiedenen Datenbankansichten, die man zusätzlich definieren muss. Während man sich bei Karteikarten meist auf eine, nicht immer strikt umzusetzende Ansicht festlegt, definiert man für Moodle-Datenbanken (mindestens) zwei Ansichten: die Einzelansicht, die jeweils einen Datensatz präsentiert, und die Listenansicht, die mehrere Datensätze (z. B. das Ergebnis einer Suche zu einem Schlüsselbegriff in der Datenbank) auf einmal anzeigt.

Erzeugen der Datenbank

Um eine Datenbank anzulegen, wählen Sie im Bearbeitungsmodus der Kursansicht im entsprechenden Abschnitt den Punkt **Aktivität anlegen... | Datenbank** aus. Abbildung 3.18 zeigt die Einstellungsmaske für die zugehörigen Grundeinstellungen.

Im Abschnitt **Grundeinstellungen** geben Sie zunächst den **Namen** und als **Anleitungstext** eine Beschreibung der Datenbank an. Unter **Dateneingabe/-anzeige von** und **Dateneingabe/-anzeige bis** stellen Sie optional den Zeitraum ein, innerhalb dessen die Lernenden Datenbankobjekte hinzufügen und ändern können. Mit den Punkten **Datenanzeige von** und **Datenanzeige bis** legen Sie bei Bedarf fest, wann die Datenbank eingesehen werden kann.

Wie viele Datenbankeinträge jede/r Lernende mindestens eingeben muss, hängt von der Anzahl bei **Erforderliche Einträge** ab, die jeder erbringen soll. Eine Begrenzung nach oben erlaubt **Maximale Einträge**. Die Option **Erforderliche Zahl der Einträge, bevor andere Datensätze eingesehen werden kön-

nen erwartet die Minimalzahl an Datenbankeinträgen, die jede/r Lernende zusteuern muss, bevor Einträge anderer Kursteilnehmer sichtbar werden.

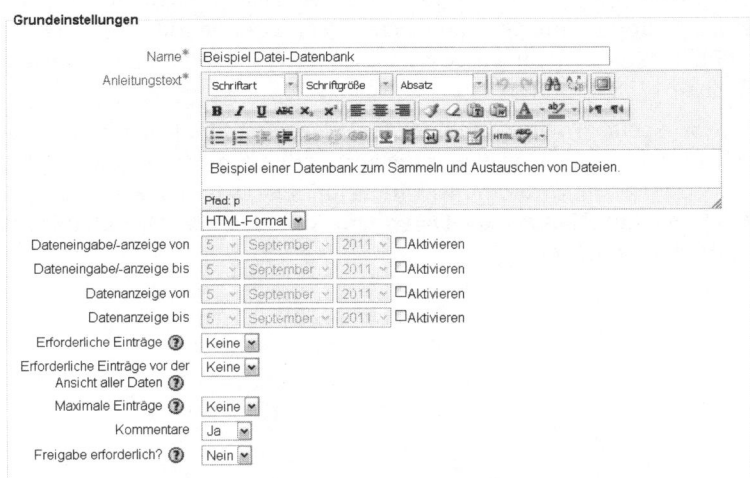

Abbildung 3.18: Grundeinstellungen für Datenbanken

Wenn der Punkt **Kommentare** aktiv ist, dürfen die Lernenden jeden Datenbankeintrag kommentieren. Bejahen Sie den Punkt **Freigabe erforderlich?**, müssen die Unterrichtenden jeden Eintrag genehmigen.

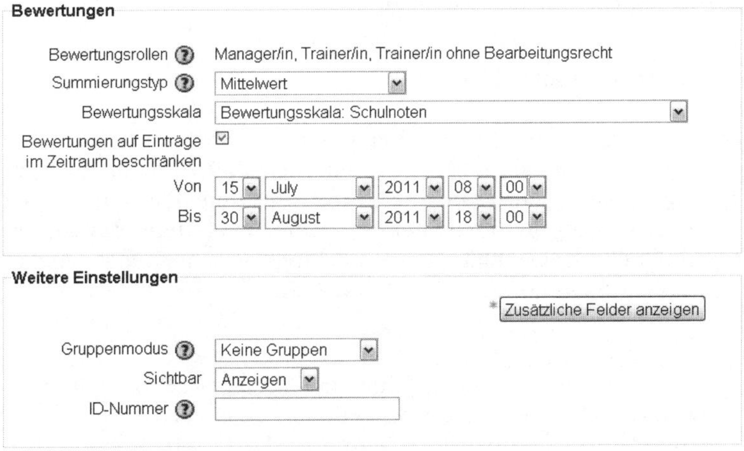

Abbildung 3.19: Weitere Einstellungen für Datenbanken

Falls ein **Summierungstyp** im Abschnitt **Bewertungen** ausgewählt wurde (Abbildung 3.19), geht die Datenbankaktivität abhängig von der Bewertungsskala mit der hier eingestellten, quantitativen Gewichtung in das Bewertungsschema des Kurses ein (siehe Seite 95). Alternativ kann auch eine der vorgeschlagenen Bewertungsskalen verwendet werden. **Bewertungen auf Einträge** lassen sich auf einen **Zeitraum beschränken.**

Zuletzt entscheiden Sie im Abschnitt **Weitere Einstellungen**, ob (und wie) in einzelnen Gruppen und Gruppierungen gearbeitet werden soll (siehe auch Seite 80), falls dies nicht kursweit für sämtliche Aktivitäten festgelegt ist (siehe Seite 112).

Der Button **Speichern und zum Kurs** zurück erzeugt die Datenbank und öffnet wieder die Kursansicht. Bevor die Lernenden Einträge erstellen können, muss noch eingestellt werden, welche Felder ein Datenbankeintrag enthält. Ein Klick auf den Namen der Datenbank öffnet deren Datenbankverwaltung (Abbildung 3.20).

Abbildung 3.20:
Datenbank-
verwaltung

Die unterschiedlichen Verwaltungsoptionen sind auf Reitern angeordnet. Bei leeren Datenbanken zeigt der (automatisch aktive) Reiter **Felder** wie in der Abbildung die Meldung: „In dieser Datenbank sind noch keine Felder definiert. Bitte erzeugen Sie ein Feld...".

Definieren der Datensatzfelder

Dieser Aufforderung leisten Sie über das Pulldown-Menü **Neues Feld erstellen** Folge. Bei Auswahl eines Feldtyps präsentiert Moodle eine passende Erstellungsmaske, deren Inhalt Sie mit **Hinzufügen** sichern. Abbildung 3.21 zeigt die Verwaltungsansicht einer Beispieldatei, deren Datensätze alle Feldtypen abdecken. Unabhängig vom Feldtyp muss man stets einen Feldnamen und kann eine Beschreibung angeben.

Bild

Datenbankfelder, in denen Bilder z. B. im JPEG-, PNG- oder GIF-Format gespeichert werden; man definiert zusätzlich Höhe und Breite der Bildvorschau für die Einzel- und die Listenansicht, mit **Größe (max)** legt man die Maximalgröße einer hochzuladenden Datei fest.

Datei

Über den **Feldnamen** greift man später bei Benutzung der Datenbank auf eine in der Datenbank abgelegte Datei zu. **Größe (max)** begrenzt die Größe einer hochzuladenden Datei nach oben.

Datum

Soll die Datenbank ein Datum aufnehmen, braucht man lediglich den Feldnamen und die -beschreibung eingeben.

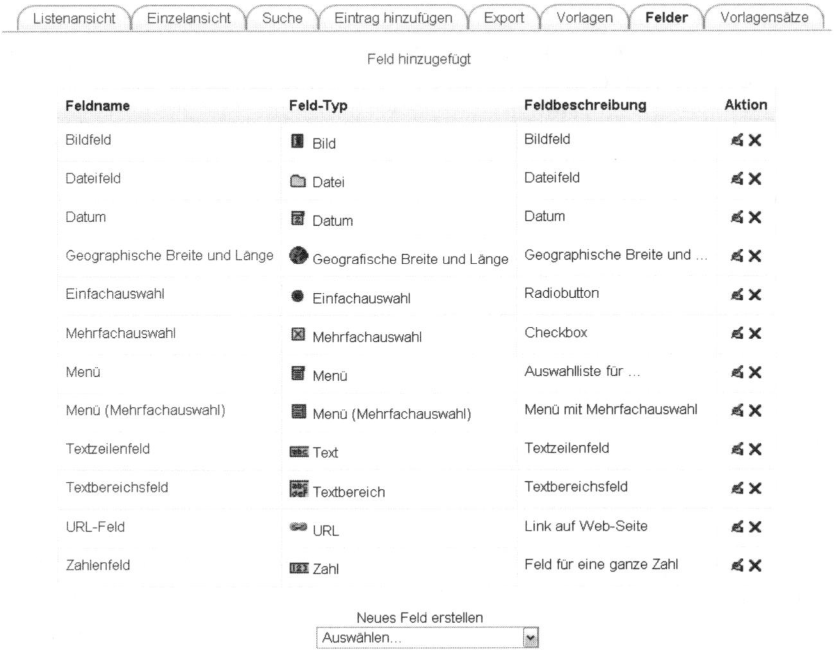

Listenansicht	Einzelansicht	Suche	Eintrag hinzufügen	Export	Vorlagen	**Felder**	Vorlagensätze

Feld hinzugefügt

Feldname	Feld-Typ	Feldbeschreibung	Aktion
Bildfeld	Bild	Bildfeld	✎ ✕
Dateifeld	Datei	Dateifeld	✎ ✕
Datum	Datum	Datum	✎ ✕
Geographische Breite und Länge	Geografische Breite und Länge	Geographische Breite und ...	✎ ✕
Einfachauswahl	Einfachauswahl	Radiobutton	✎ ✕
Mehrfachauswahl	Mehrfachauswahl	Checkbox	✎ ✕
Menü	Menü	Auswahlliste für ...	✎ ✕
Menü (Mehrfachauswahl)	Menü (Mehrfachauswahl)	Menü mit Mehrfachauswahl	✎ ✕
Textzeilenfeld	Text	Textzeilenfeld	✎ ✕
Textbereichsfeld	Textbereich	Textbereichsfeld	✎ ✕
URL-Feld	URL	Link auf Web-Seite	✎ ✕
Zahlenfeld	Zahl	Feld für eine ganze Zahl	✎ ✕

Neues Feld erstellen
Auswählen... ▾

Abbildung 3.21: Feldansicht der Datenbankverwaltung

Einfachauswahl

Ein Feld dieses Typs erlaubt es, aus einer von Ihnen vorgegebenen Liste eine Option auszuwählen. Die Darstellungsform ist ein Radiobutton (ein runder Knopf wie bei alten Radios). Geben Sie Feldname, -beschreibung und die Auswahlmöglichkeiten einzeln als **Optionen (eine pro Zeile)** an.

Geographische Breite und Länge

Felder dieses Typs lassen sich mit Ortsangaben füllen. Hier können Sie zusätzlich definieren, welcher Geo-Dienst (etwa Google Maps, Google Earth oder OpenStreetMap) die Visualisierung oder Kartenangabe des Ortes übernehmen soll. Ob Google Earth die Orte anhand einer Ordnungsnummer, einer Breiten-/Längengradangabe oder anders findet, lässt sich unter **Wie sollen Ziele in KML-Dateien bezeichnet werden (Google Earth)** (KML, *Keyhole Markup Language*) einstellen.

Mehrfachauswahl

Ein Feld dieses Typs erlaubt es, aus einer von Ihnen vorgegebenen Liste mehrere Optionen auszuwählen. Die Darstellungsform ist eine Checkbox. Geben Sie Feldname, -beschreibung und die **Optionen (eine pro Zeile)** an.

Menü

Ein Feld dieses Typs erlaubt die Auswahl aus verschiedenen von Ihnen vorgegebenen Optionen in einem Pulldown-Menü (Auswahlliste). Geben Sie Feldname, -beschreibung und die **Optionen (eine pro Zeile)** an.

Menü (Mehrfachauswahl)

Ein Feld dieses Typs erlaubt die **mehrfache** Auswahl aus verschiedenen von Ihnen vorgegebenen Optionen in einem Pulldown-Menü (Auswahlliste). Geben Sie Feldname, -beschreibung und die Auswahlmöglichkeiten als **Optionen (eine pro Zeile)** an. Der Benutzer kann aus dieser Liste mit Hilfe der Strg- oder Shift-Taste mehrere Einträge auswählen. Einfacher zu handhaben ist die Mehrfachauswahl in Form einer Checkbox.

Text

Textzeilenfelder nehmen jeweils genau eine Textzeile auf.

Textbereich

Textbereichsfelder erlauben die Eingabe längerer Texte. Beim Füllen dieser Datenbankfelder hilft der Moodle-Texteditor. Unter **Breite** (in Zeichen) und **Höhe** (in Zeilen) definieren Sie die Ausmaße des Textfensters.

URL

Der Feldtyp ermöglicht die Eingabe einer URL. Mit **Automatische Verlinkung der URL** zeigt Moodle den jeweiligen Feldeintrag als anklickbaren Link an. Ist die Option **Namenseintrag für den Link erzwingen** gesetzt, muss für die eingegebene URL ein Name angegeben werden. Um die Webseite zu sehen, auf die die URL verweist, muss der Benutzer dann auf diesen Namen klicken.

Zahl

Felder dieses Typs nehmen eine ganze Zahl auf.[5]

Die Felddefinitionen können bearbeitet und gelöscht werden. Dafür stehen in der Auflistung in der Spalte **Aktion** die vertrauten Symbole zur Verfügung. Am unteren Bildrand können Sie das **Standard-Sortierfeld** für die Datenbank und die Ordnung **Aufsteigend** oder **Absteigend** festlegen. Vorgeschlagen wird eine Sortierung nach dem Erstellungszeitpunkt der Einträge,

---

[5] Fließkommazahlen können als Text eingegeben werden.

möglich ist es aber auch, eines der Datenbankfelder zur Sortierung heran-
zuziehen.

Wenn alle Felder eines Datensatzes definiert sind, müssen Sie Moodle im
Reiter **Vorlagen** noch sagen, wie es die Datensätze anzeigen soll. Bei der
Präsentation eines einzelnen Datensatzes greift das System auf die Angaben
im Reiter **Vorlage für Einzelansicht** zurück, bei der Übersicht über mehrere
Datensätze auf die im Reiter **Vorlage für Liste**.

Aussehen der Einzelansicht definieren

Der **Vorlagen**-Reiter für die Einzelansicht (siehe Abbildung 3.22) zeigt im
Editor das Gerüst einer Tabelle an, die sämtliche Felder des Datensatzes
enthält. Soll der Datensatz nicht tabellarisch erscheinen, löschen Sie den
Inhalt des Editorfensters am besten erst einmal. Die Voreinstellung lässt
sich beruhigenderweise jederzeit über den Button **Vorlage zurücksetzen** wiederherstellen.

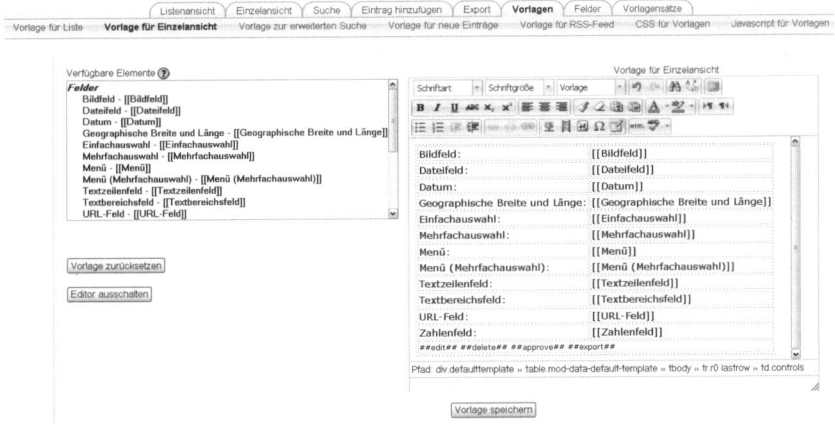

Abbildung 3.22:
Der Editor für die
Einzelansicht

Um den Inhalt eines Datenfeldes an einer bestimmten Stelle zu platzieren, setzen Sie den Editor an diese Stelle und klicken auf den entsprechenden Eintrag in der Auswahlliste **Verfügbare Elemente**. Gekennzeichnet wird
die Position des Feldes in der Tabelle durch den Feldnamen, der zwischen
doppelte eckige Klammern gesetzt ist. Am unteren Ende der Tabelle findet man die Buttons, über die der Datensatz editiert (##edit##), gelöscht
(##delete##), bestätigt (##approve##) oder exportiert (##export##) wird.
Auch diese **Aktionen** können der Auswahlliste entnommen werden, die darüber hinaus den Zugriff auf Erstellungszeit (##timeadded##), Änderungs-
zeit (##timemodified##) und Autor (##user##) ermöglicht.

Über den Button **Editor ausschalten** wechseln Sie in eine Ansicht, die es erlaubt, den HTML-Code direkt zu bearbeiten. **Editor einschalten** bringt wieder den Moodle-Editor zum Vorschein. Der Button **Vorlage speichern** sorgt dafür, dass Moodle einzelne Datensätze nun entsprechend Ihrer Definition anzeigt.[6]

Aussehen der Listenansicht definieren

Die Listenansicht einer Datenbank bleibt immer eine Listenansicht, daran können Sie auch im Reiter **Vorlage für Liste** (Abbildung 3.23) nichts ändern. Sie haben Einfluss auf das Aussehen der **Kopf- und Fußzeile** sowie der Präsentation der einzelnen Datensätze in dieser Liste.

Abbildung 3.23:
Der Editor für die
Listenansicht

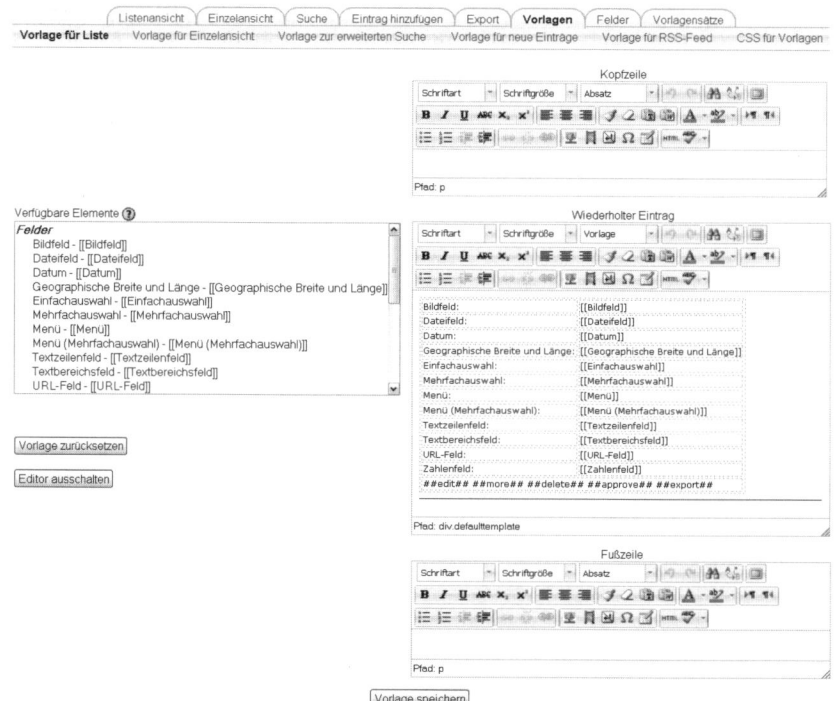

Für jedes dieser drei Elemente präsentiert Moodle ein separates Editorfenster. In der Voreinstellung zeigt die Liste sämtliche verfügbaren Datenbankfelder an. Da die Listenansicht dem Überblick über die Datensätze in der Datenbank dient, ist dies meist zuviel des Guten. Daher empfiehlt es sich,

---

[6] Anschließender Druck auf **Vorlage zurücksetzen** und **Vorlage speichern** stellt auch jetzt noch den Startzustand wieder her.

weniger wichtige Felder aus der Ansicht zu löschen und diese lediglich in der Einzelansicht anzuzeigen.

Die Buttons **Vorlage zurücksetzen**, **Editor aus/einschalten** und **Vorlage speichern** funktionieren wie bei der Einzelansichtdefinition.

Es besteht die Möglichkeit, weitere Vorlagen z. B. für die Erstellung neuer Einträge oder für eine erweiterte Suche zu definieren. Teilweise ist die Verfahrensweise wie eben beschrieben, teilweise sind JavaScipt-Kenntnisse gefordert.

Datenbankeintrag hinzufügen

Um die Datenbank zu füllen, klicken Sie auf den Hauptreiter **Eintrag hinzufügen**. Abbildung 3.24 zeigt die daraufhin erscheinende Eingabemaske für eine Datenbank, die je ein Feld jedes Typs enthält.

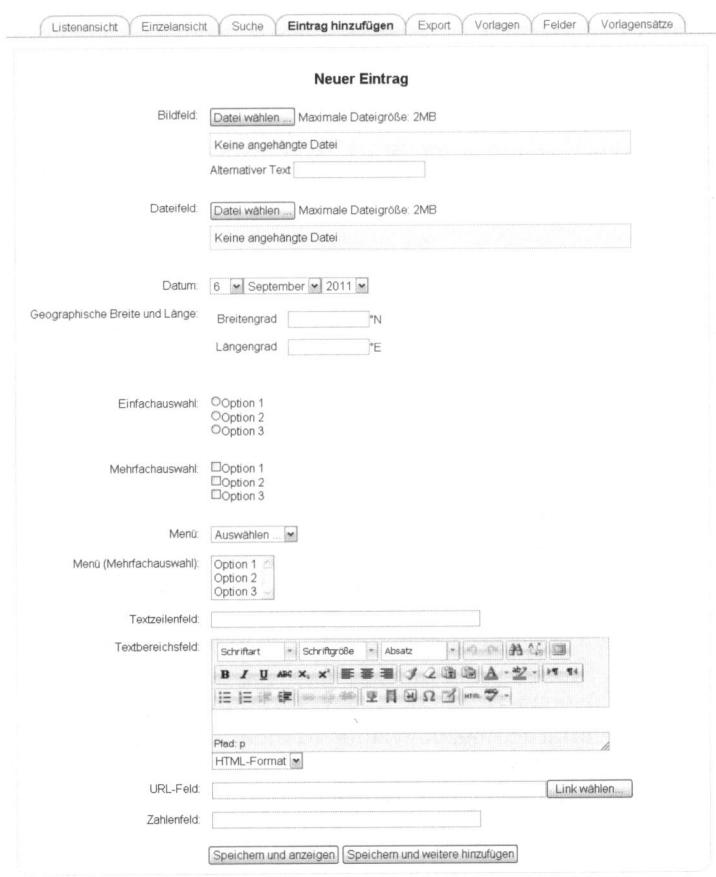

Abbildung 3.24:
Datenbankeintrag
hinzufügen

Ob Sie jedes Feld Ihres Datensatzes ausfüllen, bleibt Ihnen überlassen. Eine Datenbank lässt sich schneller füllen, wenn Sie **Einträge importieren**. Diesen Vorgang starten Sie über den Block **Einstellungen** in der **Datenbank-Administration**. Datensätze, die im CSV-Format[7] vorliegen, lassen sich in einem Schwung in die Datenbank importieren – vorausgesetzt, die CSV-Datei liefert die Datenbankfelder in genau der Reihenfolge, wie Sie die Datenfelder definiert haben. Gibt es Schwierigkeiten bei der Datenübernahme, überprüfen Sie die Angaben für das **Feldtrennzeichen**, die **Feldbegrenzung** und die Kodierung (**Encoding**).

Eine solche CSV-Textdatei sieht etwa so aus:

```
Vorname, Name, Haustier
Anita,Anger,Hund
Bernd,Braun,Katze
Dieter,Dohm,Hamster
Nina,Neu,Ratte
```

Eine Datenbank kann exportiert werden, um sie in einem anderen Kurs weiterzubenutzen oder die Einträge in einer anderen Anwendung weiterzuverarbeiten. Sie können hierfür den Reiter **Export** benutzen oder die Datenbank-Administration. Die Ausgabe erfolgt im CSV-Format oder direkt im Format üblicher Tabellenkalkulationen. Ausgeschlossen sind Bild- und Dateifelder, aber auch andere Felder Ihrer Datenbank können Sie vom Export ausschließen.

3.3.5 Feedback einrichten

Einstellungen

Wählen Sie im Bearbeitungsmodus der Kursansicht den Eintrag **Aktivität anlegen...** | **Feedback**, erscheint die Einstellungsmaske. Ähnlich wie bei anderen Modulen legen Sie einen **Namen** fest und verfassen eine **Beschreibung**, die den Zweck dieser Feedback-Aktivität erläutert. Mit den fakultativen Optionen **Feedback erlauben ab** und **Feedback beenden ab** setzen Sie bei Bedarf Start- und Endtermin der Befragung fest, wie Abbildung 3.25 zeigt.

Mit den spezifischen **Feedback-Einstellungen** entscheiden Sie, ob die Befragung anonym oder namentlich erfolgt. Anonyme Befragungen werden den Teilnehmern am Anfang des Feedbacks als solche gekennzeichnet. Ein Bezug zwischen Antworten und Personen lässt sich durch Moodle nicht mehr herstellen. Den Teilnehmern kann eine **Analyseseite nach der Abgabe angezeigt** und die **mehrfache Abgabe** erlaubt werden. Auf Wunsch erhalten Sie als Trainer eine **E-Mail-Benachrichtigung** bei jeder neuen Abgabe. Auch eine **automatische Nummerierung** der Feedback-Abgaben ist möglich.

---

[7] Die Abkürzung steht für *Comma Separated Values*; Feldtrennzeichen und Feldanhang lassen sich hier aber auch in **Feldtrennzeichen** und **Feldanhang** konfigurieren.

Nach der Abgabe können Sie dem Teilnehmer in einer Seite nach dem Absenden für die Rückmeldung danken. Die Bearbeitung setzt der Teilnehmer über die Schaltfläche Weiter fort. Die darauf anzuzeigende Seite kann auch außerhalb des Moodle-Systems sein und lässt sich über eine zu hinterlegende Internetadresse in der Option URL für den Knopf „Weiter" einstellen.

Die Grundkonfiguration des Feedbacks schließen Sie mit dem Bereich Weitere Einstellungen ab, in dem Sie den Gruppenmodus, die Gruppierung und die Eigenschaft Sichtbar wie bei anderen Aktivitäten auch festlegen.

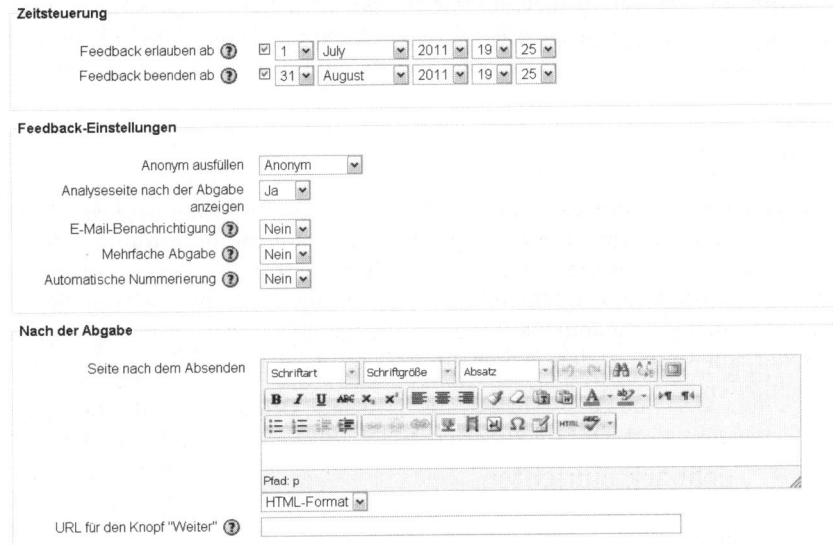

Abbildung 3.25:
Einstellungsmaske
für ein Feedback

Gestaltung eines Feedbacks

Rufen Sie zur Erstellung des Feedback-Fragebogens in der Feedback-Administration den Unterpunkt Fragen | Elemente bearbeiten... auf. Im oberen Teil können Sie Elemente hinzufügen. Neben verschiedenen Frage-Typen gehören zu den Elementen auch Informationen, Captcha, Beschreibungen und Seitenumbruch.

Die Reihenfolge bei der Erfassung der Elemente ist beliebig. Die Anordnung erfolgt entweder über die Option Position, die bei jeder Erfassung eines Elements gesetzt werden kann. Alternativ bietet die Vorschau im unteren Teil der Seite die schon aus der Kurserstellung bekannten Pfeilsymbole. Mit den einzelnen Pfeilen können Elemente um eine Position nach oben oder unten verschoben werden. Der Doppelpfeil erlaubt die direkte Positionierung. In der Vorschau werden Elemente, die zwingend eine Eingabe erfordern, nicht nur durch einen roten Stern gekennzeichnet, sondern zusätzlich durch ein gelb unterlegtes Ausrufezeichen. Das Ausrufezeichensymbol erlaubt es diese Eigenschaft direkt zu verändern. Seitenumbrüche werden in der Vorschau durch einen grauen Balken markiert.

Für die Erstellung neuer Elemente wird zunächst der Elementtyp aus der Auswahlbox ausgewählt. Die Schaltfläche **Element hinzufügen** öffnet die Eingabemaske. Für Fragetypen wird zunächst festgelegt, ob die Antwort zwingend **erforderlich** ist. Unter **Name** wird die Fragestellung eingegeben. Unter **Beschriftung** erfassen Sie einen prägnanten Begriff, der den Kern der Frage trifft. Die Verwendung der Optionen **abhängiges Element** und **abhängiger Wert** werden im Anschluss an die Beschreibung der Fragetypen erläutert.

Eingabebereich

Dieser Fragetyp ist für offene Fragen gedacht, bei der die Befragten einen Text schreiben sollen. Die Größe des Textfeldes wird durch die **Breite des Textbereichs** und die **Anzahl der Zeilen** bestimmt.

Eingabezeile

Wollen Sie nur einen kurzen Text erfassen, der aus wenigen Wörtern besteht, genügt sicher eine Eingabezeile. Die **Breite des Textfeldes** lässt sich über die Zeichenzahl festlegen. Die Breite sollte nicht größer sein als die **maximale Zeichenzahl**, um Verwirrung bei der Eingabe zu vermeiden.

Multiple Choice

Multiple-Choice-Fragen (Abbildung 3.26) bieten eine Reihe von Antworten an, aus denen eine Auswahl zu treffen ist. Bei ihrer Erfassung bestimmen Sie zunächst, ob die **Ausrichtung** der Antworten **untereinander** oder **nebeneinander** erfolgen soll. Es werden drei **Multiple-Choice-Typen** angeboten. Bei **Single-Choice Radiobutton** kann der Befragte nur eine Antwort über einen Radiobutton auswählen. Ebenso verhält es sich für die Dropdown-Liste, die nur eine Auswahl ermöglicht. Lediglich der Typ **Multiple Choice - mehrere Antworten** ermöglicht eine mehrfache Auswahl.

Ist die Beantwortung der Frage nicht **erforderlich**, so kann die Frage übergangen werden. In diesem Falle können **leere Abgaben** bei der Auswertung unberücksichtigt bleiben, wenn die Option **Ja** gesetzt wird. Zusätzlich zu den Antworten, die Sie unter **Multiple-Choice-Werte** zeilenweise untereinander erfassen, kann die Auswahl 'Nicht ausgewählt' angeboten werden, es sei denn, Sie haben die Dropdown-Liste gewählt. So eröffnen Sie den Befragten eine „Hintertür", auch bei erforderlichen Antworten keine Position beziehen zu müssen.

Multiple Choice (Rangfolge)

Diese Mehrfachauswahl mit Rangfolge dient der Skalierung der Antworten. Bei Befragungen stellen die Schulnoten „sehr gut" bis „ungenügend" eine häufig benutzte Skala dar. Der Befragte muss sich für eine Antwort entscheiden. Jeder Antwortmöglichkeit ist ein Wert zugeordnet, der bei der Auswertung gemittelt wird. Zur Erfassung der normalen Multiple-Choice-Frage gibt es nur wenige Unterschiede: Es stehen nur die **Multiple-Choice-Typ**en **Single Choice** und **Dropdown-Liste** zur Verfügung. Bei der Erfassung der **Multiple-Choice-Werte** wird in jeder Zeile zunächst der numerische Wert der Antwort erfasst. Abgetrennt durch einen Schrägstrich erfolgt dann der Antworttext z. B. **1/sehr gut**. In der Vorschau werden die numerischen Werte in Klammern angezeigt. Bei der eigentlichen Befragung sind sie nicht zu sehen.

Numerische Antwort

Der zulässige Bereich der Antworten kann über die Optionen **Bereich von** und **Bereich bis** eingegrenzt werden. Dieser Bereich wird hinter dem Fragentext angezeigt und mit den eingegebenen Werten abgeglichen.

Feedback-Fragebögen können so gestaltet werden, dass bestimmte Fragen nur angeboten werden, wenn in einer früheren Frage eine festgelegte Antwort erfolgt ist. Im Beispiel wird die Frage gestellt „Hast du den Kurs allein oder in einer Gruppe bearbeitet?". Nur wenn der Teilnehmer die Antwortmöglichkeit **mit anderen** ausgewählt hat, so bekommt er weitere Fragen zum Ablauf der Gruppenarbeit gestellt. Die Leitfrage, von der die späteren Fragen abhängen, trägt die Beschriftung **Gruppenarbeit**. Nach dieser Frage muss nun ein Seitenumbruch eingefügt werden, damit Moodle die nachfolgenden Fragen filtern kann.

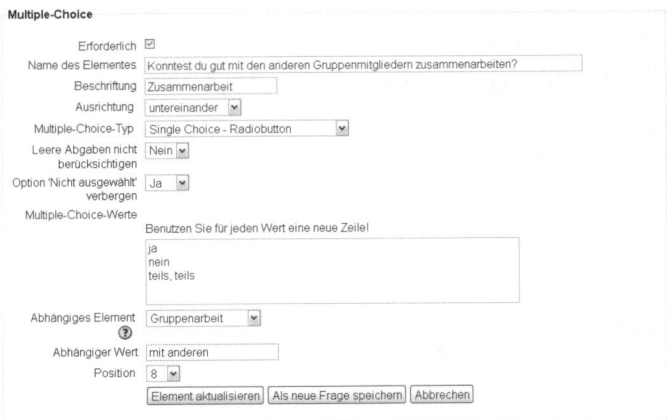

Abbildung 3.26: Abhängige Fragen im Feedback

In der abhängigen Frage (Abbildung 3.26) wird bei **Abhängiges Element** die Beschriftung der Leitfrage **Gruppenarbeit** und als **abhängiger Wert** mit anderen eingetragen. Diese Frage muss hinter der Leitfrage positioniert und durch einen Seitenumbruch abgetrennt sein. Im Fragebogen erscheinen abhängige Fragen grau hinterlegt.

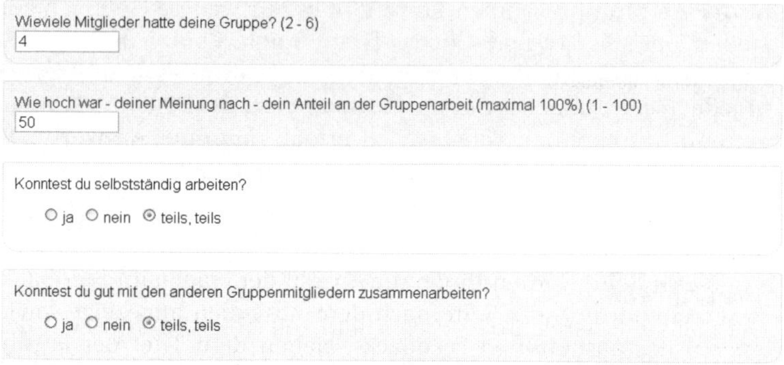

Abbildung 3.27:
Abhängige Fragen im
Feedback

Wieviele Mitglieder hatte deine Gruppe? (2 - 6)
4

Wie hoch war - deiner Meinung nach - dein Anteil an der Gruppenarbeit (maximal 100%) (1 - 100)
50

Konntest du selbstständig arbeiten?
○ ja ○ nein ⊙ teils, teils

Konntest du gut mit den anderen Gruppenmitgliedern zusammenarbeiten?
○ ja ○ nein ⊙ teils, teils

Beschriftung

Beschriftungen dienen dazu, im Fragebogen Hinweise zu platzieren. Sie können auch von anderen Fragen abhängen.

Captcha

Captchas werden verwendet, um sicherzustellen, dass die Eingaben von einem Menschen und nicht von einem Computerprogramm generiert werden. In graphischer Form wird eine Zeichenfolge angezeigt, die der Teilnehmer der Befragung über die Tastatur in ein Eingabefeld einträgt. Nur bei Übereinstimmung ist die Abgabe des Feedbacks möglich. Einstellungen sind nicht erforderlich.

Information

Dieses Element hinterlässt im Fragebogen je nach Konfiguration unter **Informationstyp** eine Textzeile mit der **Antwortzeit**, dem **Kurs** oder dem **Kursbereich**.

Seitenumbruch

Fragen lassen sich auf mehrere Seiten verteilen. Dies fördert einerseits die Übersichtlichkeit und ist andererseits notwendig, wenn abhängige Fragen verwendet werden.

Arbeit mit Feedbacks

Die Verwaltung des Feedbacksnehmen Sie über den Block **Einstellungen | Feedback-Administration** vor. Hier können Sie u. a. **Rechte** und **Rollen** einsehen und anpassen. Alternativ dazu stehen Ihnen fünf „Karteikarten" zur Verfügung (Abbildung 3.28), deren Funktion im Folgenden beschrieben wird.

| Überblick | Elemente bearbeiten... | Vorlagen | Auswertung | Einträge anzeigen |

Feedback zum entdeckenden Lernen 🔍

Ausgefüllte Feedbacks: 5
Fragen: 13

Abbildung 3.28:
Arbeit mit dem
Feedback

Überblick

Auf dieser Seite werden Ihnen die Anzahl der **Fragen** im Feedback, die **Beschreibung** und die **Seite nach dem Absenden** angezeigt sowie die Anzahl der **ausgefüllten Feedbacks**. Neben dem Titel der Feedbacks findet sich eine Lupe, mit der Sie eine kompakte Vorschau auf den Fragebogen erhalten.

Elemente bearbeiten

Die Funktionen wurden bereits im Abschnitt **Gestaltung eines Feedbacks** beschrieben.

Vorlagen

Sind bereits Fragebögen als Feedback-Vorlagen im Kurs oder im System veröffentlicht[8], können Sie diese unter **Vorlagen verwenden** in einer Auswahlbox einsehen, auswählen und mit der Schaltfläche **Diese Vorlage verwenden** benutzen.

Ihren selbst erstellten Fragebogen können Sie als Vorlage für andere Befragungen zur Verfügung stellen. Dazu geben Sie einen **Namen** an und betätigen **Als neue Vorlage speichern**. Nicht mehr benötigte Vorlagen lassen sich **löschen**.

Um Feedback-Fragebögen in ein anderes Moodle-System zu übertragen, nutzen Sie die Möglichkeit **Fragen zu exportieren**. Die entstehende Datei im XML-Format können Sie dann an gewünschter Stelle über **Fragen importieren** auslesen. Für eine Feedback-Aktivität importierte Fragesammlungen können schon darin enthaltene **alte Elemente löschen** oder als **neue Elemente angefügt** werden, so dass ein umfangreicher Fragebogen entsteht, aus dem Sie unpassende Fragen wieder entfernen.

---

[8] In Moodle 2.0 fehlt die Möglichkeit, Vorlagen im Moodle-System zu veröffentlichen. Daher sind Feedback-Vorlagen nur im aktuellen Kurs verwendbar. Es ist damit zu rechnen, dass diese Einschränkung wieder aufgehoben wird.

Auswertung

In Auswertungen (siehe die Abbildung auf Seite 51) werden Antworten zu Fragen vom Typ **Eingabezeile** und **Eingabebereich** aufgelistet. Zum Resultat numerischer Fragen gehört zusätzlich der Mittelwert. Die Ergebnisse zu Multiple-Choice-Fragen werden als Balkendiagramme dargestellt. Für Multiple-Choice-Fragen mit Rangfolge wird zusätzlich der Mittelwert berechnet. Diese Auswertung kann im XLS-Format zur Weiterverarbeitung in Tabellenkalkulationsprogrammen **exportiert** werden.

Einträge anzeigen

Die Abgaben der Teilnehmer können einzeln eingesehen werden. Für jeden **Eintrag** wird zu jeder Frage die entsprechende Antwort protokolliert. Somit wird eine detaillierte Auswertung der Meinungen der Teilnehmer möglich. Bei Bedarf können Einträge gelöscht werden. Dies ist insbesondere dann sinnvoll, wenn oberflächlich erledigte Befragungen das Gesamtergebnis verfälschen.

3.3.6   Forum einrichten

Wählen Sie im Bearbeitungsmodus der Kursansicht den Eintrag **Aktivität anlegen... | Forum**, erscheint die Einstellungsmaske, deren oberen Teil Abbildung 3.29 zeigt.

Abbildung 3.29:
Einstellungsmaske
für Foren

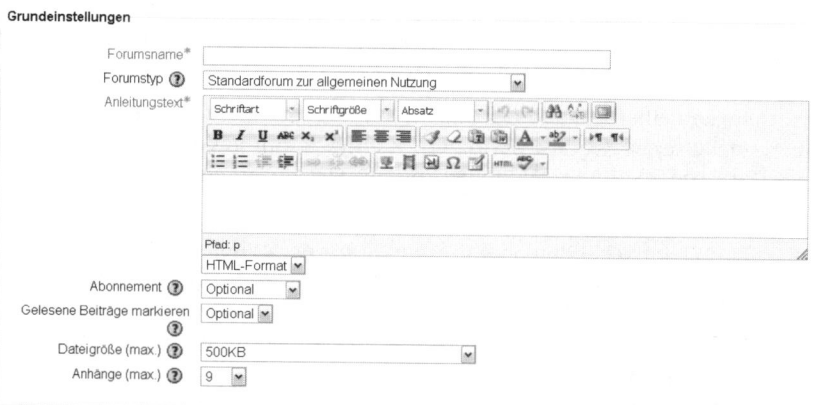

Dieser mit **Grundeinstellungen** überschriebene Abschnitt fragt nach dem **Forumsnamen** und dem später oberhalb des Forums eingeblendeten **Anleitungstext**. Außerdem legen Sie den **Forumstyp** fest:

Diskussion zu einem einzigen Thema

Es gibt nur einen einzigen Diskussionsstrang zu einem vorgegebenen Thema.

Frage- und Antwort-Forum

Zu der gestellten Frage muss erst eine Antwort geschrieben werden, bevor die Beiträge der anderen Kursteilnehmer eingesehen werden können.

Jede/r darf genau ein Thema einrichten

Jeder Teilnehmer und jede Teilnehmerin darf genau eine Diskussion eröffnen. Dazu kann er oder sie eine Frage stellen oder ein Statement abgeben.

Standardforum zur allgemeinen Nutzung

Lernende wie Unterrichtende können beliebig viele Diskussionen in Gang setzen und an allen teilnehmen.

Standardforum, angezeigt in blog-ähnlichem Format

Ein Standardforum, bei dem alle Themen inklusive der Themenbeschreibungen (**Mitteilungen**) auf einer Seite angezeigt werden.

Unter **Abonnement** entscheiden Sie, wer für das Forum registriert (und damit z. B. per E-Mail über neue Forumsbeiträge informiert) wird. Sie legen fest, ob die Registrierung für alle Lernenden **verpflichtend** ist, ob sie sich aus dem Forum wieder abmelden können (**Automatisch**) und ob Einzelne sich individuell registrieren können (**Optional**). Außerdem lässt sich das Abonnieren des Forums für alle **deaktivieren**.

Nachträglich eingeführte Restriktionen wirken sich nicht auf vorher schon im Forum registrierte Kursteilnehmer und -teilnehmerinnen aus.

Gelesene Beiträge können im Forum anders markiert werden, wenn Sie die entsprechende Option benutzen. Zudem können Sie die **Maximale Dateigröße** der den Beitrag angehängten Dateien festlegen. Die Anzahl der Dateien ist nicht mehr auf eine beschränkt, sollte aber begrenzt werden.

Im Abschnitt **Sperre** haben Sie die Möglichkeit, Vieldiskutierern Zügel anzulegen. Sobald Sie das **Zeitfenster** mit mindestens **1 Tag** festlegen, erlaubt Moodle es Ihnen, unter **Sperre** die Anzahl erlaubter Beiträge genau festzulegen. Belassen Sie es hier beim Default 0, dürfen die Teilnehmenden weiterhin beliebig viele Diskussionsbeiträge liefern. Unter **Warnung** legen Sie die Anzahl der Beiträge fest, ab der der jeweilige Diskutant automatisch eine Warnung in seiner Forumsansicht erhält, in der die Maximalanzahl von Beiträgen pro Person und Tag genannt wird. Steht diese Option auf 0, warnt Moodle nicht.

Die Abschnitte **Bewertung** und **Bewertungen** erlauben es Ihnen, das Forum einer Bewertungskategorie des Kurses zuzuordnen und einzustellen, ob, wie und für welchen Zeitraum die Forumsbeiträge in die Bewertung einfließen (siehe Seite 95).

Zuletzt entscheiden Sie im Abschnitt **Weitere Modul-Einstellungen**, ob (und wie) in einzelnen Gruppen und Gruppierungen gearbeitet werden soll (siehe auch Seite 80), sofern dies nicht kursweit für sämtliche Aktivitäten festgelegt ist (siehe Seite 112).

3.3.7 Glossar einrichten

Glossare bestehen aus einer Liste von Wörtern mit zugehörigen Erklärungen. Mit ihrer Hilfe lässt sich beispielsweise (fremd-)sprachlicher Wortschatz erschließen. Ein fachsprachliches oder technisches Glossar bietet sachliche Definitionen an, die die jeweilige Terminologie erläutern. In allen Anwendungsbereichen geht es darum, das Verständnis eines Textes, einer Sprache oder eines Sachgebiets zu fördern. Für das Lernen kommt gerade auch der Erstellung oder Erweiterung eines Glossars besondere Bedeutung zu, da die Lernenden hier die Gelegenheiten bekommen, ihr Wissen in Worte zu fassen und selber zu vernetzen.

Moodle unterscheidet zwischen dem Haupt- und den Standardglossaren. Pro Kurs gibt es nur ein Hauptglossar, dessen Einträge ausschließlich der Trainer betreuen darf. Die Anzahl der für Einträge von Teilnehmern offenen Standardglossare ist nicht beschränkt.

Glossar-Begriffe in Moodle-Texten hebt das System automatisch hervor und verknüpft sie mit der Erklärung. Allerdings muss man diesen Automatismus für jeden Glossareintrag separat freigeben.[9]

Um ein Glossar zu erstellen, wählen Sie im Bearbeitungsmodus der Kursansicht **Aktivität anlegen... | Glossar**.

Einstellungen

Die daraufhin erscheinende Einstellungsmaske (Abbildung 3.30) beginnt wieder mit dem Abschnitt **Grundeinstellungen**, der zunächst den Namen und die Beschreibung des Glossars erfragt.

Eine zu hohe Zahl bei **Einträge pro Seite** kann die Zeit für den Aufbau der Seite im Browser verzögern – wirkt er langsam, setzen Sie die Zahl herab.

Innerhalb eines Moodle-Systems kann es ein **kursübergreifendes Glossar** geben, das sich auf alle Kurse bezieht. Die Frage, ob es sich um ein globales

---

[9] Bleiben Hervorhebung und automatische Verlinkung dennoch aus, liegt das vermutlich daran, dass der Moodle-Administrator den entsprechenden Filter einrichten muss, indem er in der Moodle-Website-Administration unter **Plugins | Filter | Filteraktivierung** die **Automatische Verlinkung zum Glossar** aktiviert.

Glossar handelt, stellt Moodle daher nur Benutzern mit Adminstratoren-Rechten. Mit dem **Glossartyp** legen Sie fest, ob es sich um ein **Hauptglossar** oder ein **Standardglossar** handelt. Ein Hauptglossar ist in einem Kurs einmalig. In das Hauptglossar des Kurses können Einträge aus allen anderen Kursglossaren importiert werden.

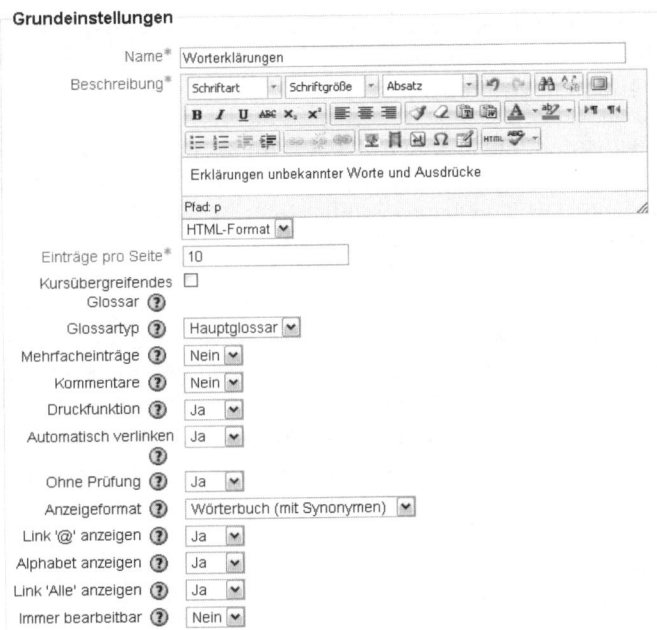

Abbildung 3.30: Einstellungsmaske für Glossare

Glossare können mehrere Einträge zum gleichen Begriff enthalten, wenn Sie **Mehrfacheinträge** zulassen. Erlauben Sie **Kommentare**, können Teilnehmer Anmerkungen ergänzen. Trainer dürfen immer Kommentare abgeben.

Sie können den Teilnehmern den Zugriff auf die **Druckfunktion** verweigern. Die Auswahl **Nein** bei **Automatisch verlinken** verhindert, dass Moodle Begriffe aus diesem Glossar automatisch verlinkt und farblich hervorhebt. Steht diese Option auf **Ja**, müssen Sie zusätzlich für jeden Eintrag festlegen, ob dieser Automatismus in seinem Fall zum Zug kommt.

Wollen Sie Einträge zunächst in Augenschein nehmen, bevor Sie ins Glossar aufgenommen werden, steuern Sie dies mit der Einstellung **ohne Prüfung**.

Für die Anzeige des Glossars stehen Ihnen sieben **Anzeigeformate** zur Verfügung: Das Anzeigeformat **Liste** listet nur die Begriffe auf, Erläuterungen werden erst auf Mausklick angezeigt. Die anderen Anzeigestile beruhen auf dem Format **Wörterbuch**, bei dem zum Begriff direkt die Erklärung anzeigt wird. Bei **Wörterbuch mit Synonymen** werden vorhandene Alternativbegriffe mit angezeigt. Das **vollständige** Format enthält zusätzlich das Datum der letzten Änderung und wahlweise den oder die **Autor/in**. Bei **Enzyklopädie** werden angehängte Bilder ergänzt. Das Anzeigeformat **FAQ** (*Frequently Asked Questions*) fügt den Einträgen die Wörter **Frage** und **Antwort** hinzu, der Autor wird nicht genannt.

Dem Glossar stellt Moodle einen alphabetischen Index voran, wenn die Option **Alphabet** aktiv ist. Aktiviert man den Eintrag **Link '@' anzeigen**, lassen sich Begriffe, die nicht mit einem Buchstaben, sondern mit einem Sonderzeichen beginnen, über einen eigenen Link separat auflisten. In der Liste aller Einträge stehen sie vor den alphabetischen Begriffen. Sie haben auch die Wahl, das **Alphabet anzeigen** zu lassen, um schnell Begriffe zum Anfangsbuchstaben aufzuspüren. Lassen Sie sich den **Link 'Alle' anzeigen**, erlaubt dieser den Zugriff auf sämtliche Glossareinträge auf einer Seite (Abbildung 3.34 auf Seite 145 zeigt ein Beispiel). Bei deaktiviertem Sonderzeichenlink zeigt er Begriffe mit führendem Sonderzeichen nur noch an, wenn Sie die Registerkarte **Anzeige nach Alphabet** neu aufrufen oder, falls vorhanden, den Link **Alle** verwenden.

Über die Option **Immer bearbeitbar** können Sie den Teilnehmern die Überarbeitung oder Korrektur ihrer Einträge jederzeit erlauben oder auf einen kurzen Zeitraum, standardmäßig sind 30 Minuten vorgesehen, einschränken. Diese Vorgabe ist unabhängig vom Bewertungszeitraum.

Unter **Bewertungen** wird festgelegt, ob und in welcher Form eine Bewertung z. B. mit einer Note oder einer Punktzahl vorgenommen wird.

Abbildung 3.31:
Bewertungs-
einstellungen für
Glossare

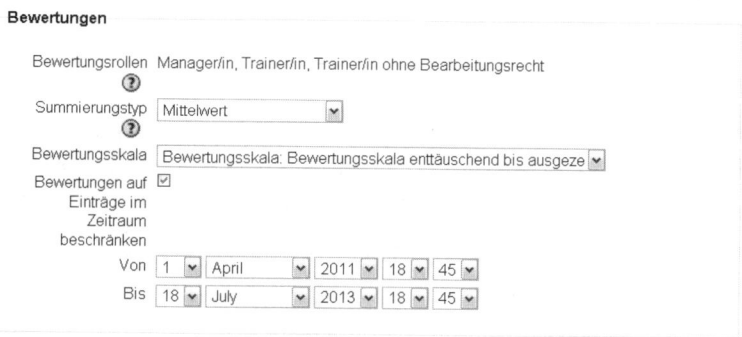

Unter **Rollen mit Bewertungsrechten** zeigt Moodle an, welche Rollen das Recht zur Bewertung von Einträgen haben. Die Anzeige erfolgt allerdings erst, nachdem das Glossar bereits einmal angelegt worden ist und Sie eine Bearbeitung der Einstellungen vornehmen. Unter **Summierungstyp** legen Sie fest, wie aus den Einzelbewertungen eine Endbewertung ermittelt wird. Sie können ganz auf eine Wertung verzichten, einen Mittel-, Höchst- oder Minimalwert bestimmen lassen, alternativ steht die Anzahl aller Bewertungen oder die Summe der Einzelbewertungen zur Auswahl. Haben Sie einen

Summierungstyp festgelegt, kann eine der vorhandenen **Bewertungsskalen** ausgewählt, eine Höchstpunktzahl zwischen 1 und 100 festgelegt oder über **Keine Bewertung** auf eine Bewertung verzichtet werden. Die bereits erfassten Bewertungsskalen (siehe Seite 99) werden oben in der Auswahlliste aufgeführt. Sie können die Bewertung auf **Einträge in einem Zeitraum beschränken.**

Für Standardglossare können Sie im Abschnitt **Bewertung** bereits definierte **Bewertungskategorien** (siehe Seite 225) auswählen, andernfalls behalten Sie **Nicht kategorisiert** bei.

Zuletzt entscheiden Sie im Abschnitt **Weitere Einstellungen**, ob das Glossar im Kurs sichtbar ist. So können Sie diese Aktivität vorbereiten und zum gegebenen Zeitpunkt zum Beispiel im Bearbeitungsmodus über das Augensymbol freischalten.

Rechte für Glossare anpassen

Die Aufgabe, Einträge in Hauptglossaren zu erstellen oder aus Standardglossaren des Kurses zu importieren, behält man am besten den Unterrichtenden vor. Entsprechende Rechte sollen die Lernenden nicht besitzen. Vergibt Ihr Moodle-System diese Rechte anders, passen Sie die Rechte der Lernenden über die Einstellungen **Glossar-Administration | Rechte** an.

Ändern Sie dort die Rechte im Abschnitt **Aktivität: Glossar** für die Rolle **Teilnehmer.**

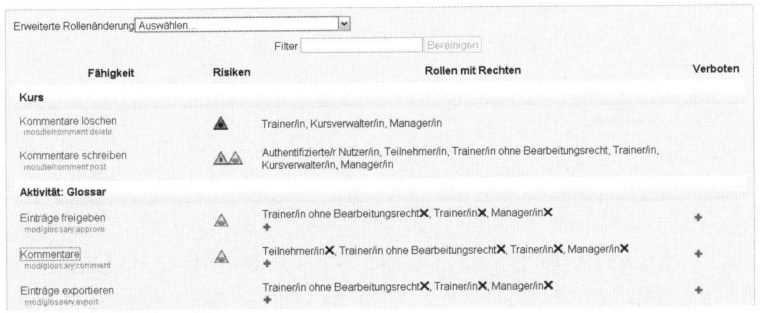

Abbildung 3.32: Rechte für Glossare anpassen

In der Rechteverwaltung (Abbildung 3.32) des Glossars sind die **Fähigkeiten** wie **Kommentare schreiben**, mögliche **Risiken**, die **Rollen mit Rechten** und die Rollen aufgeführt, denen die entsprechende Fähigkeiten **verboten** ist, aufgelistet. Sie können einem Teilnehmer ein bestimmtes Recht entziehen, indem Sie auf das Kreuz hinter dem Rollennamen **Teilnehmer/in** klicken. Wollen Sie eine Berechtigung für eine Fähigkeit vergeben, so klicken Sie auf das graue Pluszeichen und wählen aus der Auswahlliste die entsprechende Rolle aus. Sie können auch explizit **Verbote** für bestimmte Aktionen einrichten. Die Vorgehensweise ist analog zum Erteilen von Rechten. Jede Änderung muss einzeln in einem neu erscheinenden Fenster über **Weiter** bestätigt werden. Passen Sie die Rechte der Teilnehmer nun so an, dass für Hauptglossare zumindest die Rechte **Einträge freigeben**, **Kommentare erstellen**, **Einträge exportieren**, **Einträge importieren**, **Kategorien verwalten**, **Einträge verwalten**, **Einträge bewerten** und **Alle Bewertungen sehen**, sowie **Neue Einträge erstellen** unterbunden sind. Unter **Risiken** erhalten Sie über farbige Symbole Hinweise, ob mit einer Fähigkeit wie **Kommentare schreiben** eine Spam-Gefahr, Gefahren für die Privatsphäre oder den Datenverlust etc. verbunden sein können.

Eintrag erfassen

Glossareinträge ergänzen Sie in der Kurssicht des Glossars. Wählen Sie die Schaltfläche **Eintrag hinzufügen**, öffnet Moodle die Erfassungsmaske aus Abbildung 3.33.

Abbildung 3.33:
Glossareintrag
erstellen

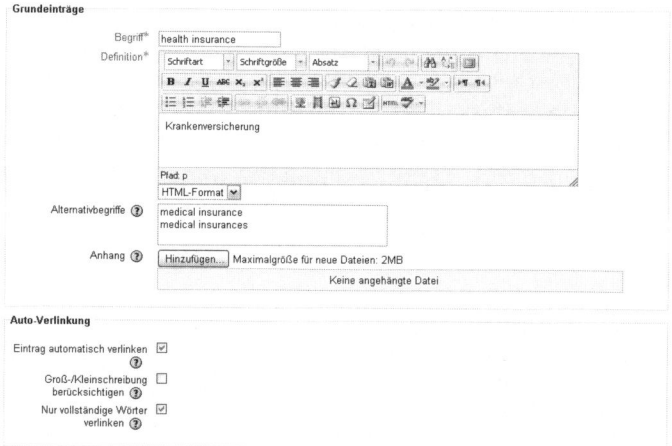

Im Bereich **Grundeinstellungen** erfassen Sie den **Begriff** und seine **Definition**. Bereits angelegte Kategorien werden angezeigt und können von Ihnen ausgewählt werden. Zusätzlich können Sie Synonyme im Feld **Alternativbegriffe** auflisten. Jedes Synonym muss für sich in einer eigenen Zeile stehen. Auch die Alternativbegriffe berücksichtigt Moodle bei der automatischen Verlinkung. Jeder Glossareintrag kann einen **Anhang** in Form einer Datei aufnehmen.

Haben Sie das Glossar für die Auto-Verlinkung freigegeben, legen Sie über **Eintrag automatisch verlinkt** fest, dass der gerade erklärte Begriff dabei berücksichtigt wird. Wenn ja, können Sie festlegen, ob bei der Erkennung des Begriffs die **Groß-/Kleinschreibung berücksichtigt** werden soll.

Es empfiehlt sich, die Option **Nur vollständige Wörter verlinken** zu aktivieren. Andernfalls sucht Moodle auch innerhalb von Wörtern nach dem Auftreten des Glossarbegriffs. Haben Sie das Wort „Internat" in Ihr Glossar aufgenommen, ohne nur vollständige Wörter zu verlinken, wird es auch im Begriff „Die Internationale" verlinkt. Das ausschließliche Verlinken vollständiger Wörter hat seinerseits den Nachteil, dass Moodle Begriffe in ihrer Genitiv- oder Pluralform abhängig von der Flexion nicht erkennt. Hier bietet die Erfassung von **Alternativbegriffen** eine gewisse Abhilfe.

Die Erfassung des Eintrags beenden Sie über die Schaltfläche **Änderungen speichern**.

Arbeit mit dem Glossar

Als Lehrende können Sie jeden Glossareintrag über die Symbole am rechten Rand ins Hauptglossar übertragen, löschen oder seine Eigenschaften bearbeiten (Abbildung 3.34). Ist das Glossar zur Kommentierung freigegeben, können Sie über **Kommentare** einen Eingabebereich öffnen. Das Druckersymbol rechts oben zeigt die aktuelle Liste als Druckansicht in einem neuen Fenster. Zum Ausdruck benutzt man dann die entsprechende Funktion des Webbrowsers.

Abbildung 3.34:
Eine Glossarseite

Wie Abbildung 3.34 ebenfalls zeigt, erlauben Glossare, auf verschiedene Weise nach Einträgen zu suchen:

Suchen

Sie können einen Begriff eingeben und über die **Suchen**-Schaltfläche suchen. Ist das Auswahlkästchen **Volltext-Suche** aktiviert, berücksichtigt Moodle nicht nur die erfassten Begriffe, sondern auch deren Definitionen.

Anzeigen nach Kriterium

Über vier Registerkarten sortieren Sie die Anzeige nach **Alphabet**, **Kategorie**, **Datum** und **Autor/in**. Die Karte Anzeige nach **Alphabet** erlaubt es zudem, das Glossar über einen alphabetischen Index zu durchsuchen. Bei entsprechender Konfiguration (siehe Seite 142) enthält er mit dem Sonderzeichen @ und/oder **Alle** zwei zusätzliche Links.

Glossareinträge lassen sich verschiedenen selbst definierten Kategorien zuweisen. Diese legen Sie in der Registerkarte Anzeige **nach Kategorien** über die Schaltfläche **Kategorien bearbeiten** an und bearbeiten sie auch dort. Als Kategorien können Sachgebiete dienen oder für den Sprachunterricht Wortfelder oder auch Wortarten.

Jeder Begriff lässt sich mehreren Kategorien zuordnen, die Anzeige kann sich auf einzelne Kategorien beschränken. Zeigt Moodle alle Kategorien an, führt es Einträge, die mehreren Kategorien zugeordnet sind, mehrfach auf.

In der Registerkarte Anzeige nach **Datum** können Sie sich die Einträge chronologisch nach dem **Erstellungs-** oder dem **Änderungsdatum** auflisten lassen.

Die Karte Anzeige nach **Autor/in** erlaubt die alphabetische Suche nach **Vor-** oder **Nachnamen** über den Index, die Moodle entweder auf- oder absteigend sortiert. Zwischen beiden Reihenfolgen wechseln Sie mit dem kleinen grauen Pfeil neben **Vorname** bzw. **Nachname**.

Einträge importieren oder **Glossar exportieren**

Beim Export der Einträge eines Glossars erzeugt Moodle eine Datei in einem speziellen XML-Format. Einträge aus anderen, zuvor exportierten Glossaren lassen sich durch Angabe der zugehörigen XML-Datei dem aktuellen Glossar einverleiben oder in ein neues Glossar einfügen. Import und Export starten Sie über die Glossar-Administration.

3.3.8 Fragen für Tests erfassen

Moodle ist darauf eingerichtet, eine Vielzahl von Fragen zu verwalten, aus denen Sie unterschiedliche Tests zusammenstellen. Die Fragen können für einen Kurs zu einem Thema erfasst werden oder im ganzen Moodle-System zur Verfügung stehen. Unter **Kurs-Administration | Fragenliste** finden Sie vier Unterpunkte. Der Eintrag **Fragen** dient der Erfassung und Verwaltung der einzelnen Fragen. **Kategorien** ermöglicht es, Fragenlisten zu verschiedenen Themen oder Unterthemen anzulegen, die Ihnen bei der Zusammenstellung eines Tests helfen. Die Wiederverwendung von Fragen, die in anderen Moodle-Systemen, anderen Lernplattformen oder mit anderen Testwerkzeugen erstellt wurden, ermöglicht das Register **Import**. Auch der **Export** der im Moodle-System enthaltenen Fragen ist in verschiedenen Formaten möglich.[10]

[10] Die Moodle-Hilfe bietet hierzu weitergehende Informationen.

Zur Erfassung der Fragen wählen Sie aus dem Block **Kurs-Administration** den Eintrag **Fragenliste | Fragen**. Die Abbildung zur Fragenliste auf Seite 89 gibt Ihnen einen ersten Eindruck.[11] Im oberen Teil der **Fragenliste** finden sich Einstellungsfelder, mit denen Sie den Umfang der angezeigten Fragenliste beeinflussen. Zusätzlich zu den Fragen, die zur angegebenen **Kategorie** (siehe Seite 153) gehören, können Sie auch Fragen der **Unterkategorien einbeziehen** und anzeigen lassen. Zuvor gelöschte, aber noch im Moodle-System befindliche Fragen holen Sie mit **Auch alte Fragen anzeigen** wieder hervor. Schließlich ist es möglich, den **Fragentext in der Fragenliste mit anzeigen** zu lassen. Dies verlängert die Auflistung um ein Vielfaches und empfiehlt sich nur, wenn Sie die Fragen nicht (wieder er-)kennen.

Für alle bereits erfassten Fragen veranschaulicht ein kleines Symbol neben dem **Titel der Frage** deren **Typ**. Dessen Bedeutung erfahren Sie, wenn Sie den Mauszeiger darauf positionieren. **Bearbeiten**, **Vorschau** und **Löschen** von Fragen löst man über die üblichen Symbole aus. Die Reihenfolge der Fragen in der Liste lässt sich über den Doppelpfeil verändern. Die Liste gibt auch Auskunft darüber, wer die Frage (aus Sicht von Moodle) erstellt und wer sie zuletzt geändert hat. Ausgewählte Fragen können über die Buttons unterhalb der Fragenliste gelöscht oder in eine andere Kategorie oder Unterkategorie verschoben werden.

Fragen erfassen

Wollen Sie eine **neue Frage erstellen**, lässt sich deren Typ in einem Auswahlfenster festlegen (siehe Abbildung Seite 90). Hilfreich ist die genaue Beschreibung des Fragetyps, die angezeigt wird, sobald Sie eine Auswahl getroffen haben. Es stehen Ihnen die Fragen- bzw. Antworttypen **Berechnet**, **Berechnete Multiple-Choice-Frage**, **Einfachberechnet**, **Freitext**, **Kurzantwort**, **Lückentext**, **Multiple-Choice**, **Numerisch**, **Wahr/Falsch**, **Zufällige Kurzantwort-Zuordnung**, **Zuordnung** und **Beschreibung** zur Verfügung. Deren Bedeutung, Erstellung und Verwendung wird in diesem Abschnitt und im Anwendungsszenario „Lerntest Strom" in Kapitel 5.2 erläutert. Grundsätzlich müssen Sie für jede Frage neben dem Fragentext Informationen zur Bewertung sowie zu den Antwortmöglichkeiten angeben. Ein großer Teil der Einstellungen ist für alle Fragentypen gleich. Diese werden am Beispiel des Fragentyps **Kurzantwort** erklärt.

Fragetyp Kurzantwort

Fragen des Typs **Kurzantwort** lassen sich mit einem Wort oder Begriff beantworten (Abbildung 3.35). Grundsätzlich sind auch aus mehreren Wörtern bestehende Antworten möglich, diese müssen den Ler-

---

[11] Umfasst Ihr Kurs bereits einen Test, können Sie auch diesen Test aufrufen und im Register **Bearbeiten** das Register **Fragen bearbeiten** aktivieren. Diese Vorgehensweise wird auf Seite 161 genauer erläutert.

nenden aber als feststehender Ausdruck (z. B. „Hänsel und Gretel")
bekannt sein.

Abbildung 3.35:
Kurzantwort aus der
Sicht des
Teilnehmers

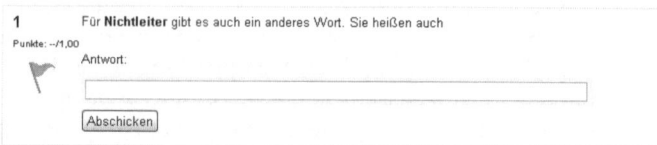

Im Bereich **Grundeinstellungen** (Abbildung 3.36) bestimmen Sie über
ein Auswahlmenü die **Kategorie** oder Unterkategorie, zu der die Frage
gehören soll. Anhand eines informativen **Titels der Frage** sollte sich
diese wiedererkennen lassen. Die Teilnehmer bekommen ihn nicht
zu sehen.

Abbildung 3.36:
Grundeinstellungen
zu Kurzantworten

Die Fragestellung erfassen Sie in gut verständlicher Form als **Fragentext**. Moodle speichert sie im **HTML-Format** ab. Diesen Fragentext
können Sie durch Grafiken illustrieren.[12]

Als **Standardbewertung** geben Sie die Punktzahl an, mit der die Frage
gewichtet werden soll. Der **Abzugsfaktor** ist nur dann von Bedeutung,
wenn Sie den Teilnehmern die mehrmalige Beantwortung einer Frage
während eines Testdurchlaufs erlauben. In diesem *adaptiven Modus*
zieht Moodle für jede falsche Antwort einen Anteil der erreichbaren
Punktzahl ab.

[12] Dafür steht im Moodle-Texteditor das Icon mit dem Baum zur Verfügung.

Der **Abzugsfaktor** kann zwischen 0 und 1 liegen. Der Wert 1 bedeutet, dass die unter **Standardbewertung** festgelegte Punktzahl nur bei einer richtigen Antwort im ersten Versuch vergeben werden. Der Wert 0 hat zur Folge, dass auch jede spätere richtige Antwort zur vollen Punktzahl führt. Der vorgegebene Wert 0.1 führt zu einem zehnprozentigen Abzug für jeden falschen Versuch. Bei richtiger Antwort im zweiten Anlauf vergibt Moodle so noch 90 Prozent der Punkte.

Für jede Frage lässt sich ein **Standard-Feedback** erfassen, das dem Teilnehmer angezeigt wird, unabhängig davon, ob seine Antwort richtig oder falsch war. Kommt es bei der Beantwortung auf die **Groß-/ Kleinschreibung** an, verändern Sie die Standardeinstellung entsprechend.

Zu jeder Frage müssen Sie wenigstens eine richtige Antwort erfassen (Abbildung 3.37). Daneben können Sie weitere richtige, teilrichtige oder falsche Antworten vorgeben. Wenn Sie falsche Antworten aufnehmen, geben Sie neben einer **Bewertung** unbedingt auch ein **Feedback**, das den Teilnehmer unmittelbar auf seinen Irrtum aufmerksam macht.

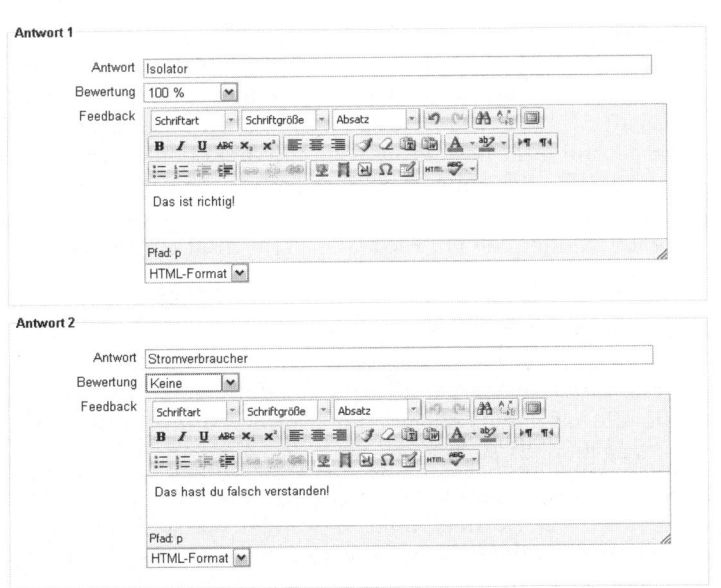

Abbildung 3.37:
Antworten festlegen

In welcher Reihenfolge Sie die Antworten erfassen, spielt für die Bewertung keine Rolle. Richtige Antworten bewerten Sie mit **100%**. Entsprechend können Sie teilrichtige Antworten mit geringeren Prozentsätzen gewichten. Falsche Anworten erhalten **keine** Bewertung.

Reichen die vorgegebenen Antwortfelder nicht aus, erzeugen Sie am Ende des Erfassungsformulars über die Schaltfläche **Leerfelder für 3 weitere Auswahlmöglichkeiten** weitere Vorlagen. Bei neu erzeugten Fragen steht Ihnen für jede Auswahl der Moodle-Texteditor zur Verfügung, so dass Sie Ihre Antworten entsprechend formatieren können. Bei importierten Fragen haben Sie gegebenenfalls die Möglichkeit das Textformat zu verändern, z. B. von **Moodle-Text-Format** zu **HTML-Format**.

Im Feld **Antwort** eingegeben, steht das Zeichen * stellvertretend für alle denkbaren Eingaben. Die Verwendung dieses Zeichens ist sinnvoll, wenn Sie den Teilnehmern ein Feedback für falsche Antworten geben wollen. Achten Sie aber darauf, dass Sie zunächst alle anderen Antwortmöglichkeiten, insbesondere die richtigen, erfassen. Bei der Auswertung arbeitet Moodle die Antworten in der von Ihnen vorgegebenen Reihenfolge ab. Sobald Moodle eine Übereinstimmung findet, bricht es die Überprüfung ab. Ist der Stern * als erste Antwort eingegeben, findet Moodle sofort eine Übereinstimmung und bewertet die Frage entsprechend. Nachfolgende Antwortmöglichkeiten werden nicht mehr ausgewertet. Dieses Verhalten gilt auch für die anderen Fragentypen, in denen Sie mehrere Antworten erfassen können.

Fragetyp Wahr/Falsch

Zur Beantwortung von Fragen vom Typ **Wahr/Falsch** muss der Teilnehmer entscheiden, ob die Aussage im Fragentext stimmt oder fehlerhaft ist. Bei der Erstellung einer solchen Frage legen Sie neben der Frage und ihrer Bewertung fest, ob **Wahr** oder **Falsch** die **positive Bewertung für die Antwort** nach sich zieht. Nur dann gibt es die unter **Standardbewertung** angegebene Punktzahl. Zu den Antwortmöglichkeiten können Sie ein **Feedback (Wahr)** und ein **Feedback (Falsch)** erfassen.

Fragetyp Numerisch

Zur Beantwortung von Fragen des Typs **Numerisch** muss der Teilnehmer einen Wert und gegebenenfalls eine Maßeinheit angeben. Moodle ist darauf eingerichtet, sowohl sinnvoll mit Abweichungen umzugehen als auch Einheiten umzuwandeln.

Die Antworten bestehen aus numerischen Werten. Bei Dezimalzahlen wird ein Dezimalpunkt verwendet. Lässt sich eine numerische Frage nicht eindeutig beantworten oder gibt es gewisse Toleranzen, legt man den **Akzeptierten Fehler** fest. Um beispielsweise zu beschreiben, dass die Netzspannungen in Europa zwischen 220 und 240 V liegen, tragen Sie als **Antwort** den Wert 230 ein und bei **Akzeptierter Fehler** den Wert 10.

Die **Behandlung von Einheiten** bei der Beantwortung der Fragen lässt sich auf unterschiedliche Art festlegen. Die Eingabe einer Einheit kann mit bewertet werden oder Sie entscheiden sich dafür nur den Zahlenwert zu bewerten (siehe Abbildung 3.38). Sie können den Teilnehmern des Tests besondere **Erläuterungen** zu den Zahlenformaten und Einheiten geben. Erwarten Sie die Eingabe von (Maß-)Einheiten, geben Sie im Anschluss an die Antwortenerfassung bei **Einheit 1** eine Basis-**Einheit** an (im Beispiel Volt (V). Die Eingabe weiterer Einheiten wird über **Leerfeld für 2 weitere Abschnitte** möglich. Der Basiseinheit ist der **Multiplikator 1.** zugeordnet. Der Multiplikator beschreibt für abgeleitete Einheiten, in welchem Verhältnis die jeweilige Einheit zur Basiseinheit steht. Um auch die Eingabe in Millivolt (mV) zu ermöglichen, tragen Sie als zweite **Einheit** mV mit einem **Multiplikator** von 1000 ein. Mit diesen Ergänzungen akzeptiert Moodle die Antworten 230 V und 230000 mV gleichermaßen.

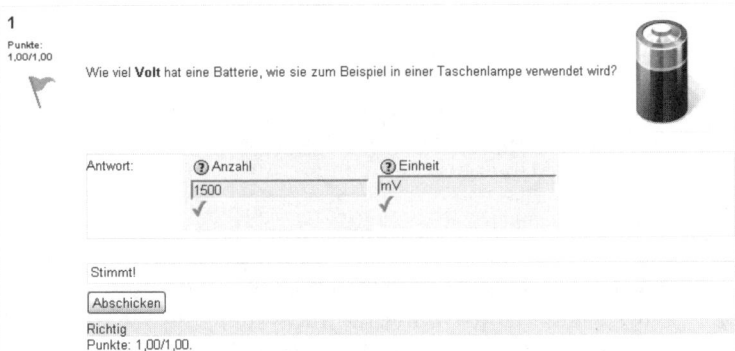

Abbildung 3.38:
Auswertung einer
numerischen Frage

Fragetyp Multiple Choice

Der Fragentyp **Multiple-Choice** bietet dem Teilnehmer mehrere Antwortmöglichkeiten zur Auswahl an, von der eine oder mehrere richtig sind. Zur Erstellung einer solchen Frage erfassen Sie diese **Auswahl**en und kennzeichnen die richtigen.

Neben dem **Titel der Frage**, dem **Fragetext**, Informationen zur **Bewertung** und dem **Standardfeedback** legen Sie fest, ob Sie **eine oder mehrere Antworten** erlauben. Moodle passt die Anzeige der Testfrage dementsprechend an und kontrolliert die Anzahl der markierten Antworten. Die Option **Antworten mischen** ist insbesondere dann sinnvoll, wenn der Test wiederholt bearbeitet wird. Die Nummerierung der Antwortmöglichkeiten lässt sich mit der Option **Fragen nummerieren?** anpassen oder unterdrücken.

Jede Auswahl, die Sie als Antwort auf eine Multiple-Choice-Frage anbieten, formulieren Sie fortlaufend in den **Antwort**-Feldern (Abbildung 3.39). Moodle bietet zunächst in den Bereichen **Auswahl 1** bis

Auswahl 5 Eingabefelder für fünf Antwortmöglichkeiten an, deren Anzahl über die Schaltfläche **Leerfelder für 3 weitere Auswahlen** gesteigert werden kann. Abbildung 3.39 veranschaulicht, wie man über die Option **Bewertung** kennzeichnet, welche Auswahlen falsch sind. Diese Antworten erhalten **Keine** Bewertung.

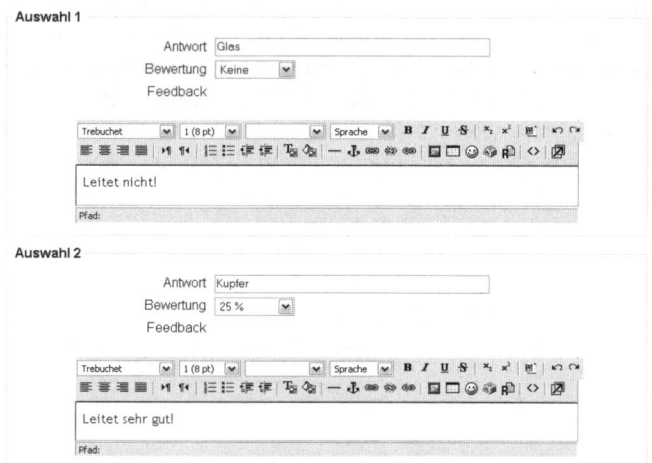

Abbildung 3.39:
Antwortmöglichkeiten
bei Multiple-Choice-
Fragen
erfassen

Für richtige Antworten wählen Sie unter **Bewertung** einen passenden Prozentsatz aus. Ist nur eine Antwort richtig, so ist dieser Prozentsatz auf **100%** zu setzen. Bei mehreren richtigen Antworten muss die Summe der Bewertungen 100 Prozent betragen. Andernfalls erzeugt Moodle nach **Änderungen speichern** eine Fehlermeldung im Abschnitt **Auswahl 1** (siehe Abbildung 3.40) und fordert zur Korrektur auf. Grundsätzlich sind auch negative Bewertungen erlaubt. Bei der Überprüfung werden dann alle Prozentsätze aufsummiert und müssen 100 ergeben. Der Sinn dieser Möglichkeit erschließt sich nicht sofort.

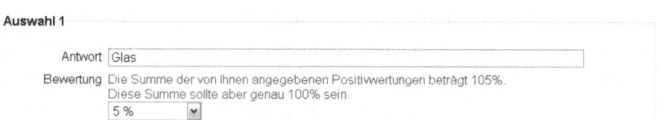

Abbildung 3.40:
Hinweis auf
fehlerhafte
Gesamtbewertung

Im Gesamtfeedback können Sie drei Rückmeldungen für die Teilnehmer formulieren (Abbildung 3.41): eine **für alle richtigen Antworten**, eine zweite **für alle teilrichtigen Antworten** und eine dritte **für alle falschen Antworten**. Bei der Übersetzung ins Deutsche haben die Moodle-Entwickler leider nicht konsequent zwischen Auswahlen und Antworten unterschieden: Beim Gesamtfeedback steht der Begriff *Antwort* für die einzelne Antwort oder eine Kombination der Auswahlen, die der Teilnehmer vorgenommen hat. Das Feedback für teilrichtige Antworten ist nur dann sinnvoll, wenn mehrere Antworten zugelassen werden.

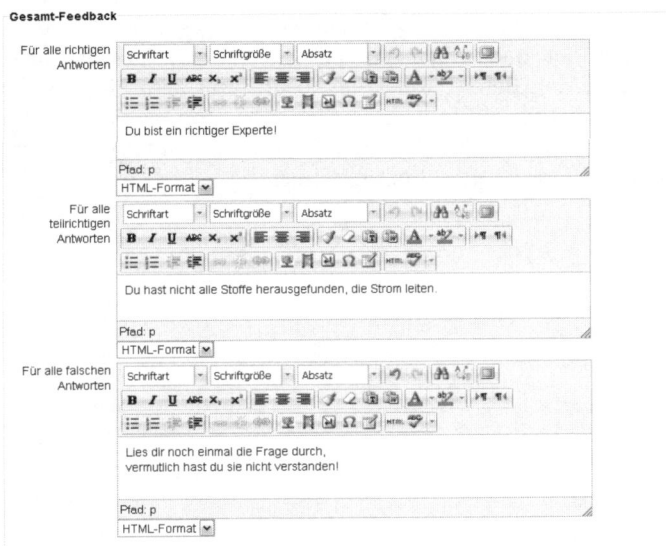

Abbildung 3.41: Gestaffeltes Gesamtfeedback bei Multiple-Choice-Fragen

Weitere Fragentypen wie Lückentexte und Zuordnungen, die umfangreichere Einstellungen erfordern, beschreibt das Anwendungsszenario „Lerntest Strom" ab Seite 222, dem auch die übrigen Beispiele in diesem Abschnitt entnommen sind.

Fragen in Kategorien organisieren

Statt Fragen in einer einzigen langen Liste zu sammeln, empfiehlt sich deren Kategorisierung. Eine Kategorie darf selbst wieder Unterkategorien enthalten. Auf diese Weise können Sie Fragen zu einem Thema sammeln und bei Bedarf thematisch zusammengehörige Fragen in Unterkategorien organisieren. Das erleichtert die Verwaltung und die Zusammenstellung von Tests.

Rufen Sie zunächst in der **Kurs-Administration | Fragenliste** den Unterpunkt **Kategorien** auf. Es öffnet sich das Fenster **Kategorien bearbeiten**, das eine Übersicht über die Fragenkategorien zum aktuellen Kurs, zu den übergeordneten Kursbereichen sowie zum Moodle-System (**Kernsystem**) selber gibt. Die Abbildung 3.42 zeigt für den Kurs „Lerntest Strom (Grundschule)" die Kategorie **Standard**, die Unterkategorie **Strom** und deren Unterkategorie

Fragen zur Glühbirne an. Da dieser Kurs zum Kursbereich „Anwendungsszenarien" gehört, werden auch diese Fragenkategorien mit aufgeführt.

Alle Nicht-Standard-Kategorien lassen sich zwischen den Fragenkategorien der Kurse und Kursbereiche verschieben. So wird die Unterkategorie **Fragen zur Glühbirne** durch zweimaliges Anwählen des nach links zeigenden Pfeilsymbols zu einer unabhängigen Kategorie. Mit den Pfeil-nach-unten- bzw. Pfeil-nach-oben-Icons lässt sich diese Kategorie schrittweise in den gewünschten Bereich verschieben und mit dem Pfeil nach rechts wieder als Unterkategorie einordnen. Die bekannten Icons zum Löschen einer Kategorie und zum Bearbeiten des Kategorie-Namens und der Kategorie-Information sind wie gewohnt zu benutzen.

Abbildung 3.42:
Testfragen in
Kategorien
organisieren

Dem aktuellen Kurs können Sie im unteren Bereich **Kategorien hinzufügen**. Wollen Sie eine normale Kategorie anlegen, wählen Sie unter **Übergeordnete Kategorie** den ungewöhnlich benannten Eintrag **Oben** im passenden Kurs oder Kursbereich aus (Abbildung 3.43).

Abbildung 3.43:
Zuordnung von
Kategorien zu Kursen
oder Kursbereichen

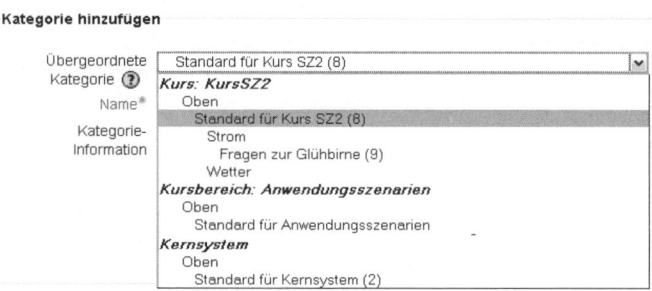

Üblicherweise wollen Sie in Ihrem Kurs eine Kategorie ergänzen. Dazu wählen Sie **Oben** aus der zweiten Zeile der Auswahlbox. Für eine Unterkategorie wählen Sie in dieser Liste die passende übergeordnete Kategorie aus allen zugänglichen Kursen und Kursbereichen. Für die neue Kategorie ist ein **Name** Pflicht und die Angabe einer **Kategorie-Information** empfehlenswert. Abschließend fügen Sie sie über die entsprechende Schaltfläche hinzu.

3.3.9 Tests erstellen

Wählt man im Bearbeitungsmodus der Kursansicht **Aktivität anlegen... | Test**, erscheint die umfangreiche Einstellungsmaske des neuen Tests (Abbildung 3.44).

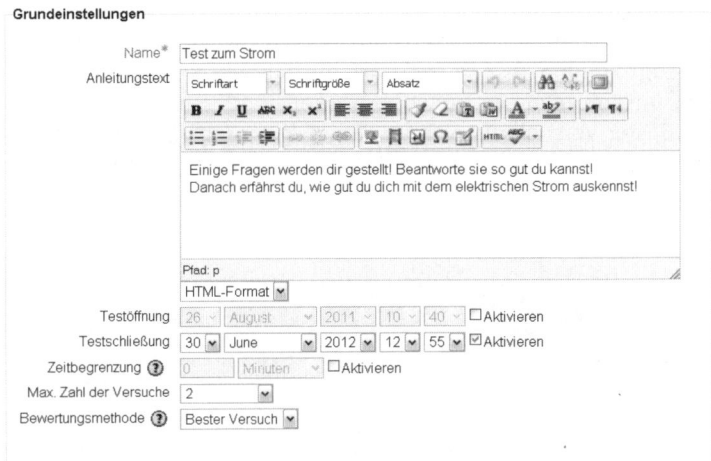

Abbildung 3.44:
Grundeinstellungen
für Tests

Vergessen Sie dabei nicht, dass ein Test erst vollständig ist, wenn Sie aus der Fragenliste Testfragen aufnehmen (siehe Seite 163).

Wie üblich vergeben Sie im Bereich **Grundeinsrellungen** zunächst einen **Namen** für Ihren Test und informieren die Teilnehmer mit dem **Anleitungstext** über das Thema des Tests und darüber, was sie tun sollen.

Mit den Einträgen **Testöffnung** und **Testschließung** bestimmen Sie, in welchem Zeitraum der Test stattfindet. Wenn Sie die Testöffnung **Aktivieren**, steht er den Teilnehmern zur Verfügung, sobald Sie ihn fertiggestellt haben, oder Sie geben selber einen Starttermin über die Eingabefelder ein. Sollen alle Teilnehmer den Test zu einem bestimmten Zeitpunkt bearbeitet haben, tragen Sie das gewünschte Datum bei **Testschließung** ein und **aktivieren** die Testschließung. Ohne diese Aktivierung der Testschließung können die Teilnehmer den Test bis auf Weiteres bearbeiten.

Dazu haben die Teilnehmer beliebig viel Zeit, es sei denn, Sie geben eine **Zeitbegrenzung** vor. Dazu klicken Sie zunächst das Kästchen vor **Aktivieren** an und geben dann die gewünschte Bearbeitungszeit in Sekunden, Minuten, Stunden oder Tagen ein. Während der Bearbeitung des Tests blendet Moodle ein Fenster ein, das die verbleibende Zeit anzeigt. Gerade jüngere Schülerinnen und Schüler setzt das oft unnötig unter Druck.

Kommt ein Teilnehmer nicht mit der vorgegebenen Zeit aus, speichert Moodle den Zustand am Ende der Bearbeitung. Verlässt ein Teilnehmer den Test vorzeitig, ohne ihn fertig bearbeitet zu haben, zählt Moodle intern die Zeit weiter. Der Teilnehmer kann seine Bearbeitungszeit damit nicht verlängern.[13] Sie können die **Max. Zahl der Versuche** unbegrenzt lassen oder genau vorgeben. Im Bereich **Weitere Beschränkungen bei Versuchen** lassen sich auch Wartezeiten zwischen den Versuchen bestimmen.

Räumen Sie den Teilnehmern mehrere Versuche ein, kann Moodle vier verschiedene **Bewertungsmethoden** anwenden: auf der Basis des besten, des ersten oder des letzten Versuchs oder anhand des Durchschnitts aller Versuche. Setzen Sie den Test so ein, dass die Teilnehmer mehrere Durchgänge haben, um ihn nach und nach zu vervollständigen, ist die Bewertungsmethode **Bester Versuch** die richtige. Die Bewertungsmethode bezieht sich immer auf einen abgeschlossenen Testdurchgang, der adaptive Modus zur Bewertung einzelner Antworten ist davon unabhängig.

Abbildung 3.45:
Einstellungen zum
Layout und zum
Frageverhalten für
Tests

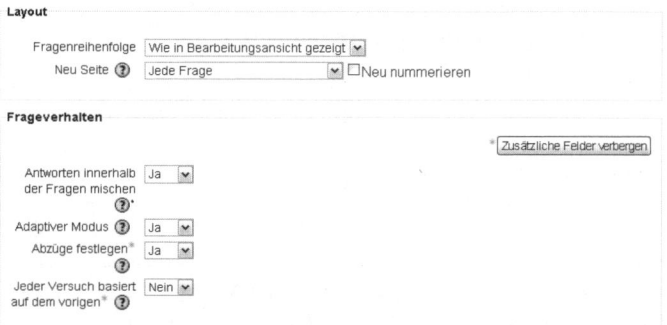

Im Bereich **Layout** (siehe Abbildung 3.45) können Sie die **Fragenreihenfolge** bestimmen. Indem Sie die Fragen für Ihren Test auswählen und anordnen (siehe Seite 163), bestimmen Sie auch deren Reihenfolge im Test. Diese bleibt unverändert, wenn Sie die Option **Wie in Bearbeitungsansicht gezeigt** wählen. Mit der Option **Zufällige Reihenfolge** ordnet Moodle die Fragen bei jedem Versuch erneut zufällig an. Die Einstellung **Neue Seite** legt fest, ob **jede Frage** auf einer neuen Seite erscheinen soll, ob **alle Fragen auf einer**

---

[13] Damit die Zeitfunktion korrekt funktioniert, muss der Browser JavaScript unterstützen. Bei Mozilla Firefox markieren Sie dazu unter **Extras | Einstellungen | Inhalt** die Option **JavaScript aktivieren**.

Seite darzustellen. Alternativ legen Sie die Fragenzahl pro Seite fest. Enthält der Test 12 Fragen und stellen Sie diesen Parameter auf **Nach 3 Fragen** ein, präsentiert Moodle einen vierseitigen Test. Möglich sind ein bis zu 50 Fragen pro Seite. Die Fragen werden fortlaufend nummeriert, es sei denn, Sie entscheiden sich für auf jeder Seite **Neu nummerieren**.

Im Bereich **Frageverhalten** können Sie die Durchführung des Tests beeinflussen. Mit der Option **Antworten innerhalb der Fragen mischen** verändert Moodle auch die Abfolge der vorgegebenen Antworten z.B. bei Multiple-Choice-Fragen. Das Mischen der Antworten verhindern Sie per Frage bei deren Erfassung (siehe Seite 146), indem Sie dort die Option **Antworten mischen** ausschalten.

Das Mischen der Fragen und Antworten erschwert zum einen das gegenseitige Abschreiben, zum anderen verhindert die veränderte Reihenfolge, dass die Teilnehmer die Bedeutung von Begriffen oder Vokabeln anhand ihrer Abfolge erschließen. Die wiederholte Testbearbeitung wird anspruchsvoller und für das Lernen effektiver.

Entscheiden Sie sich für **Adaptiver Modus**, kann der Teilnehmer jede Frage über die Schaltfläche **Abschicken** einzeln auswerten lassen und seine Antwort auch aufgrund der Rückmeldung verändern. Dieser Modus dient weniger der Überprüfung des Lernstandes als dem Lernen selbst. Bei der Erstellung der Fragen können Sie für den adaptiven Modus einen Punktabzug (siehe Seite 163) definieren. Gibt ein Teilnehmer erst nach mehreren Anläufen die richtige Antwort, erhält er weniger Punkte. Sie unterbinden dies, wenn Sie die Option **Abzüge festlegen** auf **Nein** setzen.

Um den Teilnehmern in jedem Testdurchgang einen neuen, unbearbeiteten Test anzubieten, setzen Sie die Einstellung **Jeder Versuch basiert auf dem vorigen** auf **Nein**. Sollen sie ihren Test in mehreren, aufeinanderfolgenden Durchgängen fertig stellen dürfen, wählen Sie **Ja**.

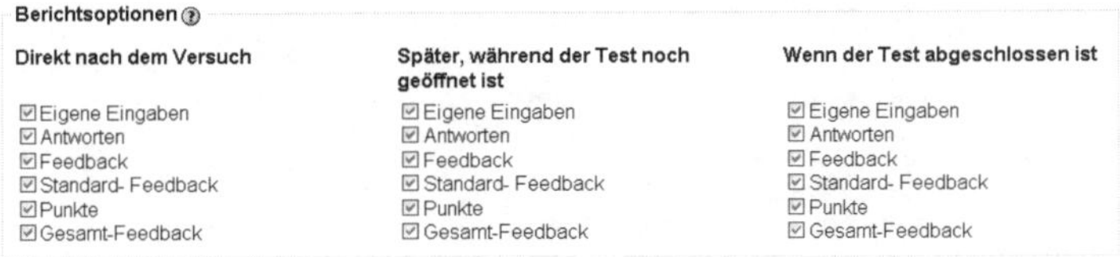

Abbildung 3.46:
Abschnitt
Berichtsoptionen für
Tests

Nach der Bearbeitung des Tests erhalten die Teilnehmer in der Regel eine Rückmeldung. Sie bestimmen im Abschnitt **Berichtsoptionen**, zu welchem Zeitpunkt dies geschieht und woraus sie besteht. Folgende Zeitpunkte stehen zur Verfügung:

Direkt nach dem Versuch

Das System erstellt seinen Bericht innerhalb von zwei Minuten, nachdem der Teilnehmer den Test zur Bewertung freigegeben hat.

Später, während der Test noch geöffnet ist
Wann und ob der Test geschlossen wird, haben Sie über die **Zeitsteue-rung** eingestellt. Tests, deren Schließungszeit noch nicht erreicht ist, gelten als offen. Die sehr vage Angabe „später" wird in der Moodle-Dokumentation nicht näher erläutert.

Wenn der Test abgeschlossen ist
Sobald der Zeitpunkt der Testschließung erreicht ist, stellt Moodle den Bericht zusammen.

Wollen Sie vermeiden, dass die richtigen Antworten vor der Testschließung „durchsickern", aktivieren Sie die Option **Antworten** ausschließlich in der dritten Spalte.

Ein Bericht besteht aus maximal sechs Teilen: den **eigenen Eingaben** des Teilnehmers, den korrekten **Antworten**, dem **Feedback** zur Eingabe des Teil-nehmers, dem **Standardfeedback** und den erreichten **Punkten**. Mit Ausnah-me der Eingaben haben Sie die nötigen Informationen festgelegt, als Sie die Fragen erstellten. Den letzten, optionalen Teil eines Berichts bildet das Gesamt-Feedback, das Moodle aufgrund der erreichten Punktzahl ermit-telt. Die prozentuale Abstufung und die zugehörigen Kommentare erfassen Sie im Bereich **Gesamt-Feedback** (siehe Seite 159) am Ende der Testeinstel-lungen.

Abbildung 3.47:
Die Abschnitte
Anzeige und Weitere
Beschränkungen bei
Versuchen

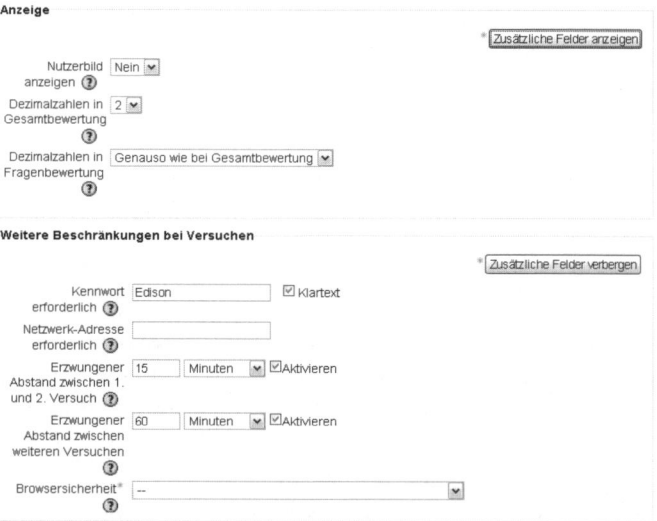

Die Einstellung **Nutzerbild anzeigen** im Abschnitt **Anzeige** bewirkt, dass der Name und das Profilbild des Teilnehmers während des Testversuches sicht-bar sind. So können Sie leichter feststellen, ob ein Teilnehmer für sich selbst oder eine andere Person die Testfragen beantwortet. Dies ist eine erste Maßnahme, die Moodle bereitstellt, um Täuschungsversuche bei Tests zu verhindern.

Mit der Option **Dezimalzahlen in (der) Gesamtbewertung** verzichten Sie auf Nachkommastellen oder wählen deren Anzahl zwischen **1** und **5**. Unter **Dezimalziffern in Fragenbewertung** verändern Sie diese Anzahl für die Bewertungen zu den einzelnen Fragen oder verfahren **genauso wie bei (der) Gesamtbewertung**. Eine Beschränkung auf 1 oder 2 Nachkommastellen erhöht sicherlich die Übersichtlichkeit. Die Kursblöcke können bei den Testversuchen ausgeblendet werden (**Blöcke bei den Testversuchen zeigen: Nein**).

Die Maßnahmen im Abschnitt **Weitere Beschränkungen bei Versuchen** können Betrugsversuche der Teilnehmer nur erschweren. Um sie zu unterbinden, fehlen Moodle derzeit die technischen Voraussetzungen.

Indem Sie ein Kennwort für den Test vergeben, können Sie den Teilnehmerkreis mit **Kennwort erforderlich** auf jene beschränken, die dieses Passwort kennen. Es ist vor jedem Testversuch einzugeben. Ihre Eingabe kann verdeckt oder lesbar, also im **Klartext**, erfolgen. Zusätzlich ist es möglich, Tests nur auf Rechnern durchführen zu lassen, deren Netzwerkadresse Sie festlegen.

Wenn Sie den Teilnehmern mehrere Versuche für den Test erlauben, können Sie ihnen Pausen zwischen den Versuchen vorschreiben. Deren Dauer kann zwischen wenigen Sekunden und vielen Tagen liegen. Den **erzwungenen Abstand zwischen dem 1. und 2. Versuch** können Sie anders einstellen als die **erzwungenen Abstände zwischen weiteren Versuchen**. Deaktivieren Sie die **erzwungenen Abstände**, dürfen die Teilnehmer den Test ohne Unterbrechung so oft wiederholen, wie die **Max. Zahl der Versuche** im Bereich **Grundeinstellungen** vorgibt.

Die Auswahl **Vollbild-Popup mit einer gewissen Javascript-Sicherheit** unter **Browsersicherheit** schränkt Maus- und Tastaturbefehle ein, was z. B. das Kopieren von Textteilen erschwert.

Der Abschnitt **Gesamt-Feedback** (Abbildung 3.48) erlaubt es, den Teilnehmern eine Rückmeldung darüber geben, wie Sie die im Test erreichte Prozentzahl bewerten. Dazu legen Sie für bestimmte Prozentbereiche Kommentare fest. Im Beispiel erhält ein Teilnehmer mit einer Prozentzahl, die zwischen 80 und 90 Prozent liegt, das **Feedback** „Prima, du weißt sehr gut Bescheid!". Zwischen 60 und 0 Prozent wird er zum Nacharbeiten aufgefordert. Feedback-Felder, die Sie nicht brauchen, lassen Sie einfach frei. Um das Feedback feiner zu staffeln, können Sie die Anzahl der Feedback-Einträge über die Schaltfläche **3 weitere Feedbackfelder hinzufügen** erhöhen. Unter **Berichtsoptionen** haben Sie eingestellt, ob und wann ein Teilnehmer das Gesamt-Feedback sieht. Gerade bei der Festlegung des Gesamt-Feedbacks führt die Verwendung des Moodle-Texteditors zu sehr langen Eingabebereichen, die in der Abbildung 3.48 verkürzt dargestellt sind.

Abbildung 3.48:
Gesamt-Feedback-
Einträge für einen
Test

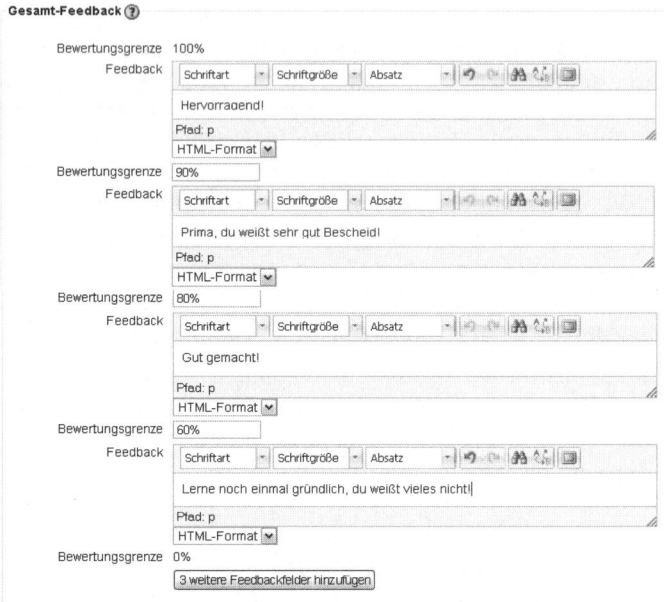

Abbildung 3.48:
Gesamt-Feedback-
Einträge für einen
Test

Abbildung 3.49 zeigt den Abschnitt **Weitere Modul-Einstellungen**. Hier legen Sie fest, ob (und wie) in einzelnen Gruppen oder Gruppierungen gearbeitet werden soll (siehe auch Seite 80), sofern dies nicht kursweit für sämtliche Aktivitäten festgelegt ist (siehe Seite 112). In der Regel stellen sich einzelne Teilnehmer den Tests, so dass die Option **Keine Gruppen** unverändert bleiben kann. Auch Gruppierungen werden in der Regel nicht benötigt. Damit der Test für die Teilnehmer zu sehen ist, müssen Sie die Option **Sichtbar** auf **Anzeigen** einstellen. Die **ID-Nummer** kann frei gewählt werden und wird nur in besonderen Fällen der Bewertungsberechnung gebraucht. Damit sind alle Einstellungen vorgenommen und der konfigurierte Test kann gespeichert werden.

Abbildung 3.49:
Weitere
Modul-Einstellungen
für Tests

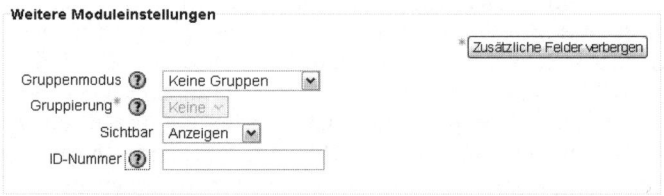

Test-Administration

Über die Test-Info erhalten Sie die wichtigsten Informationen über den Ablauf eines gestarteten Tests und eine Übersicht über die Versuche Ihrer Kursteilnehmer und deren Bewertungen. Zugriff auf diese Info und weitere Auswertungen oder Bearbeitungen der Ergebnisse ermöglicht der Navigations-Block. Für die weitere Verwaltung eines Tests stellt Moodle in der Test-Administration im Block Einstellungen vielfältige Möglichkeiten bereit.

▼ Test-Administration
  ▪ Einstellungen bearbeiten
  ▪ Lokal zugewiesene Rollen
  ▪ Rechte
  ▪ Rechte prüfen
  ▪ Filter
  ▪ Logdaten
  ▪ Sicherung
  ▪ Wiederherstellen
  ▪ Gruppenänderungen
  ▪ Nutzeränderungen
  ✎ Testeinstellungen bearbeiten
  🔍 Vorschau
  ▶ Fragenliste

Abbildung 3.50:
Elemente der
Test-Administration

Info

Die Kurs-Info wird Ihnen angezeigt, wenn Sie als Kursverwalter, Trainer oder Teilnehmer in der Kursansicht den Test auswählen. Alternativ können Sie im Block Navigation im aktuellen Kurs und Thema den Eintrag Info zu Ihrem Test anklicken. Zu den Informationen, mit denen sich ein Test (seinen Teilnehmern und Teilnehmerinnen) präsentiert, gehören sein Name, der einführende Text, die Bewertungsmethode, der Zeitraum, in dem er zur Verfügung steht, und unter Zusammenfassung der vorherigen Versuche, wie oft und mit welcher Bewertung der jeweilige Nutzer ihn bereits bearbeitet hat. Während der einzelne Teilnehmer nur seine Ergebnisse zu sehen bekommt, haben Sie als Lehrer die Möglichkeit, sich die Ergebnisse aller Versuche Ihrer Schülerinnen und Schüler anzusehen.

Ergebnisse

Zu der Ergebnisübersicht gelangen Sie entweder wie im vorigen Abschnitt Info beschrieben oder über den Navigations-Block. Neben der Bewertung aller durchgeführten Tests können weitere Aktionen mit den Ergebnissen durchgeführt werden (vgl. Seite 167). Dazu gehört die Neubewertung bereits durchgeführter Versuche, um veränderte Bewertungen bei Fragen zu berücksichtigen, wie auch die Kommentierung und Bewertung von Freitext-Fragen (**Freitext-Bewertung**). Zusätzlich können Sie sich Ergebnisanalysen anzeigen lassen: **Detailantworten** liefert eine Aufstellung aller gegebenen Antworten jedes Teilnehmers. Für die Auswertung der Testzusammenstellung mag die zusammenfassende **Statistik**, die zu jeder Frage bestimmte statistische Kennzahlen liefert, von noch größerer Bedeutung sein. Alle diese Zusammenstellungen können Sie zu Berichten zusammengestellt in gängigen Dateiformaten herunterladen.

Weitere Möglichkeiten, einen Test zu verwalten, bestehen über die **Test-Administration** im Block **Einstellungen** (siehe Abbildung 3.50). An dieser Stelle werden nur die für die Test-Verwaltung spezifischen besprochen.

Einstellungen bearbeiten

Sie haben Zugriff auf die Einstellungen, die Sie beim Anlegen des Tests vorgenommen haben, und können sie verändern.

Nutzeränderungen

Haben Sie die Testwiederholung eingeschränkt, können Sie ausgewählten Teilnehmern erlauben, den Test ein weiteres Mal zu bearbeiten. Auch Änderungen der Laufzeit oder des Kennwortes können Sie für einzelne oder mehrere Teilnehmer vornehmen.

Testeinstellungen bearbeiten

Enthält ein Test noch *keine* Fragen, erlaubt es die Registerkarte **Test bearbeiten**, aus den im Kurs vorhandenen Testfragen eine Auswahl zu treffen.

Wurde der Test bereits von wenigstens einem Teilnehmer durchgeführt, ist es an dieser Stelle nur noch möglich, die einzelnen Fragen zu bearbeiten oder deren Bewertung und ihre Reihenfolge sowie das Seitenlayout des Tests zu ändern. In diesem Falle ist es sinnvoll, die gleichzeitige Anzeige der Fragenliste[14] über **Verbergen** auszublenden.

Die jeweilige Vorgehensweise wird im nachfolgenden Abschnitt **Fragen auswählen** auf Seite 163 detailliert beschrieben.

Vorschau

Der Vorschau-Modus erlaubt es Ihnen, den Test mit allen Fragen komplett zu prüfen und automatisch auszuwerten. Die Testergebnisse im Rahmen einer Vorschau werden nicht gespeichert und gehen nicht in eine Bewertung ein. Teilnehmern steht die Vorschau nicht zur Verfügung, ihre Antworten sollen ja zu einer (dauerhaften) Bewertung führen.

---

[14] In der verwendeten Moodle Version 2.0 wird hierfür in einer blauen Fläche der Text **Die Frage-Reihe** beinhaltet gefolgt von **Anzeigen** bzw. **Verbergen** eingeblendet. Vermutlich ist „Frage-Reihe" eine fehlerhafte Übersetzung und müsste durch „Fragenliste" ersetzt werden.

Fragenliste

Sie können auf die Fragenliste und damit auf die kategorisierten Fragen des Moodle-Systems (siehe Seite 146) zugreifen.

Fragen auswählen

Nur mit den Grundeinstellungen ausgestattet, fehlt einem Test noch das Wesentliche: die Testfragen. Diese muss man zuerst in einer Fragenliste (siehe Seite 146) erfassen, bevor man sie einem Test zuordnen kann. Für die Zuordnung wählt man den Test im **Navigation**s-Block oder man klickt in der Themen- oder Wochenübersicht auf den Namen des Tests .

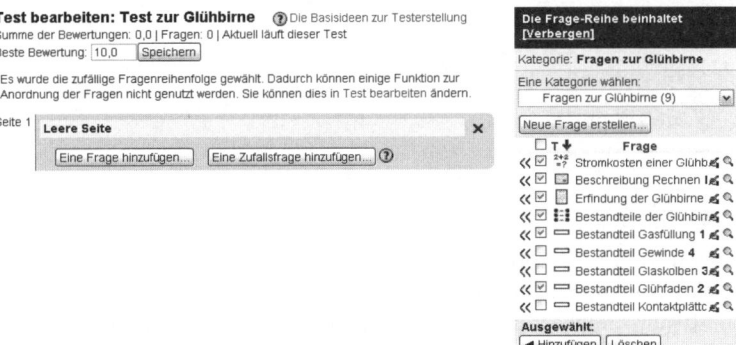

Abbildung 3.51: Fragen für einen Test auswählen

Der linke Teil der Registerkarte **Test bearbeiten** zeigt die dem Test zugeordneten Fragen, der rechten Bereich die Fragenliste des Kurses (Abbildung 3.51). Zu Beginn ist der linke Teil leer. In der Frageliste kann man die Anzeige der Fragen durch die Auswahl der passenden Kategorie begrenzen.

Um einzelne Fragen in den Test aufzunehmen, klickt man in der Frageliste neben der jeweiligen Frage auf den Doppelpfeil <<. Will man mehrere der angezeigten Fragen verwenden, wählt man sie über die vorangestellten Kästchen aus und weist sie dem Test unter **Ausgewählt** über den Button **Hinzufügen** zu.

Aufgelistete Fragen können über die bekannten Symbole bearbeitet, in einer Vorschau angezeigt oder aus dem Test entfernt werden. Wollen Sie die Zusammensetzung des Tests von Versuch zu Versuch oder zwischen den Teilnehmern variieren, können Sie eine **Zufallsfrage hinzufügen**.

Die **Reihenfolge** der Fragen im linken Bereich lässt sich mit den Pfeilsymbole verändern. Dies ist aber nur von Bedeutung, wenn man Moodle in den Grundeinstellungen des Tests verbietet, die Reihenfolge der Fragen zufällig zu ändern. Da der „Test zur Glühbirne" einen Hinweis für die Frage zur Berechnung der Stromkosten in Form einer **Beschreibung** enthält, muss die Beschreibung vor der Frage zu den „Stromkosten einer Glühbirne" platziert werden. Das Ergebnis zeigt Abbildung 3.52. Die zufällige Anordnung der Fragen im Test ist in den Testeinstellungen auszuschalten.

Abbildung 3.52:
Test mit Fragen

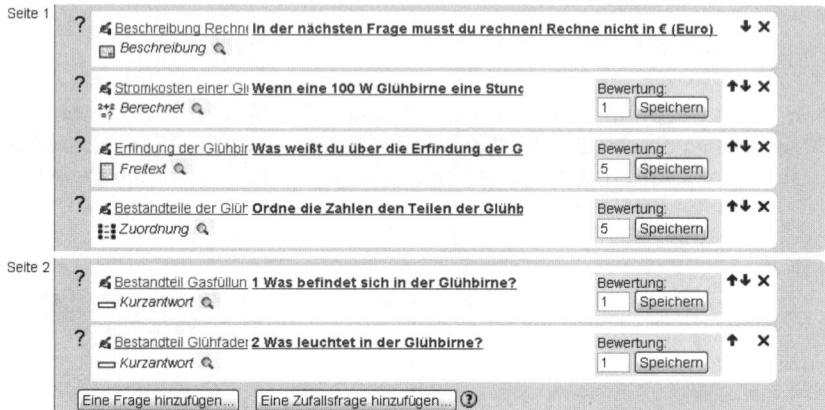

In der Spalte **Bewertung** führt man die für die Fragen vorgesehenen Bewertungspunkte auf; Moodle addiert sie automatisch. Für jede Frage kann die Punktzahl und somit das Gewicht der Frage im Test angepasst werden. Oberhalb der Fragen wird für den Test die Summe der Einzelbewertungen und die Anzahl der Fragen aufgeführt. Unter **Beste Bewertung** legen Sie fest, wie viele Punkte in diesem Test ingesamt vergeben werden, wenn ein Teilnehmer alle Fragen richtig beantwortet hat. Bitte achten Sie darauf, jede Veränderung einzeln über den Button **Speichern** zu bestätigen.

Angenommen ein Kurs enthält vier Tests, die jeweils ein Viertel der Lerninhalte abdecken. Jeder Test könnte dann mit 25 Punkten als **Beste Bewertung** versehen werden. Ein Teilnehmer, der alle vier Tests richtig beantwortet, erhielte dann 100 Punkte.

Da die Fragen eines Tests aber nicht zu einer Punktsumme von 25 führen müssen, bestimmt Moodle bei der Bewertung die Punktzahlen der einzelnen Fragen relativ zur **Besten Bewertung**. Ergeben die Punkte für die Fragen eines Tests die Punktsumme 20 und gibt es für die erste Frage maximal vier Punkte, also ein Fünftel der Punktsumme, liefert diese Frage bei einer besten Bewertung von 25 Punkten ein Fünftel davon, also bis zu fünf Punkte für die Gesamtbewertung.

Über die Registerkarte **Reihenfolge und Seitenumbrüche** (Abbildung 3.53) steuern Sie die Verteilung der Testfragen auf die Seiten. Jeder Frage ist eine Ordnungszahl zugeordnet. Vergeben werden die Zahlen 10, 20 , 30,... Möchten Sie die Frage mit der Ordnungszahl 60 zwischen der zweiten und dritten Frage einordnen, geben Sie Ihr eine Zahl zwischen 21 und 29 und starten eine **Neuanordnung der Fragen**. Sie können die Reihenfolge aller Fragen in einem Durchgang verändern. Alternativ haben Sie die Möglichkeit, über das Anklicken des Kästchens Fragen zu markieren und gezielt auf eine bestimmte Seite zu **verschieben**. Die Verteilung der Fragen auf die Seiten wird häufig ungleichmäßig ausfallen. Ein **neuer Seitenumbruch** schafft hier Abhilfe. Die Anzahl der Fragen pro Seite können Sie angeben, bevor die neue Aufteilung vorgenommen wird.

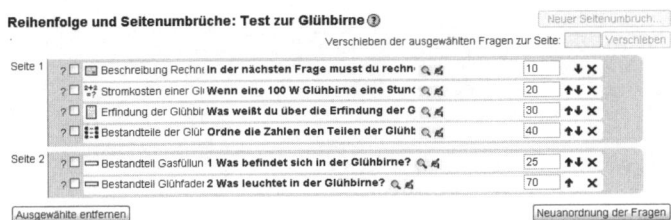

Abbildung 3.53:
Reihenfolge und
Seitenaufteilung

Tests verändern

Die Zusammenstellung der Fragen lässt sich nur solange verändern, wie noch kein Teilnehmer den entsprechenden Test bearbeitet hat. Ein Test, der bereits von einem Teilnehmer durchgeführt wurde, kann aber überarbeitet werden. So lassen sich Fehler in den Fragen korrigieren oder die Gewichtung der Fragen verändern.

Auf der Registerkarte **Test bearbeiten** steht dazu das Bearbeitungssymbol für jede Frage zur Verfügung. Bereits durchgeführte Tests der Teilnehmer können im Anschluss in der Ergebnisübersicht (siehe Seite 167) anhand der neuen Vorgaben neu bewertet werden.

Testvorschau für Teilnehmer unterbinden

Bevor die Lernenden – in Abhängigkeit von den Zeitvorgaben – den Test bearbeiten, sollte der Unterrichtende prüfen, ob sich der Test für die Teilnehmer im Vorschau-Modus (Abbildung 3.54) öffnet und ob er sich tatsächlich bearbeiten lässt (Abbildung 3.55).

Abbildung 3.54:
Nur eine Vorschau

In der Vorschau können die Teilnehmer genau wie der Ersteller des Tests sämtliche Fragen einsehen, bearbeiten und auswerten lassen. Moodle speichert die hierbei gemachten Angaben aber nicht, so dass der Unterrichtende keine bleibende Bewertung erzielt. Dass Teilnehmer die Vorschau überhaupt einsehen dürfen, hängt in der Regel mit ungünstig gesetzten Rechten für die Rolle **Teilnehmer/in** zusammen.

Abbildung 3.55:
Korrekter Start eines
Tests

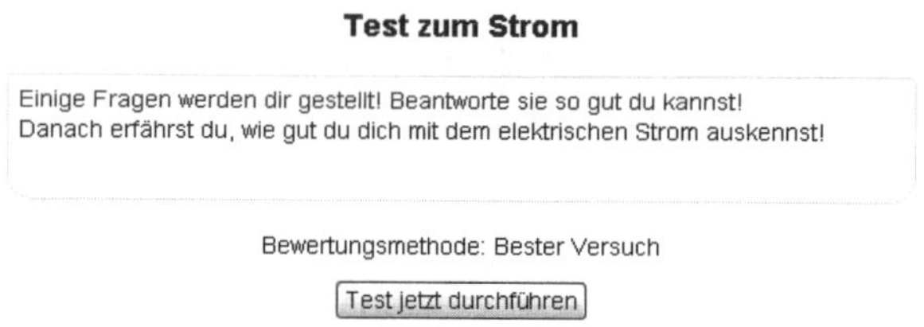

Test zum Strom

Einige Fragen werden dir gestellt! Beantworte sie so gut du kannst!
Danach erfährst du, wie gut du dich mit dem elektrischen Strom auskennst!

Bewertungsmethode: Bester Versuch

[Test jetzt durchführen]

Für den einzelnen Test kann man Abhilfe schaffen, indem man in der Test-Administration (Abbildung 3.50) **Rechte** anklickt und unter **Erweiterte Rollenänderung Teilnehmer/in** auswählt (Abbildung 3.56). Suchen Sie nun auf Seite **Rechte für die Rolle Teilnehmer/in …** im Bereich **Aktivität: Test** das Recht **Test-Vorschau** und markieren die Einstellung **Entziehen** (Abbildung 3.57). Verlassen Sie diesen Bereich über **Änderungen speichern**, speichert Moodle diese Anpassung.

Abbildung 3.56:
Zugriffsrechte für
einen Test anpassen

Rechte für Test: Test zum Strom

Erweiterte Rollenänderung [Teilnehmer/in (0) ▾]

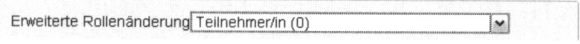

Abbildung 3.57:
Testvorschau für
Teilnehmer
unterbinden

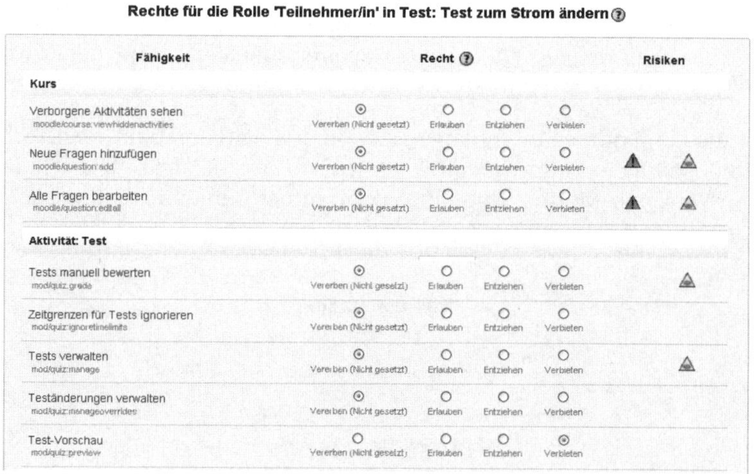

Rechte für die Rolle 'Teilnehmer/in' in Test: Test zum Strom ändern ⑦

Fähigkeit	Recht ⑦				Risiken
Kurs					
Verborgene Aktivitäten sehen moodle/course:viewhiddenactivities	⊙ Vererben (Nicht gesetzt)	○ Erlauben	○ Entziehen	○ Verbieten	
Neue Fragen hinzufügen moodle/question:add	⊙ Vererben (Nicht gesetzt)	○ Erlauben	○ Entziehen	○ Verbieten	⚠ ⚠
Alle Fragen bearbeiten moodle/question:editall	⊙ Vererben (Nicht gesetzt)	○ Erlauben	○ Entziehen	○ Verbieten	⚠ ⚠
Aktivität: Test					
Tests manuell bewerten mod/quiz:grade	⊙ Vererben (Nicht gesetzt)	○ Erlauben	○ Entziehen	○ Verbieten	⚠
Zeitgrenzen für Tests ignorieren mod/quiz:ignoretimelimits	⊙ Vererben (Nicht gesetzt)	○ Erlauben	○ Entziehen	○ Verbieten	
Tests verwalten mod/quiz:manage	⊙ Vererben (Nicht gesetzt)	○ Erlauben	○ Entziehen	○ Verbieten	⚠
Teständerungen verwalten mod/quiz:manageoverrides	⊙ Vererben (Nicht gesetzt)	○ Erlauben	○ Entziehen	○ Verbieten	
Test-Vorschau mod/quiz:preview	○ Vererben (Nicht gesetzt)	○ Erlauben	○ Entziehen	⊙ Verbieten	

Bewertungen einsehen

Für jeden Test erstellt Moodle eine Übersicht über die **Ergebnisse** der Testversuche der Teilnehmer mit den Bewertungen. Diese erreichen Sie bei aktiviertem Test über den Block **Navigation** (siehe Abbildung 3.58).

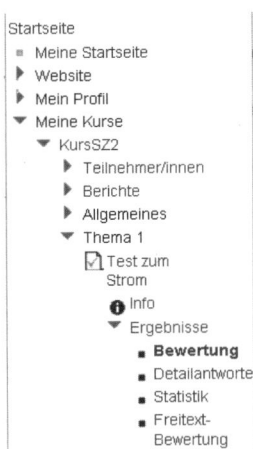

Startseite
- Meine Startseite
▶ Website
▶ Mein Profil
▼ Meine Kurse
  ▼ KursSZ2
    ▶ Teilnehmer/innen
    ▶ Berichte
    ▶ Allgemeines
    ▼ Thema 1
      ☑ Test zum Strom
      ℹ Info
      ▼ Ergebnisse
        ■ **Bewertung**
        ■ Detailantworte
        ■ Statistik
        ■ Freitext-Bewertung

Abbildung 3.58:
Abruf der Ergebnisse
zu einem Test

Daneben gibt es mit **Detailantworten** die Möglichkeit zu einer Analyse aller gegebenen Antworten, einer Ergebnisanalyse in Form einer **Statistik** und die **Freitext-Bewertung**:

Übersicht

Die Übersichtsanzeige (Abbildung 3.59) führt die Testergebnisse aller Teilnehmenden auf. Die Liste lässt sich beispielsweise nach **Vor-** oder **Nachname** sowie nach der **Bewertung** auf- oder absteigend sortieren. Dazu klicken Sie die jeweilige Spaltenüberschrift ein- oder zweimal an und bewirken so die gewünschte Sortierung.

Die blau gefärbten Einträge in den Tabellenfeldern liefern weitere Informationen. So können Sie sich anhand der kompletten Auswertung des Tests ein Bild über die Leistung eines Teilnehmers machen, indem Sie dessen Punktzahl in der Spalte **Bewertung** aktivieren. Einen schnellen Überblick erlaubt die Anzeigeoption **Bewertung für jede Frage**, mit der die Auflistung um die Punktwertungen für die einzelnen Testfragen ergänzt wird. Versuche der Teilnehmer können über das vorangestellte leere Kästchen ausgewählt und über **Ausgewählte Versuche löschen** entfernt werden, so dass sie die statistische Analyse nicht beeinflussen oder verfälschen. Da die Statistik derzeit nur alle ersten Versuche oder alle Versuche berücksichtigt, werden beispielsweise nicht automatisch die **besten Versuche** bei der Berechnung verwendet. Eine statistische Bewertung aller besten Versuche können Sie herbeiführen, indem Sie alle Versuche mit schlechteren Resultaten löschen.

Abbildung 3.59:
Übersicht über die
Testergebnisse der
Teilnehmer

Alle Ergebnisse oder die ausgewählter Teilnehmer lassen sich mit **Tabellendaten laden als** in verschiedenen Listenformaten auf den eigenen Rechner herunterladen. So können sie in die normalen Unterlagen übernommen oder in Tabellenkalkulationsprogrammen wie LibreOffice Calc oder Microsoft Excel weiterverarbeitet werden.

Über weitere **Einstellungen für diese Seite** und **Ihre Einstellungen für diesen Bericht** können Sie zudem das Erscheinungsbild jeder Seite, des gesamten Berichtes und des Downloads beeinflussen. Bei den Seiteneinstellungen ist für die Option **Einschließen** die Auswahl **Teilnehmer/innen mit Versuchen anzeigen** hilfreich, die die Liste auf tatsächliche Testdurchläufe beschränkt. Sie können sich aber auch **alle Versuche** oder **alle Teilnehmer/innen** des Kurses anzeigen lassen sowie nur jene, die noch nicht am Test teilgenommen haben. Besonders interessant sind die zusätzlichen Möglichkeiten die Anzeige zu beschränken auf **nur die Versuche der Nutzer, die bewertet werden** oder **die neu bewertet bzw. dafür markiert wurden**.

Unter **Ihre Einstellungen für diesen Bericht** bestimmt die Angabe **Seitengröße**, wie viele Versuche pro Seite angezeigt werden. Setzen Sie

Bewertungen für jede Frage auf Ja, so bekommen Sie neben der Gesamtbewertung die Punktwertung für die einzelnen Testfragen angezeigt oder im Download bereitgestellt. Die Anpassungen zeigen Wirkung, sobald Sie die Schaltfläche Bericht anzeigen betätigen.

Der Bericht wird abgeschlossen mit einem Diagramm, in der der Aspekt Gesamtzahl der Nutzer/innen, die einzelne Bewertungsstufen erreicht haben, veranschaulicht ist.

Neubewertung

Ab Moodle 2.0 ist die Neubewertung in die Testübersicht integriert. Die Neubewertung eines Tests wird nötig, wenn Sie die Bewertungskriterien (etwa die Punkteverteilung) im Nachhinein in irgendeiner Form verändert haben. Bereits abgelegte Tests gehen nicht verloren, Moodle bewertet sie aber anhand der Änderungen neu.

Neubewertungen sind auch erforderlich, wenn Sie feststellen, dass Sie die Antworten zu einer Frage falsch erfasst haben. Es empfiehlt sich, zunächst einen Probelauf einer vollständigen Neubewertung durchzuführen, um sich einen Eindruck über die betroffenen Versuche zu verschaffen. In die Übersicht wird eine neue Spalte Neu bewerten eingefügt, die mit benötigt die betroffenen Versuche kennzeichnet. Es genügt nun mit dem hinzugekommenen Button Versuche neu bewerten, die entsprechend markiert sind, die Bewertung zu aktualisieren. Bei Anklicken von Alle neu bewerten führt Moodle diese unverzüglich und ohne Nachfrage durch.[15] Diese Aktion lässt sich nicht widerrufen. Sie können über diese Aktion aber mit markierte Versuche neu bewerten auf ausgewählte Versuche begrenzen. In der Spalte Bewertung sind die Punktzahlen für die alte und die neue Bewertung gegenübergestellt.

Detailantworten

Für diesen Bericht können Sie in ähnlicher Weise wie bei der Übersicht einstellen, welche Versuche Sie einschließen und welche Seitengröße Sie möchten. Ein Download des Berichtes ist ebenfalls wieder möglich. Im Bericht wird für jeden ausgewählten Versuch neben dem Namen des Teilnehmers, die Bewertung, das Gesamtfeedback und alle gegebenen Antworten zu den durchnummerierten Testfragen aufgeführt. Grün unterlegte Antworten sind korrekt, gelb unterlegte nur teilweise und magenta unterlegte Antworten sind falsch. Auch diese Übersicht können Sie nutzen, um ausgewählte Versuche zu löschen, so dass sie die statistische Analyse nicht beeinflussen oder verfälschen.

---

[15] In der Moodle-Version 2.0.3+ werden nach der Neubewertung die neu berechneten Punktzahlen in der Übersicht nicht angezeigt. Die Gesamtbewertung ist aber einzusehen, wenn Bewertungen für jede Frage auf Ja gestellt und ein neuer Bericht angefordert wurde.

Statistik

Moodle analysiert die Bewertungen des gesamten Tests und jeder Testfrage statistisch und stellt die Ergebnisse tabellarisch dar. Die Statistik wird berechnet aus den **ersten Versuchen** oder aus **allen Versuchen**. Ändern Sie diese Einstellung, müssen Sie sich einen neuen **Bericht anzeigen** lassen.

Abbildung 3.60 zeigt den Bereich **Test-Information**, der grundsätzliche statistische Kennzahlen[16] für das Abschneiden der Kursteilnehmer in Bezug auf den gesamten Test bereitstellt. Dazu gehören der **Durchschnitt bei erstem Versuch**, das **Durchschnittsergebnis aller Versuche**, der **Median**, die **Standardabweichung**,... Informationen, die für Sie in der Tabelle nicht interessant sind, können Sie spaltenweise über das Minus-Zeichen ausblenden oder über das Plus-Zeichen wieder einblenden. Auch dieser Bericht kann in verschiedenen Formaten zur weiteren Verarbeitung heruntergeladen werden.

Abbildung 3.60:
Statistische Analyse
des Tests

Bericht herunterladen als — Textdatei mit kommagetrennten Werten (CVS)	
Test-Name	Test zum Strom
Kursname	Lerntest Strom (Grundschule)
ID-Nummer	TestStrom
Testschließung	Samstag, 30. Juni 2012, 12:55
Anzahl von ersten Versuchen	3
Gesamtzahl an Versuchen	5
Durchschnitt bei erstem Versuch	60,61%
Durchschnittsergebnis aller Versuche	73,18%
Median (für Alle Versuche)	67,05%
Standardabweichung (für Alle Versuche)	18,17%
Schiefe der Punkteverteilung (für Alle Versuche)	0.4269162103
Bewertungsverteilungsgraph (für Alle Versuche)	-2.08755
Koeffizient interner Konsistenz (für Alle Versuche)	42,53%
Fehlerquotient (für Alle Versuche)	75,81%
Standardfehler (für Alle Versuche)	13,78%

Detaillierte Informationen zu jeder Frage enthält die Test-Strukturanalyse (siehe Abbildung 3.61).

Abbildung 3.62 zeigt die Analyse zu einer Multiple-Choice-Frage mit einer richtigen Antwort. Diese erhält man, wenn man die entsprechende Frage anklickt. Neben der grundsätzlichen **Information zur Frage** werden wie schon in der Test-Strukturanalyse statistische Kennzahlen zur Frage ausgewiesen.

[16] Die Übersetzung der englischen, statistischen Fachbegriffe in der Moodle-Version 2.0.3+ bedarf einer Überarbeitung, da nur teilweise die korrekten deutschen Fachtermini Verwendung finden.

Die Kennzahl **Möglichkeitsindex** verrät den Anteil der Teilnehmer, die die Frage richtig beantwortet haben und gibt damit einen Hinweis auf die Schwierigkeit der Testfrage. Neben weiteren statistischen Kennzahlen[17] wird die Standardabweichung, ein Maß für die Streuung der Resultate, angezeigt.

Test-Strukturanalyse

Tabellendaten laden als Textdatei mit kommagetrennten Werten (CVS)

F#	Titel der Frage	Versuche	Standardabweichung	Beabsichtigte Gewichtung	Effektive Gewichtung	Unterscheidungs-Index	Unterschiedliche Effizienz
1	Strom braucht man für ... (Zuordnung)	5	0.00%	13,64%	0.00%		
2	Leiter und Nichtleiter (Lückentext)	5	34.21%	22,73%	28.26%	66.01%	79.34%
3	Leiter oder Nichtleiter (Multiple Choice - mehrere Antworten)	5	11.18%	13,64%	8.11%	28.75%	44.44%
4	Glühbirne Bestandteile (Bild mit Lückentext)	5	41.47%	22,73%	20.36%	-15.71%	-18.25%
5	Nichtleiter heraussuchen (Multiple Choice - eine Antwort)	5	54.77%	9,09%	21.64%	64.91%	85.85%
6	Synonym für Nichtleiter (Kurzantwort)	5	54.77%	9,09%	21.64%	64.91%	85.85%
7	Voltzahl Batterie AA (Numerisch)	5	0.00%	4,55%	0.00%		
8	Voltzahl Blockbatterie (Wahr/Falsch)	5	54.77%	4,55%	Negative Kovarianz der Bewertung mit der Bewertung aller Versuche	-33.03%	-38.71%

Abbildung 3.61: Strukturanalyse der Ergebnisse eines Tests

Information zur Frage

Test	Test zum Strom
Name der Frage	Nichtleiter heraussuchen (Multiple Choice - eine Antwort)
Typ der Frage	Multiple-Choice
Position(en)	5

Einer dieser Stoffe ist **kein** Leiter! Markiere ihn!

Statistik zur Frage

Versuche	5
Möglichkeitsindex	60.00%
Standardabweichung	54.77%
Zufällig angenommene Punktezahl	20.00%
Beabsichtigte Gewichtung	9,09%
Effektive Gewichtung	21.64%
Unterscheidungs-Index	64.91%
Unterschiedliche Effizienz	85.85%

Antwortanalyse

Antwort	Teilweise Wertung	Zählen	Frequenz
Sand	100%	3	60,00%
Aluminium	0%	0	0,00%
Eisen	0%	0	0,00%
Silber	0%	0	0,00%
Wasser	0%	2	40,00%

Abbildung 3.62: Statistische Analyse der Ergebnisse für eine Multiple-Choice-Frage

[17] Der **Unterscheidungs-Index** (Diskriminierungsindex) und die **Unterschiedliche Effizienz** (Diskriminierungskoeffizient) dienen dazu, Fragen aufzuspüren, die für die Aussagekraft des Tests eher ungeeignet waren. Hier sei auf entsprechende Literatur zur statistischen Analyse verwiesen.

In der **Antwortanalyse** sind die möglichen Antworten aufgelistet. Die einzige, richtige Antwort **Sand** ist an dem Wert **100%** in der Spalte **Teilweise Wertung** zu erkennen. Die Häufigkeiten der Antworten gibt Moodle absolut (Spalte **Zählen**) und relativ (Spalte **Frequenz**) an. Bei drei richtigen Antworten in fünf Versuchen ergibt sich im Beispiel ein Prozentsatz von **60%**.

Freitext-Bewertung

Fragen, deren Antwort als Freitext formuliert werden, kann Moodle verständlicherweise nicht automatisch bewerten. Diese Aufgabe obliegt den Lehrenden in der **Freitext-Bewertung** und wird über **Alle Versuche bewerten** gestartet oder auf die noch unbewerteten beschränkt. Der Lehrende kann für jede Freitext-Antwort einen Kommentar verfassen und eine Bewertung vergeben. In der Auflistung (Abbildung 3.63) können Sie schnell erkennen, welche Bewertungen noch ausstehen.

Frage 5 : "Erfindung der Glühbirne" (2 / 3 Versuche bewertet).

Vorname / Nachname	Beendet am	
		Alle Versuche (3) bewerten Unbewertete Versuche (1) jetzt bewerten
Anita Anger	28. April 2011, 13:10 (bewertet)	Bewertung
Dieter Dachs	28. April 2011, 14:19	Bewertung
Nina Neu	28. April 2011, 12:59 (bewertet)	Bewertung
		Alle Versuche (3) bewerten Unbewertete Versuche (1) jetzt bewerten

3.3.10 Wikis einrichten und verwalten

Drückt man im Bearbeitungsmodus der Kursansicht **Aktivität anlegen... | Wiki**, erscheint die Einstellungsmaske für ein neues Wiki (Abbildung 3.64).

Wie üblich gibt man in den **Grundeinstellungen** der neuen Aktivität zunächst einen **Wikinamen** und trägt unter **Wikibeschreibung** einen einleitenden Text ein, bevor spezifische **Wikieinstellungen** vorgenommen werden.

Im Eingabefeld **Name der ersten Wikiseite** legt man die Überschrift der ersten Wikiseite fest. Dies erleichtert die Orientierung bei der Benutzung und Erweiterung des Wikis.

Da Wikis für das kooperative Arbeiten und Lernen gedacht sind, wird üblicherweise der **Wikimodus** auf **Gemeinschaftliches Wiki** gesetzt. Andernfalls erhält jeder Kursteilnehmer ein eigenes Wiki, das er nur alleine (mit der Unterstützung durch den Trainer) bearbeiten kann. Wikis können in mehreren

Formaten erstellt und formatiert werden. Da in Moodle andere Textseiten im HTML-Format erstellt werden, bietet es sich als **Standardformat** an. Es steht Ihnen frei, ein anderes **vorgegebenes Format** festzusetzen: Lassen Sie die Checkbox frei, können Benutzer auch andere Formate für von Ihnen erzeugte Seiten benutzen. Derzeit stehen das **Creole-** und das **NWiki-**Format[18] neben dem HTML-Format zur Auswahl.

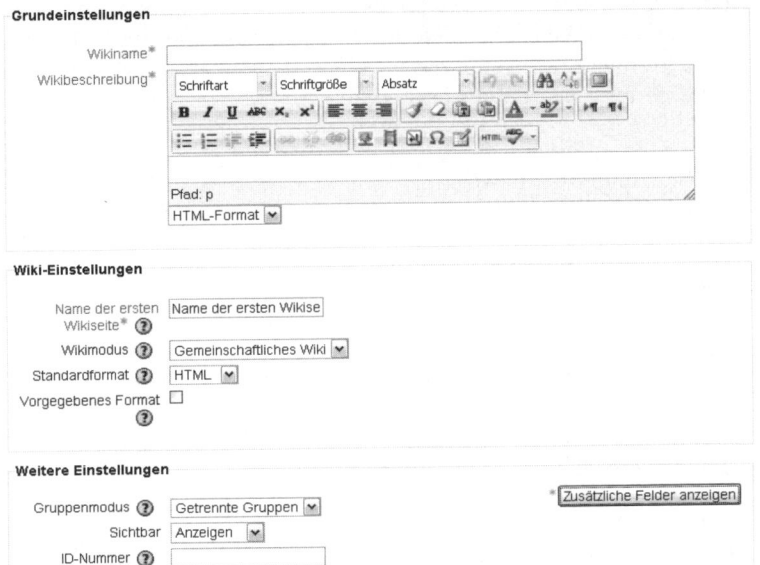

Abbildung 3.64: Grundeinstellungen für Wikis

Weitere Einstellungen

Beim Gruppenmodus (Abbildung 3.64) haben Sie die Wahl zwischen **Keine Gruppen**, **Getrennte Gruppen** und **Sichtbare Gruppen**. Die Kombination aus den beiden Wikimodi und diesem **Gruppenmodus** legt fest, inwieweit der jeweilige Benutzer das Wiki einsehen oder ändern kann. Sie als Trainer des Kurses können jedes Wiki immer bearbeiten und lesen.

Richten Sie ein **Gemeinschaftliches Wiki** für die kooperative Nutzung ein, hat das je nach **Gruppenmodus** unterschiedliche Auswirkungen:

Modus Gemeinschaftliches Wiki – keine Gruppen

Alle Benutzer des Kurses können dieses gemeinsame Wiki lesen, ergänzen und bearbeiten.

---

[18] Mehr unter http://www.wikicreole.org/ und http://www.mediawiki.org/. In Moodle 2.0 ist das Wikisystem NWiki integriert. Das NWiki-Format ist gebräuchlich bei Mediawiki, das auch bei Wikipedia im Einsatz ist.

Modus **Gemeinschaftliches Wiki – getrennte Gruppen**
> Jede Gruppe bekommt ein eigenes Wiki. Gruppenmitglieder können jeweils nur das Wiki der eigenen Gruppe lesen, bearbeiten und ergänzen. Für die anderen Kursteilnehmer ist es unsichtbar. Auch Sie als Trainer können die Wikiseiten sehen und bearbeiten.

Modus **Gemeinschaftliches Wiki – sichtbare Gruppen**
> Für jede Gruppe wird ein Wiki erstellt. Sämtliche Kursteilnehmer können all diese Wikis über eine Auswahlliste anzeigen und lesen. Außer dem Trainer dürfen nur die jeweiligen Gruppenmitglieder das Wiki ihrer Gruppe bearbeiten und ergänzen.

Richten Sie ein Wiki im Modus **Persönliches Wiki** ein, hat das je nach **Gruppenmodus** unterschiedliche Auswirkungen:

Modus **Persönliches Wiki – keine Gruppen**
> Jeder Teilnehmer hat ein eigenes Wiki, außer ihm kann es nur der Trainer sehen und bearbeiten.

Modus **Persönliches Wiki – getrennte Gruppen**
> Jeder Teilnehmer hat ein eigenes Wiki, außer ihm kann es nur der Trainer sehen und bearbeiten. *Gruppen*mitglieder können diese Wikiseiten einsehen aber nicht bearbeiten.

Modus **Persönliches Wiki – sichtbare Gruppen**
> Jeder Teilnehmer hat ein eigenes Wiki, außer ihm kann es nur der Trainer sehen und bearbeiten. *Kurs*mitglieder können diese Wiki-Seiten einsehen, aber nicht bearbeiten.

Während sich der Wikimodus nachträglich nicht mehr ändern lässt, können Sie den Gruppenmodus jederzeit anpassen. Von einzelnen Gruppen zunächst getrennt erstellte Wikis können Sie so später „veröffentlichen", indem Sie den Modus auf **Sichtbare Gruppen** ändern. Um Wikis für ganze Gruppierungen (siehe Seite 83) anzulegen, drücken Sie den Button **Zusätzliche Felder anzeigen** und setzen die Option **Gruppierung**. Jetzt können Teilnehmer/innen aus unterschiedlichen Gruppen innerhalb der Gruppierung zusammenarbeiten.

Verweise auf andere Wikiseiten erzeugt man durch in doppelte, eckige Klammern gesetzte Begriffe, z. B. [[Wintersport]]. Verweise auf noch nicht bestehende Seiten hebt Moodle bei der Anzeige des Wiki kursiv hervor und markiert sie zusätzlich in Rot. Sobald dieser Begriff angeklickt wird, erstellt das System (nach Abfrage des gewünschten Formats) eine neue Wikiseite und öffnet ein Fenster zur Texteingabe.

Die Einbettung eines anderen Wiki-Systems in Moodle 2.x bringt erhebliche Änderungen zu Wikis in Moodle 1.9 mit sich. Im Folgenden werden einige Unterschiede aufgeführt, die u. a. mit Wiki-Einstellungen in früheren Moodle-Versionen zu tun haben:

- Wikis in Moodle können auch Grafiken und andere binäre Dateien, wie Videos oder Tondateien, enthalten. Dies lässt sich in Moodle 2.0 nicht mehr (für jede Wiki-Aktivität getrennt) unterbinden.

- Ein dritter Wikimodus wird nicht mehr angeboten, so dass die Wahl zwischen gemeinschaftlichem und persönlichem Wiki schnell getroffen ist.

- Die automatische Seiten-Verlinkung über Wörter in Camelcase-Schreibweise (z. B. `WinterSport`) entfällt. Andere Wikiseiten werden durch doppelte eckige Klammern verlinkt, z. B. `[[Wintersport]]`. Damit entfallen die Probleme mit deutschen Umlauten, die, als Camelcase-Schreibweise interpretiert, fälschlicherweise zu Links führten. Seitennamen nicht existierender Seiten werden rot und kursiv dargestellt nicht mehr in blau mit nachgestelltem Fragezeichen. Namen existierender Seiten werden blau gekennzeichnet.

- Keine Version einer Wikiseite kann gelöscht werden. Der Trainer kann allerdings eine frühere Version wiederherstellen, die dann zur aktuellen Version wird.

- Derzeit können überflüssige Wikiseiten nicht gelöscht werden.

- Ein einführender Text zur Erstellung eines Wikis konnte in Moodle 1.9 angeboten werden, dies ist nun nicht mehr vorgesehen.

Wiki-Administration

Wie zu jeder Aktivität in Moodle finden Sie auch für ein Wiki im Block **Einstellungen** die Administration desselben (Abbildung 3.65).

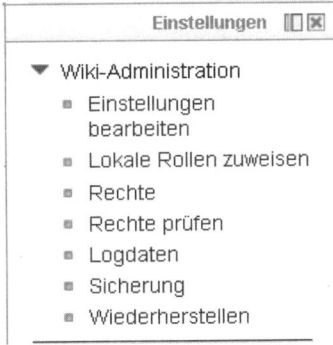

Abbildung 3.65:
Administration eines
Wiki

Sie können die beim Anlegen eines Wiki vorgenommenen **Einstellungen bearbeiten**. Insbesondere die Anpassung des Gruppenmodus kann hilfreich sein, um gruppeninterne Ergebnisse allen Teilnehmern durch den Gruppenmodus **Sichtbare Gruppen** zugänglich zu machen.

Typische Administrationsaufgaben betreffen die Rollen und die damit verbundenen **Rechte**. Speziell für Wikis lassen sich Rechte vergeben, wer Kommentare für das Wiki selber oder seine Seiten löschen, schreiben, lesen und verwalten darf. Weitere Rechte regeln, wer neue Wikiseiten ansehen und erstellen, Wikiseiten sichern, Wiki-Einstellungen verwalten und Seitensperrungen übergehen darf.

Anhand der **Logdaten** lässt sich feststellen, wer, wann und in welcher Weise das Wiki eingesehen oder verändert hat. Die Sicherung und Wiederherstellung von Wiki-Daten wird ebenfalls unterstützt und ist analog zu der in Abschnitt 2.8.10 beschriebenen Vorgehensweise.

Wiki-Verwaltung

Zum **Anzeigen**, **Bearbeiten** und zur Verwaltung der **Änderungen** des Wiki, der darin enthaltenen Seiten sowie der **Links** stehen fünf Register zur Verfügung. Unabhängig davon, welche Registerkarte man wählt, kann man im **Wiki suchen** (Abbildung 3.66).

Das gesamte Wiki kann nach einem oder mehreren Begriffen durchsucht werden. Das Suchergebnis besteht aus einer Liste aller Wikiseiten, in denen wenigstens einer der Begriffe vorkommt. Innerhalb dieser Seiten hebt Moodle das Auftreten des oder der Begriffe farblich hervor.

Abbildung 3.66:
Verwaltung eines
Wiki

Anzeigen

In der Registerkarte **Anzeigen** werden die Wikiseiten dargestellt. Verknüpfte Seiten können angesprungen werden. Ist das Wiki als Gruppenaktivität konfiguriert, haben Sie die Möglichkeit, am rechten Bildrand das gewünschte Gruppenwiki in einer Auswahlbox zu wählen.

Für jede Seite lässt sich eine **druckfreundliche Version** in einem separaten Browser-Fenster anzeigen und drucken.

Bearbeiten

Die aktuelle Wikiseite wird im Texteditor angezeigt und kann mit den bekannten Funktionen verändert werden. Wollen Sie Verweise auf neue oder existierende Seiten einrichten, so geben Sie den Seitennamen eingeschlossen in doppelte eckige Klammern `[[Seitenname]]` ein. Bei der Anzeige der Wikiseite sind neue, leere Seiten daran zu erkennen, dass der Seitentitel in Rot und kursiv dargestellt wird. Im Bereich **Schlagworte** können **offizielle** oder **weitere Schlagworte** zum Text vergeben werden. Bevor Sie die Seite **speichern**, können Sie sich über die **Vorschau** einen Eindruck verschaffen.

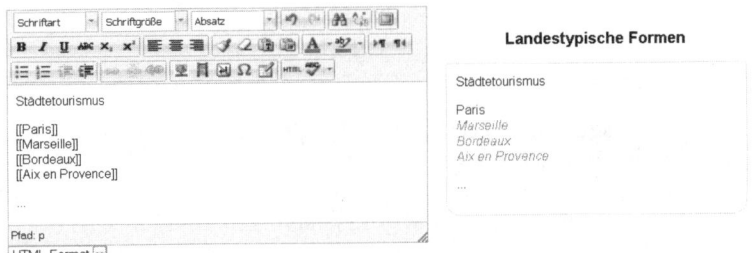

Abbildung 3.67:
Wikis – Erstellung
neuer Seiten:
Eingabe und
Vorschau

Das Beispiel in Abbildung 3.67 zeigt, wie in der Wikiseite **Landestypische Formen** für die Städte Paris, Marseille und Bordeaux mit Hilfe der eckigen Klammern Verweise auf andere Wikiseiten erstellt wurden. Die Seite **Paris** existiert bereits, alle anderen Seiten sind neu, und daher sind die Seitennamen kursiv (und in Rot) gekennzeichnet.

Kommentare

Zu jeder Wikiseite können Kommentare im Texteditor verfasst werden. Kommentare können auch von den Teilnehmern erstellt und gelesen werden. Die Verwaltung liegt bei den Trainern. Kommentare sind nur zu der aktuellen Seite über das entsprechende Register einzusehen.

Verlauf

Die Entstehungsgeschichte eines Wiki wird vollständig dokumentiert. Zu jeder Änderung wird eine Version erstellt und im System unter Angabe des Autors und des Änderungszeitpunktes gespeichert. Jede Version kann auch im Nachhinein betrachtet und sogar mit einer beliebigen anderen verglichen werden. So ist jederzeit nachvollziehbar, wer produktiv und gegebenenfalls wer destruktiv mitgewirkt hat.

Abbildung 3.68:
Wikis –
Versionsverlauf

Tourismus in Europa ⑦

Erstellt: Thursday, 23. June 2011, 12:09 von mkuhn

Unterschiede ⑦	Version	Nutzer	Geändert	
○ ◉	6	Lars Luchs	14:48	23. June 2011
○ ○	5	Esther Ernst	14:36	
◉ ○	4	Anita Anger	14:23	
○ ○	3	Bernd Braun	12:36	
○ ○	2	Anita Anger	12:13	
○ ○	1	Bernd Braun	12:12	

Ausgewählte Versionen vergleichen

Um **ausgewählte Versionen zu vergleichen**, markieren Sie zwei in der Spalte **Unterschiede** der Verlaufsübersicht. In der angezeigten Gegenüberstellung dieser beiden Versionen sind die Änderungen farbig hinterlegt. Ergänzungen sind grün gekennzeichnet, entfernte Wörter und Passagen sind in der früheren Version durchgestrichen und gelb markiert. In dieser Gegenüberstellung können Sie direkt die angezeigten Versionen verändern. Dazu dienen die Versionsnummern am unteren Bildrand und die Links **Zurück** und **Weiter**. Das **Wiederherstellen** der früheren Version ist in dieser vergleichenden Darstellung möglich. Die wiederhergestellte Version wird dabei kopiert und als jüngste Version dem Verlauf hinzugefügt. Es werden keine Versionen aus dem Verlauf entfernt. Auch als Administrator ist es (derzeit) nicht möglich, Versionen zu löschen. Ob dies für den schulischen Einsatz immer sinnvoll ist, sei dahingestellt.

Übersicht

Die Registerkarte **Übersicht** dokumentiert in vielfältiger Form den Inhalt und die Vernetzung der im Wiki enthaltenen Seiten. Die Standardansicht ist die **Seitenliste**, in der die Namen aller Seiten in alphabetischer Sortierung aufgeführt sind. Darüber hinaus bietet die Übersicht weitere Anzeigeoptionen an:

Mitwirkung

Auflistung der vom angemeldeten Nutzer bearbeiteten Seiten.

Links

Für die aktuelle Wikiseite wird aufgelistet, welche Wikiseiten auf diese Seite verweisen (Spalte **Diese Seite kommt von**) und auf welche Seiten verwiesen wird (Spalte **Diese Seite führt zu**).

unverlinkte Seiten
> Auflistung von Seiten, die isoliert d. h. nicht mit anderen Seiten vernetzt sind.

Seitenindex
> Ausgehend von der Startseite des Wiki, wird die Gesamtstruktur in baumartiger Darstellung ähnlich wie bei einem Dateiverzeichnis dargestellt.

Akualisierte Seiten
> Auflistung der kürzlich veränderten Wikiseiten.

3.3.11 Workshop einrichten

Der Ablauf und die möglichen Teilschritte dieser kooperativen Aktivität wurden im vorigen Kapitel bereits beschrieben. Grundlegend sind Anfertigung und Einreichung von Arbeitsergebnissen durch die Kursteilnehmer und die gegenseitige Beurteilung, die in die individuelle Gesamtbewertung eingeht.

Zur Einrichtung wird im Bearbeitungsmodus der Kursansicht im gewünschten Kursabschnitt **Aktivität anlegen… | Workshop** gewählt, im Anschluss der **Workshop-Titel** vergeben und unter **Anleitungstext** eine Aufgabenbeschreibung des Workshops vorgenommen. Die weitere Konfiguration erfolgt in mehreren Abschnitten (Abbildungen 3.69 und 3.70).

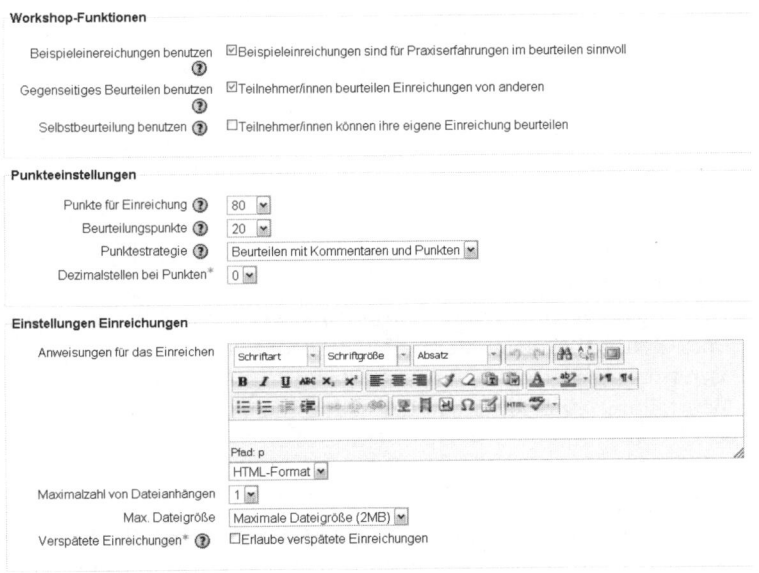

Abbildung 3.69:
Grundlegende
Einstellungen für
Workshops

Workshop-Funktionen

Sie legen fest, ob in Ihrem Workshop die **Beispieleinreichung** zum Einüben des Beurteilens, das **gegenseitige Beurteilen** der Einreichungen und die **Selbstbeurteilung** des eigenen Arbeitsergebnisses benutzt werden soll.

Punkteeinstellungen

Die Gesamtpunktzahl eines Teilnehmers setzt sich zusammen aus den Punkten für seine Einreichung und den Punkten, die er durch die Beurteilung anderer Einreichungen erzielt hat. Für die Beurteilungspunkte kann eine Punktestrategie, z. B. **Beurteilen mit Kommentaren und Punkten**, ausgewählt werden.

Einstellungen Einreichungen

Neben **Anweisungen für das Einreichen** kann die Anzahl der erlaubten Dateianhänge und deren Größe festgelegt werden. **Verspätete Einreichungen** können erlaubt oder ausgeschlossen werden.

Abbildung 3.70:
Einstellungen für
Beurteilung und
zeitlichen Ablauf

Beurteilungseinstellungen

Die **Anweisungen für das Beurteilen** können die Teilnehmer auf die Vorgehensweise beim Beurteilen und die vereinbarte Beurteilungskriterien hinweisen. Sie können zusätzlich verlangen, dass vor einer Beurteilung eines anderen Kursteilnehmers übungshalber eine Beispieleinreichung beurteilt werden muss.

Zugriffssteuerung

Die Zeiträume für das kooperative Arbeiten können mittels Start- und Abgabeterminen für die Einreichungen und Bewertungen von Ihnen festgesetzt werden.

Weitere Einstellungen

Wie gewohnt legen Sie u. a. einen **Gruppenmodus** und eventuell eine **Gruppierung** fest, wenn es für Ihre Aktivität sinnvoll ist.

Abgeschlossen wird die Einrichtung des Workshops mit **Speichern und zum Kurs** zurück.

3.3.12 Umfrage einrichten

Im Bearbeitungsmodus wird in der Kursansicht im entsprechenden Abschnitt **Aktivität anlegen...** | **Umfrage** gedrückt. Im Anschluss wird die Umfrage unter **Name** benannt und über den **Typ der Umfrage** entschieden.

3.3.13 Weitere Moodle-Aktivitäten

Weitere Lernaktivitäten stehen im Arbeitsbereich unter **Aktivität anlegen** zur Verfügung. **Lektion**en ermöglichen eine Strukturierung des Lernflusses, indem Sie gezielt Lernwege mit von freien Entscheidungen oder Abfrageergebnissen abhängigen Verzweigungen vordefinieren. **HotPot-Tests** ermöglichen die Einbindung von Tests, die mit der populären Testsoftware *Hot Potatoes* erstellt wurden. Die Einbindung weiterer Elemente in Moodle ist möglich, sowohl als Bestandteil der Standard-Distribution als auch im Rahmen darüber hinaus entwickelter Module, deren Pflege in zukünftigen Moodle-Distributionen nicht garantiert wird.

3.3.14 Externe Werkzeuge einbinden

Unter externen Werkzeugen werden hier Programme verstanden, die nicht in Moodle integriert sind. Ihre Verwendung muss auf allen Rechnern, mit denen die Kursteilnehmer arbeiten, in der ein oder anderen Weise vorbereitet werden: Zu Beginn des Moodle-Kurses muss das benötigte Werkzeug zur Verfügung gestellt werden. Dazu ist die Installationsdatei des Werkzeugs entweder in Form eines **Arbeitsmaterial** als **Datei** auf dem Moodle-Server abzulegen oder Sie richten einen **Link** zu einer externen Downloadseite ein (siehe Seite 72).[19] Die Installation auf den Rechnern in der Schule müssen Sie sicherstellen. Es liegt in der Verantwortung der Lernenden, die Software zu Beginn des Kurses auf den privaten Rechnern zu installieren.

Ist die Software installiert (und ggf. registriert), leitet der Browser im Idealfall bei Klick auf ein entsprechendes Lerndokument in Moodle den Start der Software und die Übergabe des Dokuments an die Software automatisch

---

[19] Lizenzbestimmungen beachten!

ein. Diese Vorgehensweise kennen Sie vermutlich von anderen Internet-Seiten.

Eine besondere Möglichkeit der Einbindung bietet die Java Webstart-Technologie.[20] Der Internetbrowser erkennt den Typ der Datei und öffnet automatisch dieses Dokument mit der jeweils aktuellen Version der zugehörigen Software. Zum Einbinden eines Webstart-Werkzeugs genügt es, ein Lerndokument des entsprechenden Typs als Arbeitsmaterial in Moodle bereitzustellen (siehe Seite 115). Die Software braucht in diesem Falle zu Beginn des Kurses nicht auf den Rechnern der Lernenden installiert werden. Die Installation und Aktualisierung geschieht automatisch und erst bei Bedarf. Auf Seite 187 ist als Beispiel die Einbindung der Software *Geogebra* in ihrer Webstart-Version erklärt.

Eine Alternative für einzelne spezielle Funktionalitäten (zum Beispiel die Umrechnung zwischen Maßeinheiten) ist die Verwendung von Applets,[21] die in den HTML-Code der Moodle-Seiten eingebunden werden (z. B. in einen HTML-Randblock).

3.4 Teilnehmende einschreiben

Wenn Sie bei der Kurserstellung im Unterpunkt **Verfügbarkeit** die Option **Für Teilnehmer/innen verfügbar** wählen, wird der Kurs nach der Erstellung sämtlichen Nutzern der Moodle-Plattform angezeigt und kann von diesen per Klick betreten werden.[22] Jetzt ist es wichtig sicherzustellen, dass genau Ihre Schülerinnen und Schüler Zugang zum Kurs haben und sonst niemand. Seit Moodle 2.0 steht hierfür unter **Einstellungen | Kurs-Administration | Nutzer/innen | Einschreibemethoden** ein eigener Mechanismus zur Verfügung. Sie erhalten bei Klick eine Auflistung der Einschreibemethoden für diesen Kurs (siehe Abbildung 3.71).

Abbildung 3.71:
Auflistung der
Einschreibemethoden
eines Kurses

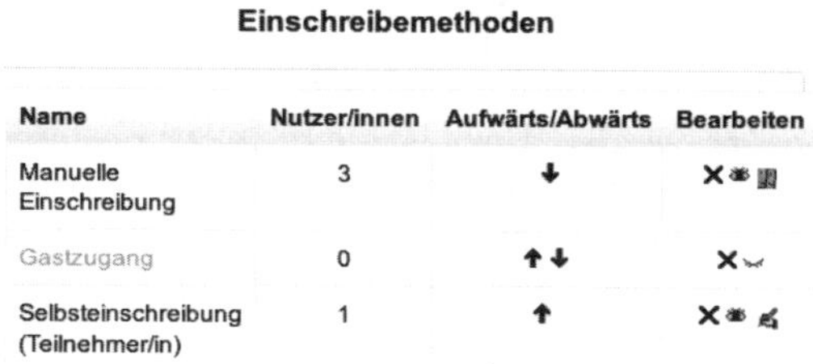

Einschreibemethoden

Name	Nutzer/innen	Aufwärts/Abwärts	Bearbeiten
Manuelle Einschreibung	3	↓	✗ ☀ ▥
Gastzugang	0	↑ ↓	✗ ↶
Selbsteinschreibung (Teilnehmer/in)	1	↑	✗ ☀ ✎

[20] Der Java-Webstarter ist im Java Runtime Envrionment (JRE) seit der Version 1.4.2 automatisch mitinstalliert.

[21] Applets sind in HTML-Seiten eingebundene kleine Programme, die auf dem Arbeitsrechner ausgeführt werden. Es gibt zum Beispiel Java- oder Flash-Applets.

[22] Sie können diese Option auch erst nachträglich unter **Einstellungen | Kurs-Administration | Einstellungen bearbeiten** setzen.

Zur Ihrer Entlastung empfehlen wir die Selbsteinschreibung der Lernenden. Abbildung 3.72 zeigt die Einstellungsmaske, die sich bei Klick auf das entsprechende Bearbeitungssymbol (Hand mit Stift) öffnet.

Abbildung 3.72:
Einstellungsmaske
für die
Selbsteinschreibung

Setzen Sie **Selbsteinschreibung** auf **ja**, vergeben Sie einen Zugangsschlüssel und speichern Sie die Änderungen. Sie können hier auch vorab den Einschreibezeitraum einschränken. Wenn sich alle Lernenden im Kurs eingeschrieben haben, lässt sich diese Option noch im Nachhinein einschränken, um unerlaubte Einschreibung Fremder zu unterbinden (siehe auch Seite 250). Vorsicht! Das Schließen des entsprechenden Auges in der Auflistung der Einschreibemethoden verhindert nicht nur weitere Selbsteinschreibungen, sondern auch den Kurszugriff aller Lernenden, die diese Einschreibemethode gewählt hatten. Abbildung 3.73 zeigt eine Beispiel-Auflistung sämtlicher eingeschriebenen Nutzer/innen eines Kurses, die Sie durch Klick auf **Einstellungen | Kurs-Administration | Nutzerinnen** erreichen.

Eingeschriebene Nutzer/innen

Einschreibemethoden	Alle				Nutzer/innen einschreiben
Vorname / Nachname ↓ / E-Mail-Adresse	Letzter Zugriff	Rollen		Gruppen	Einschreibemethoden
Anita Anger aanger@osp.info	52 Tage 1 Stunde	Teilnehmer/in ✕		⬡	Manuelle Einschreibung von Saturday, 3. September 2011, 00:00 ✕
Bernd Braun bbraun@osp.info	1 Tag 3 Stunden	Teilnehmer/in ✕		⬡	Selbsteinschreibung (Teilnehmer/in) von Sunday, 18. September 2011, 11:11 ✕
Katrin Klein kklein@osp.info	60 Tage 20 Stunden	Teilnehmer/in ✕		⬡	Manuelle Einschreibung von Saturday, 3. September 2011, 00:00 ✕
neu ling neu.ling@moodlemail.com	jetzt	Trainer/in Kursverwalter/in		⬡	Manuelle Einschreibung ✕

Nutzer/innen einschreiben

Abbildung 3.73:
Beispiel-Auflistung
der eingeschriebenen
Nutzer/innen eines
Kurses

Sie können darin erkennen, welche Kursteilnehmer/innen wann zuletzt auf den Kurs zugegriffen haben, welche Rollen sie innehaben, welchen Gruppen sie angehören und wann bzw. wie ihre Einschreibung erfolgte. Sie können einzelne Nutzer wieder aus dem Kurs abmelden. Durch Druck auf **Nutzer/innen einschreiben** können sie auch selbst manuell Einschreibungen vornehmen.[23]

3.5 Praktisches Beispiel

In diesem Abschnitt wird der Moodle-Kurs *Parabeln* beispielhaft angelegt. Das Ergebnis ist im Unterbereich **Anwendungsszenarien** des buchbegleitenden Moodles zu finden. Sie können die Entstehung des Kurses selbst am PC nachvollziehen. Hierzu ist im OSP-Moodle der Sandkastenbereich eingerichtet. Mit den Login-Daten am Anfang dieses Buches haben Sie in diesem Bereich Kursverwalter-Rechte.

3.5.1 Ziel und Phasierung der Unterrichtssequenz

Ziel der Unterrichtssequenz ist ein Verständnis der Lernenden über die Bedeutung der Parameter einer quadratischen Funktionsgleichung in Scheitelpunktsform für Form und Lage der zugehörigen Parabel. Die Lernenden sollen dieses Ziel in Kooperation miteinander experimentell erarbeiten. Folgend ist das Phasenschema der Unterrichtseinheit kurz umrissen:

Einleitung (5 min)
    Wiederholung des Zusammenhangs zwischen Funktionalgleichung und Funktionsgraph (gelenktes Unterrichtsgespräch/Lehrervortrag)

Arbeitsphase (20 min)
    Ermittlung der Auswirkungen einer Parametervariation in der Funktionsgleichung auf den Funktionsgraphen (Arbeit in Gruppen)

Ergebnisvorstellung (15 min)
    Präsentationen vor der Klasse

Hausaufgabe
    Umkehrung: Aufstellen der Funktionsgleichung in Scheitelpunktsform zu einer in Form und Lage gegebenen Parabel

---

[23] Voraussetzung für eine manuelle Einschreibung ist das Erlauben der manuellen Einschreibemethode für den Kurs unter **Einstellungen | Kurs-Administration | Nutzer/innen | Einschreibemethoden**. Eingeschrieben werden können nur registrierte Nutzer/innen der Moodle-Plattform.

3.5.2 Auswahl der Werkzeuge für die Unterrichtssequenz

Allgemein ist in dieser Unterrichtseinheit ein Funktionenplotter als Experimentierwerkzeug sinnvoll. Dieses sollte schon in der Einleitungsphase von den Unterrichtenden genutzt und den Schülern per Beamer präsentiert werden. In der Erarbeitungsphase sollen die Lernenden hiemit auch experimentieren. Hierfür wird eine Aufgabe gestellt. Eine Datenbank dient dem Sammeln und Austausch der Arbeitsergebnisse. Aus dieser Datenbank werden die Arbeitsergebnisse bei der folgenden Präsentation wieder entnommen. Zur Ergebnissicherung wird eine Hausaufgabe in Form eines Tests gestellt.

Tabelle 3.1 fasst die Anwendung der Moodle-Werkzeuge in den verschiedenen Unterrichtsphasen zusammen.

Phase	Digitale Unterstützung	Werkzeuge
Allgemein	Visualisierung von Punkten und Funktionsgraphen im Achsenkreuz	Geogebra
Einleitung	Vorstellung des Werkzeugs	
Erarbeitung	Experimentiermöglichkeit für Lernende Austausch von Arbeitsergebnissen	Aufgabe Datenbank
Präsentation	Zugriff auf Gruppenergebnisse	Datenbank
Hausaufgabe	Überprüfbare Ergebnissicherung	Aufgabe Test: Ergebnissicherung Datenbank Forum

Tabelle 3.1: Unterstützung mit digitalen Werkzeugen in den Unterrichtsphasen

3.5.3 Erstellung des Moodle-Kurses

Vorbereitungen

Voraussetzung für die Erstellung des Kurses in einem Unterbereich von Moodle ist, dass Sie Kurserstellerrechte für diesen Unterbereich haben. Zunächst wird der Moodle-Kurs im entsprechenden Unterbereich angelegt. Gehen Sie hierzu in den Unterbereich (hier: **Anwendungsszenarien** bzw. für Ihre Versuche **Sandkasten**). Dazu klicken Sie auf der Startseite den Unterbereich an und gehen auf **Neuen Kurs anlegen** am unteren Rand des Bereichs. Es öffnet sich das umfangreiche Einrichtungsmenü für Kurse.

Der Kursbereich ist bereits korrekt übernommen. Als **Kursname (vollständig)** wird Parabeln, Parabeln, als **Kursname (kurz)** KursPP eingetragen, die **Kurs-ID** bleibt leer. Die **Beschreibung** wird kurz und prägnant eingefügt. Stellen Sie für diesen Kurs das **Themenformat** ein und wählen Sie als **Anzahl der Wochen/Themen** 2. Stellen Sie bei **Kursbeginn** sicher, dass der Kurs am Unterrichtstag den Lernenden zur Verfügung steht.

Übernehmen Sie sämtliche weitere Standardeinstellungen und erstellen Sie den Kurs durch einen Klick auf **Änderungen speichern.** Der Kurs ist angelegt, es öffnet sich der neu geschaffene Arbeitsbereich.

Abbildung 3.74:
Grundbildschirm des
neu erstellten Kurses
Parabeln Parabeln

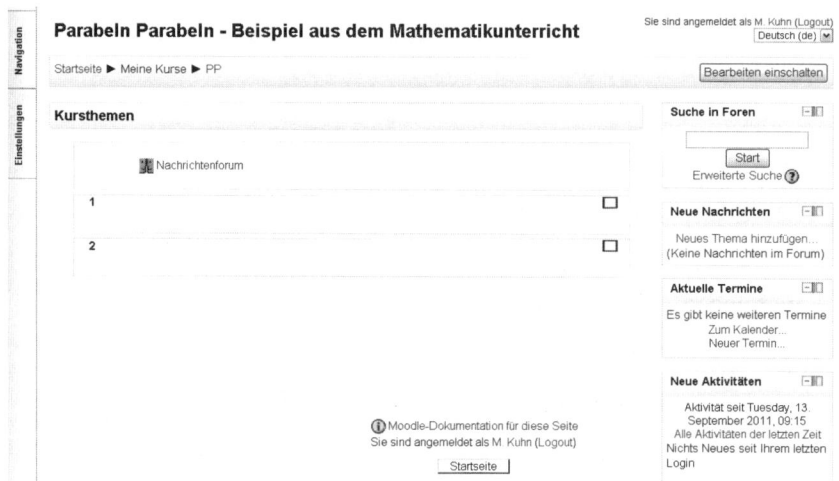

Einrichten des Kursrandbereichs

Um den Arbeitsbereich des Kurses anzupassen, gehen Sie auf **Bearbeiten einschalten.** Die vielen Standardblöcke am Rand stören, sie müssen abgeschaltet werden. Löschen Sie jeden Block durch einen Klick auf das X in seiner Bearbeitungsleiste. Die jeweilige Blockfunktionalität ist damit nicht aus Moodle gelöscht, der entsprechende Block liegt lediglich nicht mehr am Rand des Arbeitsbereichs. Es verbleibt lediglich der Block **Blöcke**, der Ihnen dazu dient, einzelne Blöcke wieder hinzuzufügen.

Fügen Sie jetzt den Block **Kursbeschreibung** über die Auswahlliste wieder ein. Der Randbereich unseres neuen Kurses ist fertig. Jetzt kann der eigentliche Kursbereich mit Texten und Werkzeugen gefüllt werden.

Abbildung 3.75:
Der Block Blöcke –
nur für Kursverwalter
sichtbar

3.5.4 Einfügen der benötigten Werkzeuge

Das Werkzeug **Nachrichtenforum** ist als Moodle-Standardwerkzeug bereits in diesen Kurs eingefügt. Hier werden Mitteilungen an die Lernenden veröffentlicht.

Externes Werkzeug Geogebra einfügen

Im Kurs sollen die Lernenden mit dem externen Mathematik-Werkzeug Geogebra arbeiten. Hierzu fügen Sie ein leeres Geogebra-Dokument in den Arbeitsbereich ein. Gehen Sie hierzu auf **Arbeitsmaterial anlegen... | Datei**. Im folgenden Dialog geben Sie den **Namen** des Arbeitsblattes und eine **Beschreibung** ein. Im Anschluss soll das Geogebra-Dokument auf den Moodle-Server geladen werden. Geben Sie hierzu im Bereich **Inhalt** unter **Dateien auswählen** den Button **Datei hinzufügen**. Sie gelangen zur **Dateiauswahl**. Klicken Sie auf den **Datei hochladen**, im Anschluss auf **Durchsuchen...** und wählen Sie den Speicherort des vorbereiteten Geogebra-Dokuments aus. Sie gelangen zur Dateiauswahl zurück, jetzt wird der Dateiname des Geogebra-Dokuments angezeigt. Klicken Sie auf **Datei hochladen**, um zurück in die Grundmaske zum Hinzufügen von Arbeitsmaterial zu gelangen, wo Sie den Button **Speichern und zum Kurs zurück** drücken. Sie gelangen wieder in die Kursansicht. Dort ist das Geogebra-Arbeitsblatt abgelegt.

Aufgabe einfügen

Anschließend soll das Aufgabenwerkzeug in den Arbeitsbereich gestellt werden. Klicken Sie hierzu auf **Aktivität anlegen... | Aufgaben | Offline-Aktivität**.[24] Geben Sie Namen und Beschreibung der Aufgabe ein und stellen Sie auf **Keine Bewertung** um. Achten Sie darauf, dass die Aufgabe zur Unterrichtszeit verfügbar ist und drücken Sie den Button **Speichern und zum Kurs zurück**. Sie gelangen wieder in die Kursansicht, in der jetzt **Aufgabe 1** abgelegt ist.

Datenbank bereitstellen

Als Austauschwerkzeug soll den Lernenden eine Datenbank zur Verfügung gestellt werden (siehe Seite 124). Gehen Sie hierzu auf **Aktivität anlegen... | Datenbank**. Es öffnet sich der Datenbankerstellungsdialog. Die Datenbank wird mit `Arbeitsergebnisse` benannt und eine Kurzbeschreibung gegeben, danach mit **Speichern und zum Kurs zurück** abgeschlossen.

Die Datenbank ist erstellt und im Kursbereich sichtbar, es sind allerdings noch keine Felder definiert. Durch einen Klick auf **Arbeitsergebnisse** öffnet sich die Datenbank mit ihren verschiedenen Reitern **Listenansicht** bis **Vorlagensätze**. Der Reiter **Felder** ist ausgewählt mit der entsprechenden Meldung, dass noch keine Felder definiert sind. Durch Klick auf **Neues Feld erstellen | Datei** wird ein Feld erstellt, mit `Ergebnis` benannt und ebenso beschrieben, zum Abschluss durch Druck auf **Hinzufügen** hinzugefügt. Ebenso wird durch Klick auf **Neues Feld erstellen | Text** ein Textfeld erstellt, mit `Kommentar` benannt und ebenso beschrieben, zum Abschluss durch Druck auf **Hinzufügen** hinzugefügt. Auf den Datensätzen (=Karteikarten) der Datenbank sind jetzt die zwei Felder **Ergebnis** und **Kommentar** geschaffen. Moodle braucht noch eine Anweisung, wie die Inhalte der Felder angezeigt werden sollen. Hierzu wird der Reiter **Vorlagen** angeklickt und in der **Vorlage für Liste** die **Kopfzeile** erstellt, anschließend auf **Vorlage speichern** geklickt.

Die Datenbankeinrichtung ist jetzt fertig, allerdings ist die Datenbank noch leer. Um dies zu ändern, wird auf den Reiter **Eintrag hinzufügen** gedrückt, das leere Geogebra-Dokument auf dem PC ausgewählt und mit dem **Kommentar** `Leeres Arbeitsblatt` versehen. Ein Druck auf **Speichern und anzeigen** öffnet nach kurzer Erfolgsmeldung die Einzelansicht der Datenbank, die jetzt den ersten Datensatz enthält. Zur **Listenansicht** in Abbildung 3.76 kommen Sie über den entsprechenden Reiter.

---

[24] Der Begriff **Offline-Aktivität** wird in Moodle für alle Aktivitäten verwendet, deren Ergebnis nicht über das Moodle-Aufgaben-Werkzeug eingesammelt wird.

Abbildung 3.76:
Listenansicht der
frisch erstellten
Beispieldatenbank

Die Datenbank ist jetzt für den Unterricht vorbereitet, ein Klick auf **KursPP**
in der Navigationsleiste führt zurück zur bekannten Kursansicht.

Begleittexte schreiben und Kurselemente ordnen

Die vier Werkzeuge des Kurses liegen jetzt im Kursbereich bereit, Ihre Anordnung entspricht der Reihenfolge, in der sie erzeugt wurden. Jetzt werden
die Begleittexte, die jeweils vor einem Werkzeug angezeigt werden sollen,
geschrieben. Durch Klick auf **Arbeitsmaterial anlegen...** | **Textfeld** wird der
Eingabeeditor aufgerufen, mit **Speichern und zum Kurs** zurück das Geschriebene übernommen. Die Texte werden jeweils unter dem letzten Eintrag angefügt; das Ergebnis zeigt Abbildung 3.77.

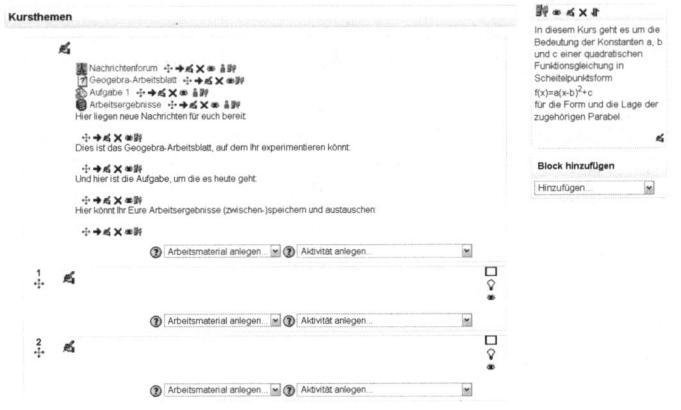

Abbildung 3.77:
Kursbeispiel mit
angefügten
Erläuterungstexten

Jetzt müssen die Texte noch vor das jeweilige Werkzeug verschoben werden. Dies geschieht, indem jeweils auf das viergliedrige Pfeilsymbol zum jeweiligen Text geklickt wird. Halten Sie die Maustaste fest, ziehen Sie den Text über das zugehörige Werkzeug und lassen Sie die Maustaste wieder los. Die passende Platzierung ist durchaus gewöhnungsbedürftig.

Hausaufgabe stellen

Die Hausaufgabe besteht aus einem kleinen Test. Er wird durch Drücken von **Aktivität anlegen...** | **Test** im Themenbereich 1 eingerichtet. Im anschließend gezeigten Test-Einrichtungsmenü werden Name und Beschreibung angegeben, darüber hinaus wenige simple Feedback-Bemerkungen; darüber hinaus bleibt es bei den Standard-Einstellungen. Der Test steht jetzt im Kursbereich bereit, es sind aber noch keine Testfragen definiert. Durch einen Klick auf **Selbsttest** wird die Testansicht geöffnet (Abbildung 3.78).

Abbildung 3.78:
Testansicht

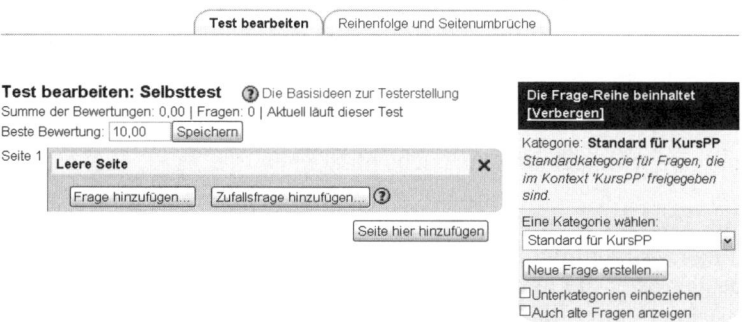

Mit Klick auf **Frage hinzufügen** wird jeweils eine Frage erzeugt. Anschließend werden die Fragen dem Test zugeordnet. Eine detaillierte Beschreibung finden Sie ab Seite 146.

Zuletzt wird noch im Kursbereich die Textzeile zum Test erzeugt. Beginnen Sie mit dem Button **Arbeitsmaterial anlegen...** | **Textfeld** und verfahren Sie wie üblich.

Der Test soll Hausaufgabe werden. Um die Lernenden nicht zuvor abzulenken, werden Test und Beschreibung vor ihnen verborgen. Hierfür genügt ein Klick auf das Auge als Sichtbarkeitssymbol neben oder unter diesen Elementen. Die Elemente sind dann für die Lernenden nicht und für die Unterrichtenden in grauer Schrift zu erkennen. Denken Sie am Ende der Unterrichtsequenz daran, diese Elemente wieder für die Lernenden sichtbar zu machen.

Der Kurs ist bereit für den Einsatz.

4

Unterstützung der Unterrichtspraxis

Moodle soll die Unterrichtspraxis bereichern und in unterschiedlichen Situationen Lernende und Unterrichtende unterstützen. Üblicherweise wird man mit einer Lernplattform vertraut, indem man sich nach und nach mit ihren Werkzeugen und Funktionen beschäftigt. So entstehen Ideen, wie man die ein oder andere Aktivität gewinnbringend einsetzen kann. Wir wählen in diesem Kapitel eine andere Herangehensweise: Für eine Reihe didaktischer Situationen aus dem Schulalltag beschreiben wir, welche Lernaktivitäten und Werkzeuge von Moodle hilfreich sein können. Hinweise zu ihrer Konzeption und Kombination sind gedacht als Anregungen für Ihre Unterrichtspraxis.

Mit den vorgestellten Situationen erheben wir keinen Anspruch auf Vollständigkeit. Auch deren Gliederung folgt nur einer ungefähren Ordnung von unterrichtsnah (Moodle-Einsatz in Präsenzsituationen) bis unterrichtsfern (Vertretungsplan). Vielmehr geht es um einen Marktplatz von Ideen, der von Ihnen weiter ausgebaut werden kann. Dafür steht auf dem buchbegleitenden Moodle[1] der Kurs „Marktplatz der Ideen – Diskussion zu Unterstützungsmöglichkeiten durch Moodle im Schulalltag" bereit. Sie sind herzlich eingeladen, daran teilzuhaben und mitzuwirken!

Ausführliche Beispiele zur Anwendung von Moodle in Schule und Unterricht finden Sie in Kapitel 5. In den dortigen Anwendungsszenarien wird entweder der Gebrauch einzelner Werkzeuge vertieft, ihre Einbettung in Moodle beschrieben oder die Kombination verschiedener Lernaktivitäten ausgenutzt.

4.1 Moodle-Einsatz in Präsenzsituationen

Ausschließlicher oder auch begleitender Computereinsatz ist in vielen didaktischen Situationen nicht sinnvoll (zum Beispiel Vorsicht bei Chats während Präsenzdiskussionen!). Der Computer sollte nur eingesetzt werden, wenn hierdurch ein Mehrwert gegenüber computerlosem Unterricht entsteht. Der Einsatz von Moodle in Präsenzsituationen entlastet Sie als Unterrichtenden, da Ihre Schülerinnen und Schüler durch die Anordnung der Lernelemente in Moodle die „Tagesordnung" einer Unterrichtseinheit kennen und selbst Verantwortung für den Lernprozess übernehmen. Weiter dient Moodle auch in Präsenzsituationen als Archiv, aus dem aktuelle (oder vor langer Zeit bearbeitete) Lernobjekte abgerufen werden können. Moodle stellt die zur Bearbeitung benötigten Werkzeuge und Programme zur Verfügung. Darüber hinaus dient es zur Verknüpfung zwischen Präsenz- und Absenzphasen, so dass z. B. die Einbettung von Hausaufgaben in den Unterricht besser gelingt.

4.2 Arbeitsmaterial zur Verfügung stellen

Zu Ihren Aufgaben als Unterrichtende gehört es, den Lernenden Arbeitsmaterial (Arbeitsblätter, Aufgabensammlungen, Zusammenstellungen der Unterrichtsergebnisse etc.) zur Verfügung zu stellen. Diesen fehlen aus unterschiedlichen Gründen immer wieder Unterlagen: Schülerin Annita war zum Zeitpunkt des Verteilens nicht anwesend, Schüler Bernd findet sein Material nicht mehr.

Kopieren Sie das Arbeitsmaterial auf dem Kopierer im Lehrerzimmer nur noch in Ausnahmefällen, und machen Sie es sich zur Angewohnheit, es in einem Moodle-Kurs als **Arbeitsmaterial** (siehe Seite 115) anzubieten. Die Verantwortung für das Herunterladen und Bereithalten liegt nun bei den

---

[1] Zugangsdaten auf Seite 17.

Lernenden. Fehlen ihnen einzelne Materialien, können sie sie jederzeit (erneut) aus dem Moodle-Kurs herunterladen.

Bringen Sie in der Übergangszeit zunächst einige kopierte Exemplare mit in den Unterricht, um den Lernenden Zeit für die Umstellung zu lassen.

Besteht das Arbeitsmaterial aus mehreren Dateien, legen Sie ein Verzeichnis (z. B. `Wiederholung Bruchrechnung`) im **Kursdateibereich** (siehe Seite 254) an und legen alles dort ab. Im Anschluss genügt ein **Verzeichnislink** im Arbeitsbereich der Lernenden, über den sie Zugriff auf sämtliches Material im jeweiligen Ordner erhalten.

Eine Alternative ist das Anlegen einer **Datenbank** im Kurs (siehe Seiten 48 und 124), in die sämtliche Arbeitsblätter geladen werden. Darin abgelegte Materialien können die Lernenden kommentieren und ergänzen.

Erscheint die Kommunikation über die Materialien besonders wichtig, legen Sie ein **Forum** im Standardformat an und laden Sie die Arbeitsmaterialien als Anhänge zu Ihren Einträgen hoch.

4.3   Externe Informationen nutzen

Das Anlegen eines Links zu externen Informationen (z. B. den Experimentierwerkzeugen der NASA) bedeutet eine enorme Erweiterung des Lernhorizonts (nicht nur für das Fach Physik). Das Verlinken auf ein externes Angebot (zum Beispiel einen Währungsrechner) ist oft schneller gemacht als das Einbinden der entsprechenden Software. Solche Links werden in Moodle als **Arbeitsmaterial** eingerichtet.

Nutzen Sie die Stärke der weltweiten Computervernetzung für Ihren Unterricht, indem Sie recherchieren, wo es für das Lernen Ihrer Schüler interessante Angebote gibt, und erstellen Sie Zugänge zu diesen innerhalb Ihres Moodle-Kurses. Sehr fruchtbar ist es auch, Ihre Schülerinnen und Schüler selbst nach solchen Angeboten suchen und diese in einem Forum sammeln zu lassen. Diese können Sie kommentieren und erläutern, welche Funde aus Ihrer Sicht besonders empfehlenswert sind.

4.4   Arbeitsaufträge stellen

Die Mitteilung eines Arbeitsauftrages lässt sich innerhalb von Moodle im simpelsten Fall durch einen in den Kurs gestellten Text (siehe Seite 117) geben. Dies geschieht idealerweise in einem eigenen Themenabschnitt zur entsprechenden Schulstunde (Abbildung 4.1) und kann gemeinsam mit weiteren Aufträgen erfolgen.

Die Verantwortung liegt nun bei Ihren Schülerinnen und Schülern: Sie sollen den Arbeitsauftrag lesen und entsprechend arbeiten. Ihre Rolle besteht darin, unterstützend bei Unklarheiten zur Verfügung zu stehen. Je mehr die Lernenden mit Moodle vertraut sind, um so mehr wird sich die Kommunikation den Lerninhalten zuwenden.

Abbildung 4.1:
Arbeitsauftrag als
Text

1   Eliza stammt aus Amerika. Vorsicht, sie spricht nur englisch.. Beginne ein Gespäch mit ihr, unterhaltet Euch über das Stundenthema:
Gespräch mit Eliza

Fällt Dir etwas auf an der Kommunikationsweise von Eliza?

Alternativ oder zusätzlich können Sie ein Arbeitsblatt – vermutlich als Text, eventuell aber auch in einem anderen Format (siehe Seite 115) – in den entsprechenden Bereich als **Arbeitsmaterial** einstellen. Stellen Sie passende Ressourcen (z. B. Links, Zeichenblätter,. . .) bereit. Bei verschiedenen Arbeitsaufträgen strukturieren Sie die Vorgehensweise der Lernenden durch eine geeignete Anordnung.

Die größtmögliche Unterstützung bietet Moodle mit der Aktivität **Aufgabe** (siehe Seite 119). Fügen Sie die Aktivität wie ein Arbeitsblatt in den entsprechenden Bereich ein. Der Auftragstext ist den Lernenden erst nach Klick auf die Aufgabe ersichtlich, ebenso z. B. der Abgabeschluss. In der Anfangsphase der Moodle-Nutzung ist das Stellen einer Moodle-Aufgabe möglicherweise noch zu aufwändig.

4.5 Hausaufgaben

Hausaufgaben sind alltägliche Arbeit für Lernende wie Unterrichtende, und Moodle bietet hier große Unterstützung, indem die Lernenden miteinander kommunizieren. Gruppenhausaufgaben sind möglich. Die Arbeitsaufträge können als Text direkt in den Kursbereich eingestellt werden. Wird dies zu unübersichtlich, kann eine Textseite mit ausführlichem Arbeitsauftrag als **Arbeitsmaterial** angelegt oder verlinkt werden (siehe Seite 115).

Es liegt nahe, Hausaufgaben über die Moodle-Aktivität **Aufgabe** zu stellen, die auch den Arbeitsauftrag aufnimmt und die Abgabe und Kommentierung der Schülerarbeiten koordiniert (siehe Seite 119). Damit können Sie leicht auch außerhalb der gemeinsamen Unterrichtsstunde kontrollieren, ob alle die Hausaufgaben rechtzeitig angefertigt haben; die Schülerinnen und Schüler erwarten aber auch (zu Recht) eine Rückmeldung.

In manchen Fällen bietet es sich aber auch an, die verschiedenen Bestandteile einer Hausaufgabenlösung strukturiert in eine **Datenbank** einpflegen zu lassen. Hier nimmt die Beschreibung der Datenbanken (siehe Seite 124) den Arbeitsauftrag auf.

Die Arbeitsergebnisse können von anderen Lernenden kommentiert werden. Sollen Hausaufgabenbeiträge sofort diskutiert werden, lässt sich die Aufgabe auch in einem **Forum** stellen. Ausführliche Arbeitsergebnisse können die Lernenden als Anhänge einpflegen.

Alle drei vorgeschlagenen Lernaktivitäten – Aufgaben, Datenbanken und Foren – erlauben es, die Arbeitsergebnisse zu bewerten. Bei Foren und Datenbanken können die Kursteilnehmer und die Unterrichtenden sich gegenseitig bewerten. Die Bewertungen sind für alle im Kurs einzusehen. Die Rechte zum Bewerten anderer und zum Einsehen aller Bewertungen können den Teilnehmern entzogen werden (siehe Seite 84).

Moodle-Aufgaben enthalten einen diskreteren Bewertungsvorgang, der in das teilnehmerbezogene Bewertungsverfahren von Moodle vollständig integriert ist (siehe Seite 95). Diese Aktivität ist explizit dafür ausgelegt, dass die einzelnen Lernenden nur ihre Beurteilung einsehen können. Moodle erleichtert es Ihnen, den Überblick über den Arbeitsstand und alle Bewertungen zu bewahren.

4.6 Facharbeiten und Schülerreferate

Facharbeiten müssen (oder können) von Schülerinnen und Schülern zumeist in der Sekundarstufe II als selbstständige, wissensschaftspropädeutische Arbeit fachbezogen innerhalb weniger Monate angefertigt werden. Schülerreferate sind weniger aufwändig, werden längerfristig oder ad hoc vergeben und spielen in den einzelnen Fächern eine unterschiedliche Rolle. Für beide Schülerprodukte ist die Moodle-Aktivität **Aufgabe** (siehe Seite 119) gut geeignet. Sie dient der Selbstreflexion und Protokollierung des Arbeitsprozesses und der Kommunikation zwischen Lehrer und Schüler. Moodle ermöglicht eine mehrfache Abgabe, so dass auch Zwischenstände gesichert und dem Unterrichtenden zugänglich werden. Außerdem wird die pünktliche Abgabe der fertiggestellten Arbeit erzwungen. Ob Sie in Moodle ein Bewertungskonzept (siehe Seite 225) zur Kommentierung, Bewertung und Notenfindung einrichten wollen, ist im Einzelfall zu entscheiden.

Langfristig kann es sich lohnen, diese Schülerprodukte in einer **Datenbank** zu sammeln.

4.7 Tafelarbeit

Sind Sie an Ihrer Schule optimal ausgestattet, erfolgt die Tafelanschrift an einer digitalen Tafel. Vereinzelt gibt es bereits Software, die das Hochladen des Tafelbildes zum Ende einer Schulstunde in den Kurs einer Moodle-

Installation erlaubt.[2] Im Normalfall müssen die (eventuell fotografierten) digitalen Tafelbilder zunächst lokal gespeichert und anschließend hochgeladen werden.

Ordnen Sie sämtliche Tafelbilder als **Arbeitsmaterial** (nach Datum sortiert) in einem Kurs an, beeinträchtigt das bald die Übersichtlichkeit. Besser eignet sich eine Tafelbild**datenbank**, in der Ihre Schülerinnen und Schüler nur Leserechte haben. Die Einträge sollten Sie verschlagworten. Ein **Forum** kann zur begleitenden Diskussion der aktuell hochgeladenen Tafelbilder dienen.

Digital gespeicherte und nach Moodle hochgeladene Tafelbilder werden nicht wie ihre Pendants in Kreide nach der Stunde weggewischt, sie bleiben für Ihre Schüler (und eventuell deren Eltern, Ihre Kolleginnen oder Ihren Dezernenten) gespeichert. Richten Sie sich auf Fragen zu Ihrem Unterricht ein, ohne fachbezogene Diskussionen zu scheuen. Binden Sie Kritiker mit ein, indem Sie ihnen Gelegenheit geben, bessere Erklärungen zu Unterrichtsthemen zu liefern, welche dann von Ihren Schülerinnen und Schülern zusätzlich herangezogen (und begutachtet) werden können. Richten Sie hierzu ein Forum oder eine Datenbank ein. Betrachten Sie Ihre Tafelbilder als Begleiter eines Lernprozesses der Klasse, die nicht perfekt zu sein brauchen. Korrekturen störender Fehler können auch im Nachhinein erfolgen. Nehmen Sie Hilfe für den gemeinsamen Lernprozess gerne in Anspruch.

4.8 Kommunikation

Für Ihre Nachrichten an Ihre Schülerinnen und Schüler legt Moodle in jedem Kurs ein eigenes **Nachrichtenforum** an, in dem die Lernenden nur Leserechte haben. Das kann zum Beispiel der Ankündigung von Klausurthemen und Terminen dienen.

Das **Mitteilungssystem** (siehe Seite 76), über das sämtliche Schülerinnen und Schüler einander (und auch Ihnen) Nachrichten zukommen lassen können, kann für spontane Kommunikation genutzt werden, die nicht für den gesamten Kurs (oder Sie) gedacht ist. Hierdurch werden Hemmungen vermindert, vermeintlich dumme Fragen zu stellen. Bei Verdacht auf Missbrauch wenden Sie sich an den Moodle-Administrator, der Einsicht nehmen kann, um die Verursacher festzustellen.

Halten Sie ein Gespräch zu einem (wöchentlich wiederkehrenden?) vereinbarten Zeitpunkt im gesamten Kurs oder nur innerhalb einzelner Gruppen für sinnvoll (siehe auch den Abschnitt zu *Schreibgesprächen* auf Seite 199), eignet sich am ehesten eine in den Kursbereich eingefügte **Chat**-Aktivität. Hier wird in ungezwungener Form diskutiert. Soll das Gespräch zeitversetzte Anwesenheit in Moodle ermöglichen, eine stärkere Themenorientierung

---

[2] Geeignet ist z. B. die kostenfreie Software *FreeStyler* (`http://www.collide.info`).

haben und eine spätere Weiterführung ermöglichen, so ist eher eine Diskussion als **Forum**-Aktivität geeignet.

4.9 Einleitungsphasen

Einleitungsphasen dienen im Unterricht dazu, den Lernenden zunächst Gelegenheit zu geben, einen allgemeinen Eindruck vom neuen Lerninhalt zu bekommen, an vorhandenes Wissen anzuknüpfen und einen eigenen Bezug zu ihm zu entwickeln. Einleitungsphasen gibt es in einzelnen Unterrichtsstunden, mehrstündigen Unterrichtsequenzen wie auch in wesentlich längeren Unterrichtsreihen. In vielen Situationen bietet sich die Möglichkeit, bestehende Kontraste, Unterschiede oder Differenzen im Vorwissen der Einzelnen der Lerngruppe vor Augen zu führen. Hier kann eine **Abstimmung** helfen, in der die Lernenden zwischen verschiedenen (plakativen?) Positionen wählen müssen. Für die Unterrichtenden sind Abstimmungen eine wertvolle Information über den Grad der Heterogenität bei einzelnen Aspekten des Unterrichtsthemas.

Häufig lassen Unterrichtende abstimmen, um vermutete Kontraste an den Tag zu bringen und mit ihnen zu arbeiten. Bestehen diese nicht, kann z. B. in einem Forum eine Diskussion forciert werden, in der die Unterrichtenden die Gegenposition übernehmen. Oft hilft hier auch eine vehement vertretene Übertreibung einer naiven Schülerposition mit sanfter Andeutung nicht bedachter Konsequenzen.

Zur Anknüpfung an das Schülerwissen bieten sich Internetrecherchen an, in denen die Lernenden Informationen zu einem Lerninhalt suchen und untereinander austauschen. Neben **Datenbanken** und **Foren** mit angehängten Ergebnisdateien bieten sich hier Wikis und Glossare an, die von den Lernenden selbst (kooperativ) erarbeitet werden.

In **Glossaren** lassen sich die Stichworte alphabetisch anordnen. Die Suchfunktion erlaubt außerdem schnellen Zugriff bei großen Begriffsammlungen. **Wikis** eignen sich zur Erstellung von Wissensnetzen. In einer Erklärung sind jeweils schnell Verknüpfungen zu anderen Erklärungen einfügbar. Besonders interessant sind zunächst (bei Bedarf von den Unterrichtenden) eingefügte *blinde* Links, die auf einen noch nicht erklärten Begriff hinweisen und zur Definition auffordern. Auch in Wiki-Netzen bietet die Suchfunktion schnellen Zugriff. Ein Wiki kann als Brainstorming beginnen. Die einzelnen Assoziationen werden zunächst grob, dann immer feinmaschiger und umfangreicher vernetzt.

Gerade in Einleitungsphasen ist die Kommunikation zwischen den Lernenden besonders wichtig. So werden Barrieren bei der Anknüpfung an vorhandenes Wissen überwunden und Missverständnisse vermieden, die sonst anschließende Arbeitsphasen gefährden könnten. Moodle kann sehr verschwiegen sein (gegenüber den anderen Lernenden). Die direkte Ansprech-möglichkeit durch **Sofortmitteilungen** oder **Chat** mit nur zwei Teilnehmern (Unterrichtende und Lerner) kommt der Überwindung von Hemmschwellen entgegen. Gleichzeitig wird in Moodle jeder Mausklick aufgezeichnet und in Berichten gemeldet, was mittelfristig zur Vermeidung von Missbrauch beitragen kann.

4.10 Brainstorming

Ein Brainstorming lebt von der Spontaneität und dem lebendigen Austausch von Ideen in der direkten, mündlichen Kommunikation. Kommt es in einer größeren Lerngruppe zum Einsatz, indem Wortbeiträge zentral gesammelt werden, besteht die Gefahr, dass interessante Ideen „verloren" gehen, weil einzelne Lernende nicht zum Zuge kommen. Dies kann man methodisch durch eine Kartenabfrage vermeiden, bei der jeder die Möglichkeit bekommt, seine Beiträge auf Karten niederzuschreiben. In einer oft langwierigen, nachgeschalteten Phase werden die Karten gesichtet und geordnet.

Für ein Brainstorming mit Moodle schlagen wir ein **Glossar** vor. Jeder Lernende kann Begriffe mit zugehörigen Erklärungen erfassen, oder er schreibt seine Idee oder seinen Beitrag auf und kennzeichnet ihn durch ein Stichwort (siehe Seite 144). Diese Beiträge können im Unterricht geschrieben werden oder außerhalb der Präsenzphase. Nach Abschluss des eigentlichen Brainstormings werden bei der gemeinsamen Sichtung der Beiträge thematische oder inhaltliche **Kategorien** gebildet und im Glossar angelegt. Die Lernenden ordnen jeden Beitrag wenigstens einer Kategorie zu. Doppelte Einträge sollten zunächst zugelassen werden, da sich andere Gedanken hinter dem gleichen Stichwort verbergen können. Kommentieren die Lernenden ihre Beiträge gegenseitig, kann dies eine inhaltliche Vertiefung zur Folge haben, die das weitere Vorgehen bereichert.

Vorteilhaft bei dieser Vorgehensweise ist es, dass alle Lernenden zu Wort kommen und soviel beitragen können, wie sie möchten. Das Brainstorming kann zeit- und ortsgleich erfolgen, genauso gut sind offenere Formen denkbar, die auch mehrere Lerngruppen mit einbeziehen. Beiträge mehreren Kategorien zuzuordnen, kann eine Vernetzung vorbereiten, die wertvoller ist als eine einfache Zuordnung. Als durchaus nachteilig ist zu werten, dass bei dieser Vorgehensweise die mündliche Spontaneität verloren geht. Auch liefert Moodle für die Glossareinträge nur Listenansichten, die aber durchaus die Kategorien berücksichtigen. Für eine flächige Anordnung, wie sie nach einer üblichen Kartenabfrage möglich ist, bringt Moodle kein Bordwerkzeug mit. Hier kann auf andere Werkzeuge zur Erstellung von Mind- oder Concept-Maps zurückgegriffen werden.

An Stelle eines Glossars ist auch die Verwendung von **Foren** denkbar. Hilfreich wäre es, wenn vorher Kategorien als Forumsthemen festgelegt werden, um die Beiträge bei der Erstellung entsprechenden Themenzweigen zuzuordnen. Dies wird sicherlich oft nicht gewollt sein, eine spätere Umorganisation der Themenzweige ist jedoch umständlich.

Der Einsatz eines **Wiki** eröffnet Möglichkeiten, die Beiträge stark zu vernetzen. Ein Wiki für ein fruchtbares Brainstorming zu benutzen setzt viel Erfahrung mit diesem Werkzeug bei den Lernenden voraus, wenn es nicht bremsen soll. Bei synchronem Arbeiten wird die Bearbeitung gleicher Seiten im Wiki sehr wahrscheinlich. Das Wiki nimmt aber nur die Veränderung durch einen Lernenden an, eine weitere Veränderung durch einen anderen wird zunächst abgelehnt und der Änderungsversuch muss wiederholt werden. Dies wirkt sich in der Praxis sehr hinderlich aus.

4.11   Schreibgespräche

Im Sprachunterricht wird gelegentlich die Methode des Schreibgesprächs (mit Sprechverbot) angewendet. Diese Methode findet eine gute Umsetzung sowohl in **Chats** als auch in **Foren** in Moodle und kann im Prinzip auch als Hausaufgabe durchgeführt werden. Die Gesprächsprotokolle sind dann Unterrichtsgegenstand der nächsten Präsenzphase. Mit entsprechender Software wird es möglich, Passagen zu kennzeichnen oder zu annotieren. Wenn das Gespräch im Unterricht stattfindet, können die Protokolle auch Grundlage einer Gesprächszusammenfassung einer Hausaufgabe werden. Wurde die Diskussion in einem Forum geführt, können die Zweige später geteilt, neu zugeordnet und eventuell (nach einer mündlichen Austauschphase) fortgesetzt werden.

4.12   Kooperatives Lernen

Kooperatives Lernen zieht sich durch Moodle wie ein roter Faden. Die Lernplattform selber und viele Werkzeuge sind auf das gemeinsame Arbeiten und Lernen von Schülerinnen und Schülern und deren Lehrerinnen und Lehrern ausgerichtet. An vielen Stellen in diesem Buch kommt dies zum Ausdruck, sei es bei Werkzeugen zur synchronen Kommunikation wie **Chat** und zur asynchronen Zusammenarbeit wie **Foren** und **Wikis**, sei es bei Vorschlägen zur Unterrichtspraxis wie „Kooperative Gedichtinterpretation", „Entdeckendes Lernen mit Experimenten" und „Vokabelheft im Fremdsprachenunterricht" in diesem Kapitel sowie den Anwendungsszenarien „Tourismus in Europa" und „Entdeckendes Lernen in Mathematik" in Kapitel 5.

Moodle unterstützt aber nicht nur die Kooperation der Lernenden durch technische Mittel und Administration von Gruppenarbeit. Methoden zur Gestaltung des Unterrichts und der Steigerung seiner Effizienz, wie sie Norm Green und Heinz Klippert propagieren und in Deutschland zunehmend verbreitet sind, können mit Moodle vorbereitet und umgesetzt werden. Dazu gehören Grundstrukturen wie „Think – Pair – Share"[3] ebenso wie die Realisierung konkreter Methoden wie dem Gruppenpuzzle im Anwendungsszenario „Tourismus in Europa".

Vorteile der Arbeit mit Moodle bestehen u. a. darin, dass kooperative Lernmethoden nicht mehr auf die Unterrichtsstunden beschränkt sind und die Dokumentation der Arbeitsprozesse der Gruppen unterstützt wird. Gerade Letzteres erlaubt es dem Unterrichtenden, mehr Gruppen als sonst in ihrem Lernprozess zu begleiten oder zu beobachten. Auch hier gilt wieder der Grundsatz, dass lebendige Abläufe in Präsenzsituationen nicht aufgezwungen innerhalb einer Lernplattform umgesetzt werden sollen, wenn das natürliche Miteinander darunter leidet, ohne dass tatsächlicher Mehrwert daraus zu erwarten ist.

4.13 Kooperative Gedichtinterpretation

Die Stärken der Lernaktivität **Workshop** können bei Gedichtinterpretationen zur Geltung kommen, um den Austausch von Ideen, die kritische Auseinandersetzung mit Interpretationen zu fördern und deren Niederschreiben einzuüben. Der Unterrichtende gibt zu Beginn der Aktivität ein Gedicht und Hinweise vor, was bei einer Interpretation zu beachten ist, ergänzt durch eine Beispiel-Interpretation dieses Gedichts, die die zuvor beschriebenen Kriterien berücksichtigt. Die Aufgabe der Lernenden ist es nun, die vorgegebene Interpretation kritisch zu analysieren, um so die Kompetenzen für die eigene Arbeit zu vertiefen.

Die eigenständige Interpretation erfolgt anhand eines weiteren Gedichts. Dazu können einige Gedichte vorgegeben werden und eine Zuordnung mit Hilfe der Aktivität **Abstimmung** in Form einer Gruppenwahl erfolgen (siehe Seite 42). Damit ist sichergestellt, dass jedes Gedicht von mehreren Lernenden bearbeitet wird, die im Folgenden enger zusammenarbeiten.

Jeder Lernende interpretiert nun das gewählte Gedicht eigenständig und reicht seine Interpretation in Moodle innerhalb der Workshop-Aktivität ein. Diese fordert auch die gegenseitige Beurteilung zwischen den Lernenden ein und ordnet diese entsprechend der Gruppeneinteilung automatisch zu.

---

[3] *Think*: Der Lernende beschäftigt sich alleine mit der Aufgabenstellung, macht sich Notizen, recherchiert, notiert Gedanken, ... *Pair*: Mit einem Partner oder in einer kleinen Gruppe werden die Ergebnisse der individuellen Arbeit ausgetauscht und zusammengeführt. *Share*: Die Partner oder die Gruppe präsentieren ihre Ergebnisse im Plenum, woraufhin sie mit denen der anderen Gruppe verglichen und vertieft werden.

Die Gesamtbeurteilung erfolgt durch den Unterrichtenden, der für jeden Lernenden die Interpretation des Gedichts und die Beurteilung der Leistung von Mitschülern berücksichtigt. Diese Struktur des gemeinsamen Lernens lässt sich auf andere Fächer und Themen übertragen.

4.14 Individuelle Förderung

Präsenzunterricht in heterogenen Lerngruppen hat Grenzen, mitverursacht durch Unterschiede in der Auffassungsgabe, im Lerntempo, in lern- und entwicklungspsychologischer Hinsicht. Der Einsatz von Moodle kann bestehende Beschränkungen aufbrechen. Schülerinnen und Schüler können sich den Lernstoff vorangegangener Jahrgänge erarbeiten, indem sie **Kursen** zugeordnet werden, die diesen erschließen helfen. Beachten Sie hierbei die Datenschutzrechte der damaligen Lernenden: Anonymisieren Sie die Kurse bei Bedarf im Nachhinein oder stellen Sie eine Kopie des Kurses ohne Nutzerdaten bereit (siehe Seite 100).

Eine besondere Unterrichtshilfe bilden Moodle-gestützte **Selbsttests**, die die Lernenden automatisch auf für sie geeignetes Arbeitsmaterial hinweisen oder es sogar bereitstellen (siehe Seite 208).

Individuelle Förderung ist auch bei den Leistungsspitzen eines Kurses gefragt. Hier sind viele Formen denkbar, bei denen Moodle hilft, die engen Grenzen des Klassenraums auszudehnen:

- In Moodle können jahrgangsübergreifend Lernende mit ähnlichem Interesse und Leistungsvermögen zu virtuellen Lerngruppen zusammengeschlossen werden. Diese erhalten dann durch entsprechende Moodle-Kurse Begegnungsräume und Ressourcen für die gemeinsame Arbeit. In diesem Zusammenhang sind **Chats** und **Foren** für die direkte Kommunikation wesentlich, da die neue Lerngruppe räumlich getrennt sein kann.

- Der Zugriff auf die Ressourcen des World Wide Web erschließt neue Informationsquellen. Ausgangspunkte für Recherchen können in Moodle abgelegte Link-Sammlungen sein. Die gefundenen Informationen lassen sich in Moodle in **Foren**, **Wikis** oder **Datenbanken** dokumentieren – auch für Mitschüler.

- In den Naturwissenschaften und darüber hinaus können die Lernenden an authentischen Herausforderungen ihr Wissen und ihre Kompetenzen erweitern. Lerngegenstände können auch außerhalb der Curricula liegen. Didaktische Modellierungssoftware kann hier zum Einsatz kommen, um Problemlösen und Forschen Raum zu geben. Für das Studium geschlossener Ökosysteme im Biologieunterricht helfen Links auf Forschungsergebnisse und didaktische Modellierungswerkzeuge der NASA.[4]

[4] http://www.nasa.gov

Das kostenfreie Rahmensystem FreeStyler der Forschungsgruppe Collide der Universität Duisburg-Essen[5] stellt Modellierungssprachen zu unterschiedlichen Themengebieten bereit: Klassische Genetik und Populationsgenetik (Biologie), Stochastische Experimente (Mathematik), Dynamische Systeme (Informatik, Mathematik, NW, Gesellschaftswissenschaften), Endliche Automaten (Informatik), ...

- Sie können mit Moodle den nötigen Rahmen für eigenständiges Arbeiten Ihrer besonders begabten oder interessierten Schülerinnen schaffen und es in lockerer Form begleiten. In den Moodle-Kursen können Basis-Informationen, motivierende Aufgabenstellungen und die didaktische Software in Form externer Werkzeuge (siehe Seite 181) verankert sein.

4.15 Entdeckendes Lernen mit Experimenten

Der Einsatz computergestützter Lernwerkzeuge fördert schülerorientierten Unterricht und das Lernen an authentischen Problemstellungen insbesondere im mathematisch-naturwissenschaftlichen Unterricht gerade dann, wenn die Durchführung realer Experimente an unterrichtliche oder reale Grenzen stößt. Entsprechende Lernprogramme ermöglichen das Modellieren und Simulieren von Experimenten und helfen den Lernenden bei der Analyse der Ergebnisse. Entdeckendes Lernen und experimentelles Vorgehen zur Erweiterung der eigenen Kenntnisse gehören speziell in diesen Fächern eng zusammen.

Andererseits hat sich in der Unterrichtspraxis gezeigt, dass „freies", entdeckendes Lernen zwar zu durchaus beachtlichem Lernzuwachs führt, aber die „ursprünglichen" Lern- oder Erkenntnisziele nur selten in vertretbarer Zeit erreicht werden. Hilfreich und zeitökonomisch sinnvoll sind Formen entdeckenden Lernens, in denen die Schülerinnen und Schüler angeleitet werden.

Dies kann durch direkte Kommunikation mit dem Unterrichtenden geschehen, dessen Möglichkeiten bei der üblichen Größe der Lerngruppen allerdings begrenzt sind. Praktikabler ist es, mit den Lernenden die Vorgehensweise abzusprechen und den Arbeitsprozess z. B. in Form des Erkundungszyklus[6] (Abbildung 4.2) zu strukturieren. Die Lernenden probieren die einzelnen, aufeinander folgenden Schritte zunächst exemplarisch aus und üben sie ein. Für die Bearbeitung von Problemstellungen oder Forschungsaufgaben können sie sich an diesem Schema orientieren. Dies ist

---

[5] http://www.collide.info
[6] White und Frederiksen: „Technology Tools and Instructional Approaches for Making Scientific Inquiry Acessible to All", Seite 330. In: Jacobson und Kozma (Hrsg.): „Innovations in Science and Mathematics Education", Mahwah, New Jersey: Lawrence Erlbaum, 2000.

während des Arbeitsprozesses hilfreich, um das Ziel zu erreichen, und genauso im Nachhinein, um den eigenen Lernprozess zu reflektieren und die gesammelten Erfahrungen für spätere Vorhaben zu verinnerlichen.

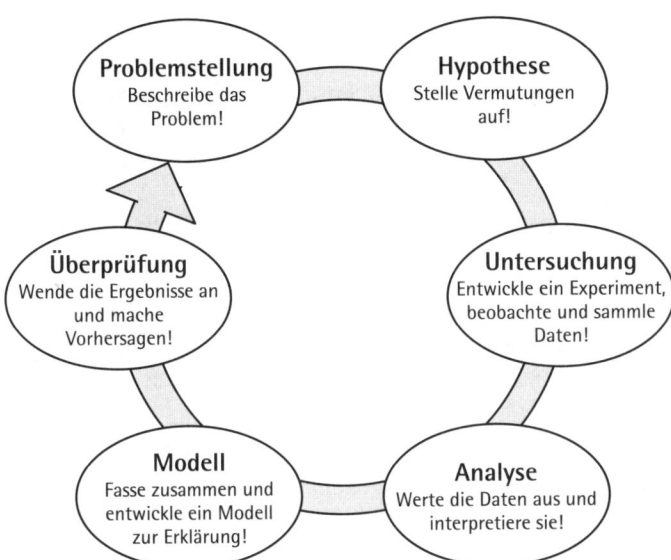

Abbildung 4.2:
Entdeckendes Lernen
mit dem
Erkundungszyklus

Die Abfolge der Schritte des Erkundungszyklus lässt sich in Moodle leicht nachbilden. Für Problembeschreibung und Hypothese nutzt man **Online-Aufgaben** (siehe Seite 119), Experimente führt man mit **externen Werkzeugen** (siehe Seite 181) eingebettet in oder außerhalb von Moodle aus. Kooperative Werkzeuge wie **Chat**, **Wiki** und **Foren**, die für die einzelnen Gruppen eingerichtet sind, helfen den Lernenden dabei, gesammelte Daten zusammenzutragen, gemeinsam zu interpretieren und sich auf eine Erklärung zu verständigen. Während dieses Lösungsprozesses können die Lernenden über Moodle kommunizieren, um (Zwischen-)Ergebnisse abzufragen und zu sichern, sowie die Ergebnisse in Bezug auf die Aufgabenstellung zu überprüfen (Validierung).

Ergebnis und Prognosen zur ursprünglichen Problemstellung aller Arbeitsgruppen lassen sich in einem übergreifenden Forum sammeln und gruppenübergreifend diskutieren.

4.16 Vokabelheft im Fremdsprachenunterricht

Für ein Vokabelheft liegt die Verwendung eines **Glossars** nahe (siehe Seite 140). Vokabeln, die der Lehrer mit ihrer Bedeutung vorgeben will, kann er in ein **Hauptglossar** aufnehmen. Hierauf können Lernende nur lesend zugreifen. Fruchtbarer ist es, die Lernenden in die Erstellung des Vokabelheftes einzubinden. Hierfür ist ein **Standardglossar** die richtige Wahl, in dem Kommentare zu den Einträgen erlaubt sind. Doppelte Einträge kann man ausschließen. Das Anzeigeformat Wörterbuch mit Synonymen bietet sich an.

Vereinbaren Sie mit den Schülern, ob die Vokabeln aus der Fremdsprache ins Deutsche übersetzt werden sollen oder ob Erklärungen in der Fremdsprache gefordert sind. Die Lernenden können die Vokabeln mit ihrer Bedeutung und Synonymen selber erfassen und gegenseitig kommentieren. Auch Abbildungen können ergänzt werden. Der Unterrichtende kann fertige Erklärungen ins Hauptglossar übernehmen, indem so dokumentiert wird, wie der Wortschatz der Lerngruppe wächst.

Häufig werden Vokabeln zu thematischen Wortfeldern erarbeitet. Werden für diese Wortfelder **Kategorien** angelegt (siehe Seite 146) und die Vokabeln diesen Kategorien zugewiesen, lassen sich später die Vokabeln nach Wortfeldern geordnet auflisten. Einträge im Glossar können mehreren Kategorien zugeordnet werden. Legen Sie für jede Lektion eine neue Kategorie an, lassen sich die Vokabeln auch nach Lektionen zusammenstellen und für die Wiederholung auflisten oder ausdrucken.

Wenn Sie die automatische Verlinkung benutzen wollen, gibt es Probleme mit abweichenden Wortformen zum Beispiel bei der Deklination und Konjugation von Nomen beziehungsweise Verben und selbstverständlich bei der Zeitenbildung. Einen gewissen Freiraum gewinnt man, wenn man bei der Erfassung der Vokabeln auf die Option verzichtet, die sicherstellt, dass nur vollständige Wörter verlinkt werden. Spätestens bei unregelmäßigen Verben fällt die Worterkennung bei einem veränderten oder verkürzten Wortstamm wieder aus.

4.17 Lerntagebuch

Das Lerntagebuch ist eine besondere Form des Schüler-Feedbacks. Es bietet Lernenden Gelegenheit, begleitend zum Unterricht Erfahrungen und Lernfortschritte zu dokumentieren und zu reflektieren, mit dem Ziel die Lernkompetenz zu fördern. Gleichzeitig gibt es dem Lehrenden Einblick in den persönlichen Lern- und Reflektionsprozess der Lernenden.

Wichtige Aufgabe des Lehrenden ist die Fokussierung. Durch passende Fragen gibt er Impulse, zu welchen Aspekten des Lehrens und Lernens die Schülerinnen und Schüler Aufzeichnungen vornehmen. Mit den Lernenden kann abgesprochen werden, ob das Lerntagebuch erst nach Abgabe vom Lehrenden eingesehen wird oder ob auch während des Schreibprozesses Kommentierungen vorgenommen werden.

Das Angebot eines Lerntagebuchs in Moodle erspart den Besitz und das (ständige) Bereithalten des Lerntagebuchs, setzt aber einen regelmäßigen Zugang zu Moodle – auch außerhalb des Präsenzunterrichts – voraus. In Moodle 1.x unterstützte das Werkzeug **Journal** die Abwicklung von Lerntagebüchern. Inzwischen gehört es nicht mehr zu den Standardmodulen. Stattdessen kann das Werkzeug **Aufgabe - Online-Texterfassung** in geeigneter Form konfiguriert und genutzt werden (Seite 122). Diese Aufgabenart ist geeignet in das Moodle-Bewertungssystem eingebunden.

4.18   Mindmaps

Mindmaps sind ein gebräuchliches Mittel, um Zusammenhänge und Abhängigkeiten von Themengebieten darzustellen. Im Unterricht vieler Fachrichtungen werden sie mit Erfolg eingesetzt. Ergebnisse von Brainstorming-Phasen können im Klassenverband geordnet oder bekannte Sachgebiete als Vorbereitung auf Lernzielkontrollen selbstständig von Lernenden strukturiert werden. Für die Erstellung von Mindmaps wird grundsätzlich kein elektronisches Medium benötigt, dennoch gibt es zahlreiche Programme zu diesem Zweck. Überarbeitungen, Ergänzungen und Umstellungen werden durch sie deutlich erleichtert, aber auch die kooperative Erstellung.

Überraschenderweise enthält Moodle bislang kein eigenes Standard-Werkzeug[7] für die Erstellung von Mindmaps. Genügend didaktische Gründe sprechen dafür, technische Problemlösungen gibt es ebenfalls. Dennoch muss man in Moodle nicht auf Mindmaps verzichten. Mindmaps können als Arbeitsmaterial in einem Kurs abgelegt werden. Zu abgelegten Dokumenten werden entsprechend der Dateiendung auf dem Rechner befindliche Programme gestartet, wie ab Seite 181 beschrieben. Passende Programme sind z. B. *FreeMind* und *XMind*.

Für den kooperativen Einsatz ist das Werkzeug *MindMeister* interessanter. Damit erstellte Mindmaps werden im Internet vorgehalten und können über ihre URL und die Funktion **Arbeitsmaterial... | Link** eingebunden werden. Bei MindMeister eingeschriebene Benutzer können diese Mindmap[8] weiter bearbeiten. Wird der Link als Arbeitsmaterial abgelegt, wird beim Anklicken per Web-Start automatisch die Mindmap in der Anwendung MindMeister nicht nur zur Ansicht geöffnet.

---

[7]   Ein einfaches Mindmap-Tool, das als eigenes Werkzeug in Moodle integriert werden kann, stellt die Firma Ekpenso (`http://ekpenso.com`) bereit.

[8]   MindMeister erlaubt die kostenfreie Erstellung von drei Mindmaps. Drei Mindmaps pro Schüler einer Klasse oder eines Kurses können kooperativ entwickelt werden – eine ausreichend große Zahl.

4.19   Schüler-Feedback

Individuelle Förderung kann durch Rückmeldungen von Schülerseite initiiert, begleitet und gefördert werden. Es gibt zahlreiche Methoden, um Schüler-Feedback einzuholen.

Moodle unterstützt Formen außerhalb der Präsenzzeit. Das **Lerntagebuch** wurde bereits auf Seite 204 als offene Form vorgestellt, die den Lernenden viel Raum für ausführliche Antworten gibt. Eine Alternative ist ein von Ihnen bereitgestellter Fragebogen, der über die Aktivität **Feedback** (siehe Seite 49) erstellt, erfasst und (statistisch) ausgewertet wird. Hierbei wird – bei entsprechender Konfiguration – die Anonymität der Teilnehmer gewahrt.

Der Feedback-Prozess kann andererseits gerade durch gemeinsames Reflektieren angeregt werden. Hierfür bieten sich in Moodle **Foren** an, in denen sich die Lernenden direkt aufeinander beziehen, oder **Wikis**, die für ein gemeinsames Feedback z. B. einer Arbeitsgruppe geeignet sind.

4.20   Experten als Lernpartner für den Unterricht

Das Einbinden externer Fachexperten als Lernpartner in den Unterricht kann für den Lernprozess förderlich sein, findet aber aus organisatorischen Gründen nur selten statt. Moodle ermöglicht es Ihnen, Ihre Schülerinnen und Schüler mit diesen Fachexperten ins Gespräch kommen zu lassen, ohne auf Terminvereinbarungen angewiesen zu sein. Widmen Sie zum Beispiel ein **Forum** dieser Diskussion und lassen Sie Ihre Schülerinnen und Schüler Fragen stellen, die dann (mit entsprechender Zeitverzögerung) beantwortet werden. Fruchtbar kann auch die Vorstellung eines Arbeitsergebnisses (z. B. ein Bewerbungsschreiben vor einem potentiellen Arbeitgeber) sein, welches dann kommentiert und besprochen wird. Die Vorteile **asynchroner Kommunikation** in Moodle sind vor allem in diesem Bereich förderlich.

4.21   Schüleraustausch

Vielfältig sind die Bestrebungen des internationalen Austauschs zwischen Schulen (erwähnt sei nur das Comenius-Projekt in Deutschland). Dieser Austausch kann mit Moodle vor- wie nachbereitet, wenn nicht sogar initiiert werden. Hierzu können Sie einen **Kurs** einrichten und neben Ihren Schülern auch eine Klasse Ihrer Austauschschule einladen. Es können **gemischte Arbeitsgruppen** gebildet werden, die Unterschiede und Gemeinsamkeiten des Lebens in beiden Ländern (z. B. in der Musik, im Umgang mit der Familie, spätere Berufswahl,...) herausarbeiten sollen. Kommuniziert wird nahezu ausschließlich über Moodle. Um schon vor einem persönlichen Treffen ein Bild von den anderen Mitschülerinnen (über die Zusammenarbeit hinaus) zu haben, ist hierbei das Pflegen der einzelnen **Nutzerprofile** besonders wichtig (siehe Seite 75).

4.22 Verbreiterungsphasen

Nach einer Arbeitsphase kann es wichtig sein, individuell oder in Gruppen erreichtes Wissen auf die gesamte Lerngruppe zu verbreitern. Sind die Arbeitsergebnisse in graphischer Form oder in Textform in einer **Datenbank** oder einem **Forum** gesammelt, lassen sich diese mittels Datenprojektor der Lerngruppe vorstellen und von den „Urhebern" vor dem Plenum verteidigen. Gute Arbeitsergebnisse werden auf diese Weise gewürdigt, aber auch Schwächen offenbart. Das Wissen um eine bevorstehende Präsentation am Ende der Arbeitsphase kann das Engagement und die Qualität der individuellen Arbeit steigern.

Überhänge aus diesen Diskussionen können zu Themenzweigen eines **Forums** werden, das die Lernenden auch im Nachmittagsbereich für weitere Diskussionen nutzen. Sind die Forumsdiskussionen vielfältig, kann deren Zusammenfassung eine lohnenswerte Hausaufgabe sein.

4.23 Unterrichtsprotokolle anfertigen

Eine gängige Methode zur Sicherung von Unterrichtsergebnissen sind Unterrichtsprotokolle. Diese werden herkömmlich auf Papier eingereicht und (bei Bedarf) für den Kurs vervielfältigt.

Benutzen Sie einen begleitenden **Kurs im Wochenformat**, können Sie die Protokolle zeitlich passend als **Arbeitsmaterial** oder in einem besonderen Verzeichnis ablegen, das Sie im **Kursdateibereich** verlinken. In beiden Fällen kommt Ihnen die Arbeit zu, da Lernende nicht über entsprechende Rechte verfügen.

Abhilfe schafft hier ein **Forum**, in dem die Lernenden ihre Protokolle als Anhänge zu ihren Forumsbeiträgen ablegen. Wesentlich komfortabler ist eine Moodle-**Datenbank** speziell für Unterrichtsprotokolle, in die die Lernenden Mitschriften einpflegen und kommentieren. Werden die Protokolle nicht auf dem Computer, sondern handschriftlich erstellt, lassen sie sich mit einer (einfachen) Digitalkamera oder einem Scanner digitalisieren. Dies ist auch hilfreich bei Skizzen, Diagrammen u. ä. Allerdings kann es schnell passieren, dass Ihnen diese Arbeit zukommt, wenn Lernende nicht über die nötigen Kenntnisse oder Mittel verfügen.

4.24 Prüfungsvorbereitung

Vor Klausuren ist bestimmt ein sprunghafter Anstieg der Moodle-Aktivitäten Ihrer Schülerinnen und Schüler zu bemerken („Saisonarbeit"). In dieser Zeit ist der Zugriff auf das erarbeitete Lernmaterial und auch die Kommunikation untereinander sehr wichtig. Gerade jetzt bewährt sich ein stabiles Computersystem.

Eine Unterstützungsmöglichkeit zur Prüfungsvorbereitung besteht darin, Beispielaufgaben zur Verfügung zu stellen. Ihre Schülerinnen und Schüler können dann Musterlösungen erarbeiten und **Foren, Chats** sowie das **Moodle-Mitteilungssystem** zur Klärung von Fragen nutzen. Wikis eignen sich besonders für komplexere Aufgaben, zu denen mehrere aus der Lerngruppe Lösungsideen beitragen oder fehlerhafte Ansätze diskutieren. Sie erhalten wichtige Rückmeldungen, wo „der Schuh drückt" bzw. welche Inhalte vielleicht nochmals behandelt werden müssen.

Statt eigener Aufgabenbeispiele empfehlen sich hier zunehmend die Aufgaben zentraler Prüfungskommisionen (z. B. alte Aufgaben des Zentralabiturs oder der Lernstandserhebungen).

4.25 Einschätzung des Lernstandes

Regelmäßig messen Sie im Schulalltag den Lernstand Ihrer Schüler und geben ihnen Rückmeldung. Moodle kann dabei mit starken Einschränkungen helfen. Die Aktivitätsberichte sind höchstens ein Anhaltspunkt. Überprüfen Sie die Qualität der Beiträge z. B. in einem **Forum**. Eine geringe Nutzung der Moodle-Werkzeuge kann eher ein Zeichen für eine vorsichtige Einstellung gegenüber Computern als für mangelndes Fachwissen sein.

Für die Selbsteinschätzung der Schülerinnen und Schüler lassen sich digitalisierte Aufgabensammlungen als **Arbeitsmaterial** (am besten mit Musterlösungen) in einen Kurs einfügen. Die Bearbeitung und Selbstkontrolle erfolgt außerhalb von Moodle.

Für eine automatisierte Überprüfung sind **Tests** geeignet, aber mit einem hohen Vorbereitungsaufwand verbunden, der sich erst bei hohen Schülerzahlen oder mehreren Wiederholungen in aufeinanderfolgenden Jahren lohnt. Dazu müssen Testfragen eingegeben und in **Tests** zusammengestellt werden. Für jede Frage sind neben der Lösung weitere Rückmeldungen für falsche oder teilweise richtige Antworten vorzudefinieren, um halbwegs „intelligente" Rückmeldungen zu ermöglichen. Eine Kooperation von Fachkollegen mehrerer Schulen ist sehr empfehlenswert.

Grundsätzlich sollten lehrerseitig bearbeitungsintensive Fragen (wie z. B. **Freitext**) vermieden werden, auch wenn diese Bestandteil der Lernstandserhebungen sind. Kenntnisse zu grundlegenden Lerninhalten lassen sich gut mit Multiple-Choice-Fragen überprüfen und automatisiert bewerten. Die korrekte Anwendung der Rechenverfahren z. B. in der Bruchrechnung lässt sich komfortabel mit Berechnungsfragen bewerkstelligen

4.26 Abwesenheit von Schülerinnen und Schülern

Bei kurzzeitigem Fehlen durch geringfügige Erkrankungen oder Exkursionen, die nur einzelne aus der Lerngruppe betreffen, bilden im Moodle-Kurs abgelegte Mitschriften der Unterrichtsinhalte in Kombination mit Arbeitsmaterialien und Hausaufgabe eine vollständige Basis, um das Versäumte zeitnah nachzuarbeiten.

Eine besondere Unterrichtsherausforderung kann in der (Re-)Integration von Lernenden liegen, die z. B. durch Krankheit oder Auslandsaufenthalt über einen längeren Zeitraum nicht am Präsenzunterricht teilnehmen können. Auch während ihrer Abwesenheit können sie anhand der Unterrichtsdokumentation und der Lernaktivitäten (z. B. die Entwicklung von Diskussionen in **Foren**) in Moodle das Unterrichtsgeschehen mitverfolgen und sich einbringen. Sie können Hausaufgaben einreichen, Leistungsnachweise erbringen und entsprechende Beurteilungen seitens des Unterrichtenden erhalten.[9] Von besonderer Bedeutung ist, dass die Erkrankten in Kontakt mit ihrer natürlichen Lerngruppe bleiben und so, gerade bei Langzeiterkrankungen, die Reintegration erleichtert ist. Dazu können auch Video-Konferenzen[10] beitragen. Diese Form zur Öffnung des Klassenraums ist auch interessant zur temporären Einbindung von Fachexperten in den Unterricht.

4.27 Vertretungsstunde

Sollten Sie Moodle regelmäßig in Ihren Lerngruppen einsetzen, besteht die Möglichkeit, von Ihnen nicht persönlich erteilte Stunden durch Gestaltung eines Moodle-Abschnitts vorzubereiten. Muss es schnell und einfach gehen, kann ein vorgefertigtes Arbeitsblatt oder die Seitenangabe im eingeführten Schulbuch ausreichen. Ihre Schülerinnen und Schüler sind dann in der Verantwortung, dem zu Ihrer Vertretung eingesetzten Kollegen Ihren Arbeitsauftrag für die Stunde zu erklären. Hierbei ist es sicher hilfreich, wenn auch dieser Kollege Moodle-Erfahrungen hat. Es hat sich auch bewährt, Ergebnisprotokolle z. B. in einem **Forum** von den Lernenden einzufordern.

---

[9] Bedenken Sie hierbei Ihre mangelnde Kontrollmöglichkeit, ob Arbeitsergebnisse wirklich von einem betroffenen Schüler stammen.

[10] Beispielsweise wird eine Skype-Unterstützung in Moodle als Nicht-Standard-Modul angeboten.

Sollten Sie krank sein, kann das Vorbereiten Ihres Unterrichts nicht von Ihnen verlangt werden. In diesem Fall können vorbereitete Moodle-Kurse helfen, die etwa von der Fachkonferenz im Laufe der Zeit nach und nach erstellt (oder im Internet recherchiert werden) können (Vertretungsstundenbeispiele finden sich auch im nächsten Kapitel). Die Sicherung eines solchen Mini-Kurses oder Kursabschnittes für eine (oder mehrere) Schulstunde(n) wird vom vertretenden Kollegen zu Beginn der Unterrichtsstunde im Moodle-Kurs zum Unterricht „wiederhergestellt" (siehe Seite 100). Ein Import aus bereitgestellten Beispielkursen funktioniert sogar schneller. Im Notfall kann ein Vertretungsstundenkurs zu Stundenbeginn für Gäste freigeschaltet werden, worin die Lernenden dann aber nur Leserechte haben und keine Ergänzungen vornehmen können.

4.28 Ungewollte Nebentätigkeiten im Unterricht

Auch in unserem Unterricht führen Schülerinnen und Schüler Nebentätigkeiten aus, die nicht auf das Unterrichtsziel ausgerichtet sind und nur schwer von uns Lehrern unterbunden werden können. Diesen Nebentätigkeiten bietet der Computereinsatz ebenfalls einen Mehrwert (Wie wäre es mit einem kleinen Chat während des Lehrervortrages?). Begegnet werden kann diesem nicht lernzielgemäßen Gebrauch des Computers mit der Durchsicht der in Moodle erstellten Aktivitätsberichte. Oftmals hilft auch schon die Androhung dieser Maßnahme.

Wir empfehlen weitergehend, die Verantwortlichkeit der Schüler für den Unterricht zu stärken, indem sie auf Arbeitsergebnisse verpflichtet werden, Aufträge selbst lesen und vom Lehrer nur weiterführende Erklärungen erfragen oder mit ihm Verständnisprobleme klären. Mit der Verlagerung der Verantwortlichkeit für den Lernprozess auf die Schülerinnen und Schüler verringert sich der Umfang von Nebentätigkeiten vermutlich nur wenig, erfahrungsgemäß vermehrt sich aber das Engagement der Lernenden zur Erreichung der Lernziele.

4.29 Klassenfahrt

Die Vor- und Nachbereitung einer Klassenfahrt lassen sich gut mit Moodle unterstützen. Geben Sie Informationen über von Ihnen gemachte Reisevorschläge z. B. als **Arbeitsmaterial**. Erlauben Sie das Hinzufügen von Informationen durch Ihre Schülerinnen z. B. in **Foren** oder einer **Datenbank**. Lassen Sie die Entscheidung über das Reiseziel mit einer **Abstimmung** treffen. Fördern Sie die Motivation Ihrer Schülerinnen auf die Klassenfahrt, indem Sie selbst auch (wöchentlich?) neue Informationen hierzu preisgeben.

Lassen Sie die Zimmerbelegungen per Abstimmung treffen, wobei Sie hierbei den Gruppenprozess im Auge behalten. Schülerinnen und Schüler können einzelne oder ein **Gesamtblog** zu ihrer Klassenfahrt führen, welches aktuell von den Eltern zu Hause mitverfolgt werden kann. Beachten Sie den Datenschutz! Auch muss eine Internetverbindung am Reiseort zur Verfügung stehen.

Aufträge können in Form von **Aufgaben** vergeben werden, die (über eine Abstimmung?) zuvor ausgehandelt werden und wenige Wochen nach der Klassenfahrt einzureichen sind. Nach der Klassenfahrt können Bilder in **Datenbanken** ausgetauscht werden. Die Klasse kann Rückmeldung über die Fahrt (kurz per Abstimmung, ausführlich per Forum) geben.

4.30 Elternpflegschaft

Der Kontakt zur Elternpflegschaft verläuft häufig in Abendarbeit am Telefon. Diese kann reduziert werden, falls alle (oder einzelne) Eltern Zugang zum unterrichtsbegleitenden Moodle-Kurs erhalten. Vermutlich haben einige Eltern schon den Zugang ihrer Kinder genutzt, um Ihre Anforderungen und die Lernwege ihrer Kinder besser zu verstehen.

Wie wäre es mit einem **Forum** nur für die Eltern, in dem kurzfristig aktueller Gesprächsbedarf gestillt werden kann? Zusätzlich und vermutlich häufiger werden Sie über das Moodle-Bordsystem **Mitteilungen** einzelner Eltern erhalten und beantworten. Wenn Sie einen eigenen Kurs für Eltern im Sozialen Format zum Informations- und Meinungsaustausch einrichten, kann dieser (durch Vor- und Nachbereitung) die Elternpflegschaftssitzungen entlasten. Solche Kurse für Eltern können auch klassen- (jahrgangs-, schul-) übergreifend eingerichtet werden und so (bei adäquater Nutzung) der Zusammenarbeit und der demokratischen Entscheidungsfindung in Gremien dienen. Moodle-Werkzeuge wie **Abstimmungen**, **Foren**, **Kalender** unterstützen auch diese Arbeit und fördern die Zusammenarbeit in der Schulgemeinde.

4.31 Kollegiumsinterner Einsatz

Lernplattformen wie Moodle unterstützen Kommunikation, Organisation und Dokumentenverwaltung in einer Institution. E-Mail, Foren, Adressbücher, strukturierte Dateiablagen etc. sind den Unterrichtenden bereits bekannt. Setzt man diese Werkzeuge integriert in Moodle für die Arbeit der eigenen Institution ein, eröffnet das neue Möglichkeiten für die Zusammenarbeit oder vereinfacht und intensiviert bestehende Abläufe. Innerhalb des Kollegiums bietet sich Moodle an, um

- Nachrichten und Termine anzukündigen und zu verbreiten,

- Termine im Kalender zu verwalten und zu koordinieren,

- Informationen, Vereinbarungen und Arbeitsmaterialien zu strukturieren und zu archivieren,

- Kontakte und Kommunikation zu unterstützen und zu organisieren,

- Gedankenaustausch anzuregen und Ergebnisse zu dokumentieren.

Sowohl Gremien (Lehrerkonferenz, Fachkonferenzen, Lehrerrat, ...), Abteilungen (z. B. Erprobungsstufe, Oberstufe, Naturwissenschaft), Schulleitung und Schulkonferenz als auch Arbeitsgruppen für Schulleben und Schulentwicklung (wie Festausschuss, Drogenprophylaxe, Begabtenförderung, ...) werden dabei in ihrer Arbeit adäquat unterstützt.

Wichtig für einen effektiven Einsatz einer Lernplattform ist eine breite Akzeptanz in der Institution, insbesondere in einem Kollegium. Zwar können auch einzelne Gremien und Lerngruppen von der Arbeit mit Moodle profitieren, im Schulalltag sind solche Insellösungen aber häufig kurzlebig. Hat eine Schule sich für den langfristigen Einsatz entschieden, ist es von Vorteil, wenn ein Großteil des Kollegiums praktische Erfahrungen mit Moodle erwirbt, bevor die Arbeit mit den Lerngruppen beginnt.

In einer Vorlaufphase kann das Kollegium begleitend zum Unterrichtsalltag die Arbeitsweise mit Moodle kennen lernen. So lassen sich Chancen und Vielfalt entdecken, Wünsche und Anforderungen erfassen und Diskussionen über mögliche Risiken anstoßen. Die Erfahrungen und Gesprächsergebnisse können in ein Konzept einfließen, in dem vereinbart wird, wie die Verwendung in der Schule und die Arbeit mit den Schülerinnen und Schülern aussehen können.

4.32 Vertretungsplan

Sollte der Gebrauch mit Moodle in Ihrem Kollegium schon weit verbreitet sein, ist es möglich, die Organisation des Vertretungsplans über Moodle abzuwickeln.[11] Hierzu kann ein Vertretungsplankurs in einem für Schüler nicht zugänglichen Lehrerbereich eingerichtet werden, der auch von den Lehrerheimarbeitsplätzen eingesehen werden kann.

Hier wird der Vertretungsplan für jeden Unterrichtstag bekanntgegeben und aktualisiert. Dies geschieht im einfachsten Fall durch das Hochladen

---

[11] Wegen des erhöhten Sicherheitsaspekts muss dann die Stabilität des Systems durch eine sofort erreichbare (externe) Administration sichergestellt werden.

eines PDF-Dokuments als **Arbeitsmaterial** in den Kursbereich oder als Anhang in einem **Forum**. Ein Ausdruck kann wie gewohnt am Mitteilungs-
brett bereitgehalten werden. An weiteren Plätzen im Schulgebäude sollten
PCs mit Zugriff auf das schuleigene Moodle für die Kollegen bereitstehen.
Ein Forum bietet den Vorteil, dass zu den Vertretungsstunden vorbereitete
Arbeitsaufträge (inklusive Material) vom abwesenden Kollegen angehängt
und an den (vielleicht zum Zeitpunkt der Erstellung noch nicht eingeteil-
ten) vertretenden Kollegen weitergereicht werden können. Moodle bietet
hier eine schnelle Alternative zur Entlastung der Lehrerfächer.

4.33 Mechanismen gegen Plagiate

Die Versuchung, Arbeitsaufträge durch eine Recherche im WWW und einige
Copy-and-Paste-Aktionen zu erfüllen, ist für viele Schüler und Studenten
sehr groß. Der Lerneffekt ist äußerst gering. Einige Lehrerinnen und Lehrer
akzeptieren nur noch handgeschriebene Arbeiten, womit zumindest eine
gewisse Art der Datenverarbeitung garantiert ist.

Moodle 2 erlaubt die Einbindung von Werkzeugen durch den Administrator,
die die Suche nach Plagiaten ermöglichen. In Moodle abgelegte Dokumente
können nach Übereinstimmungen mit Texten im WWW untersucht werden.
Erfahrungen mit diesen Werkzeugen liegen den Autoren bislang nicht vor.

5

Anwendungsszenarien

5.1 Kooperatives Lernen in Erdkunde – Tourismus in Europa

Zum Thema „Tourismus in Europa" wird ein Moodle-Kurs mit Bezug zum Fach Geographie angeboten, der verschiedene Lernaktivitäten des kooperativen Lernens verbindet und zusätzlich über ein Lerntagebuch die Begleitung des Lernprozesses und eine individuelle Bewertung ermöglicht.

Die Lerngruppe wird zunächst in Gruppen aufgeteilt, die sich unterschiedlichen Aspekten des Themas widmen. Zum gewählten Thema bietet es sich an, die Schülerinnen und Schüler zu unterschiedlichen Ländern arbeiten zu lassen. Für die Absprachen während des Gruppenarbeitsprozesses und für den Austausch von Informationen steht jeder Gruppe ein Forum zur Verfügung, das von anderen Gruppen nicht einsehbar ist. Darüber hinaus wird für jede Gruppe ein Wiki eingerichtet, das einerseits die Ergebnisse in Schrift, Grafik und Bild aufnehmen kann, andererseits aber auch während der Erarbeitung zur Arbeitsteilung und Strukturierung der Vorgehensweise beitragen soll. Ergänzend soll jeder Lernende ein Lerntagebuch realisiert als **Aufgabe - Online-Texteingabe**[1] benutzen, um über seine Arbeitsfortschritte und seinen Lernprozess zu berichten. Am Ende des Projekts stehen neben den namentlich gekennzeichneten Beiträgen und Überarbeitungen im Wiki die individuellen Lerntagebücher der Lernenden zur Verfügung, so dass eine prozess- und ergebnisbezogene Bewertung durch den Unterrichtenden erfolgen kann.

Abbildung 5.1:
Szenario – Tourismus
in Europa

Die Präsentation der Ergebnisse kann als sog. *Gruppenpuzzle* erfolgen: Dazu werden neue Gruppen gebildet, in denen je ein Lernender aus jeder Arbeitsgruppe vertreten ist. In den Präsentationsgruppen werden nun reihum die Ergebnisse vorgestellt, so dass jeder Lernende die Arbeit seiner Gruppe präsentiert.

Außerdem ist ein Präsentationswiki eingerichtet, das auf die Wikis der einzelnen Arbeitsgruppen verweist. Damit auch die Teilnehmer alle Wikis einsehen können, muss sie der Unterrichtende für alle zum Lesen öffnen/freigeben.

Sollten Sie in der Bearbeitungsansicht unter **Aktivität anlegen...** das Journal angeboten bekommen, können Sie für das Lerntagebuch auch diese Aktivität verwenden (siehe Seite 122).

---

[1] Statt der Aktivität **Journal**, die in früheren Moodle-Versionen für Lerntagebücher zur Verfügung stand, wird inzwischen die Aktivität **Aufgabe - Online-Texteingabe** empfohlen, da diese vollständig in das Bewertungssystem von Moodle eingebunden ist.

5.1.1 Benutzung des Szenarios durch Lernende

Die Lernenden finden eine Einführung in das Thema (Abbildung 5.1[2]) und eine Beschreibung zum Ablauf des Projekts. Über das Nachrichtenforum erhalten sie vom Unterrichtenden weitere Informationen zum Projektablauf. Die Arbeit der Projektgruppen wird über je zwei kooperative Lernaktivitäten gesteuert (Abbildung 5.2), die nur von Gruppenmitgliedern zu bearbeiten und nur für diese sichtbar sind.

Abbildung 5.2: Lernaktivitäten der Projektgruppen

Jeder Lernende kann im Forum seiner Gruppe **neue Diskussionsthemen hinzufügen**, bestehende **Themen** mit ihren Themenzweigen einsehen und **Antworten** zu Beiträgen schreiben. Eine **Antwort** wird mit Hilfe des Texteditors verfasst. Beiträge können vom Autor innerhalb von 30 Minuten verändert oder gelöscht werden. Im Gruppenwiki kann jedes Gruppenmitglied bestehende Seiten **anzeigen** oder **bearbeiten**, sich in einer **Übersicht** alle Seiten und im **Verlauf** alte Versionen mit ihren Veränderungen auflisten lassen. Zusätzlich können **Kommentare** verfasst und gelesen werden.

Neue Seiten und Links auf bestehende Seiten werden bei der Erfassung der Seiten im Texteditor angelegt, indem man den neuen Seitennamen in doppelte eckige Klammern einschließt, z. B. [[Tourismusregionen]]. Existiert die Seite noch nicht, wird der Seitenname bei der Anzeige der verweisenden Seite kursiv und in rot markiert. Anklicken erzeugt die neue Seite, die dann mit dem Texteditor in Moodle erstellt werden kann. Vermeiden Sie Sonderzeichen am Ende von Seitennamen, da Moodle solche Links nicht immer korrekt verwaltet.

Nach Aufruf des Lerntagebuchs kann jeder Lernende seinen Eintrag beginnen oder bearbeiten. Jede Ergänzung sollte mit dem Datum gekennzeichnet werden, um die Chronologie festzuhalten. **Feedback** des Unterrichtenden wird mit angezeigt (siehe Abbildung auf Seite 45).

5.1.2 Hinweise zur Einrichtung des Szenarios

Um die Lernaktivität **Aufgabe Online - Texteingabe** als Lerntagebuch benutzen zu können, ist sie mit den Einstellungen **Spätere Abgabe verhindern – Nein, Erneute Abgabe erlauben – Ja, eingearbeiteter Kommentar – Ja, Gruppenmodus – Keine Gruppen** einzurichten.

[2] Foto: http://de.wikipedia.org/wiki/Datei:Urban_backpacking.jpg

Die Aufteilung der Lernenden in Untergruppen, die diesem Szenario zugrunde liegt, wird über den Eintrag **Nutzer/-innen | Gruppen** in der **Kurs-Administration** gestartet. In der Gruppenverwaltung sind zunächst die neuen **Gruppen anzulegen**. Dazu können die Eingabefelder **Gruppenname** und **Beschreibung der Gruppe** in diesem Szenario mit dem Ländernamen ausgefüllt werden. Zurück in der Gruppenverwaltung werden die Teilnehmer den Gruppen über **Nutzer/innen verwalten** zugeordnet (Abbildung 5.3). Ist diese Schaltfläche noch nicht aktiv, so muss zunächst eine Gruppe durch Anklicken ausgewählt werden. Für die ausgewählte Gruppe werden in der Liste der **möglichen Mitglieder** die Teilnehmer per Mausklick bestimmt und über die Pfeiltaste den **Gruppenmitgliedern** hinzugefügt. Die Liste der möglichen Teilnehmer wird kleiner, die der vorhandenen Mitglieder zeigt die ausgewählten Teilnehmer an.

Diese Zuordnung ist für die anderen Gruppen zu wiederholen. Für jeden Teilnehmer wird angezeigt, wie vielen Gruppen er zugeordnet ist. Es ist möglich, Teilnehmer auch mehreren Gruppen zuzuweisen oder die Gruppenzugehörigkeit nachträglich zu verändern.

Abbildung 5.3:
Teilnehmer einer
Gruppe zuweisen

In der Gruppenverwaltung kann man sich die **Mitglieder jeder Gruppe anzeigen** lassen oder sich einen **Überblick** (Abbildung 5.4) verschaffen.

Abbildung 5.4:
Überblick zur
Gruppeneinteilung

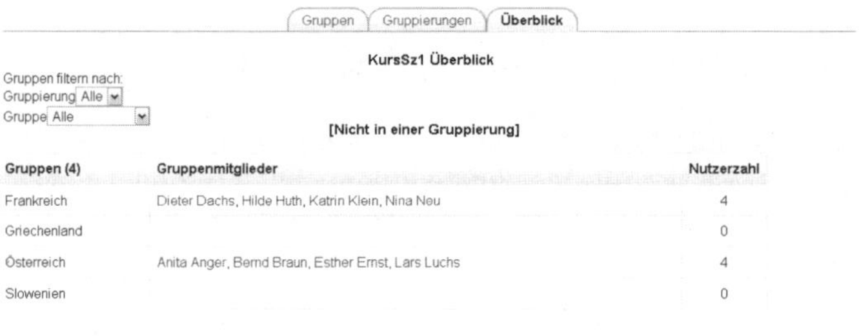

In diesem Szenario sollen erst zur Präsentation der Ergebnisse die einzelnen Gruppen einen Einblick in die Arbeit der anderen Gruppen nehmen können. Dazu wurde bereits bei der Einrichtung des Kurses (**Kurs-Administration | Einstellungen bearbeiten**) der **Gruppenmodus** auf **Getrennte Gruppen** eingestellt (Abbildung 5.5). Dieser Gruppenmodus ist aber nicht **zwingend**, so dass für einzelne Lernaktivitäten auch ein anderer Gruppenmodus gewählt werden kann. Für die Foren und Wikis wird diese Einstellung zunächst übernommen. Damit das Forum den beschriebenen Anforderungen gerecht werden kann, ist es als Standardforum anzulegen, damit jeder Teilnehmer beliebig viele Themen eröffnen und beantworten kann.

Abbildung 5.5:
Kurseinstellung
Gruppenmodus

5.1.3 Hinweise zum Umgang mit den Wikis

Als Unterrichtender stehen Ihnen eine Reihe von Funktionen zur Verwaltung der Wikis (Abbildung 5.6) zur Verfügung, die es Ihnen erleichtern, den Überblick über die Wikis der Projektgruppen zu bewahren.

Abbildung 5.6:
Übersicht über die
Wikis und ihren
Verlauf

Nachdem Sie das Gruppenwiki z. B. über den Navigationsblock im Thema 2 ausgewählt haben, rufen Sie das gewünschte Wiki zu einem Land über den Gruppennamen in der Auswahlliste neben **Getrennte Gruppen** auf.

Eine alphabetisch sortierte Seitenliste erhalten Sie in der **Übersicht**. Sie können aber auch das ganze Wiki durchsuchen, um Schülerbeiträge zu finden, von denen diese in ihren Lerntagebüchern berichten. Dazu geben Sie ein Stichwort ein und benutzen die Schaltfläche **Wikis suchen**. Den Veränderungen einer bestimmten Wikiseite kommen Sie mit der Registerkarte **Verlauf** auf die Spur. Zu jeder Version sind der Name der **Autor/in** und die Unterschiede zu früheren Versionen dokumentiert (siehe Seite 60).

Sobald im Projekt die Phase der Präsentation erreicht ist, soll den Teilnehmern Einblick in alle Wikis gewährt werden. Dazu hat der Unterrichtende rechtzeitig für die Gruppenwikis den **Gruppenmodus** zu verändern. Hierzu wählen Sie im Block **Einstellungen** in **Wiki-Administration | Einstellungen bearbeiten** oder aktivieren in der Kursansicht **Bearbeiten einschalten** und klicken neben dem Gruppenwiki auf das Symbol Hand mit Stift. Bei den Wiki-Einstellungen ist nun unter **Weitere Modul-Einstellungen** der **Gruppenmodus** auf **sichtbare Gruppen** zu verändern.

Das Präsentationswiki ist ein **gemeinschaftliches Wiki**, das in den Gruppenmodus **Keine Gruppen** gesetzt wird. Zum Einrichten des Präsentationswikis ist es nötig, Links auf die Gruppenwikis einzurichten. Da das Präsentationswiki völlig unabhängig von den Gruppenwikis ist, müssen Sie für jeden Link die URL des Gruppenwikis kennen. Diese geben Sie dann im Texteditor mit der Funktion **Link einfügen** im Eingabefeld **Adresse** ein. Die URLs der Startseiten der Gruppenwikis unterscheiden sich nur in der Angabe **group**. Rufen Sie als Lehrer das Gruppenwiki auf und aktivieren Sie in der Auswahlliste z. B. **Österreich**. In der Adresszeile Ihres Browsers wird nun der Link auf die Startseite des Gruppenwikis **Tourismus in Europa** mit der Gruppennummer 3 angezeigt. Markieren Sie diese URL und kopieren Sie sie z. B. mit Hilfe der Webbrowser-Funktion **Bearbeiten | Kopieren**. Die URL lässt sich nach Aufruf des Texteditors für das Präsentationswiki über den Webbrowser und die Funktion **Bearbeiten | Einfügen** in das bereits erwähnte Eingabefeld **Adresse** übertragen. Damit ist im Beispiel (Abbildung 5.7) der Verweis aus dem Präsentationswiki auf das Gruppenwiki Österreich fertiggestellt. Für die anderen Gruppen müssen Sie nur deren Gruppennummer herausfinden und entsprechend im Adressfeld variieren.

Abbildung 5.7:
Präsentationswiki
mit Links auf
Gruppenwikis
einrichten

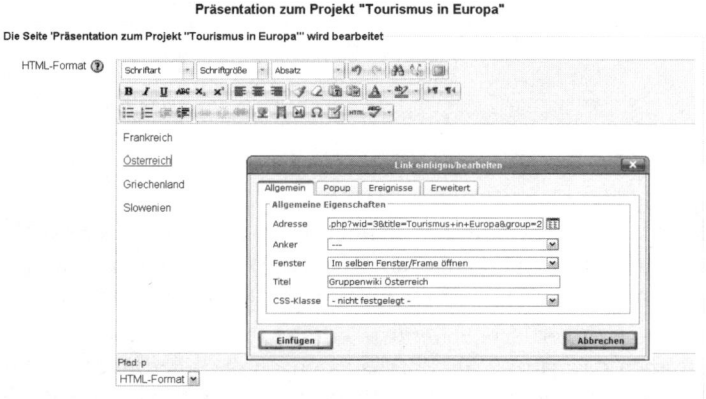

5.1.4 Hinweise zur Bewertung der Schülerleistungen

Das Szenario ist so angelegt, dass die Foren dem freien Gedankenaustausch dienen, ohne in die Bewertung einzugehen.

Die persönlichen Einträge im Lerntagebuch sind nur vom Teilnehmer und vom Unterrichtenden einzusehen. Zur Bewertung rufen Sie als Unterrichtender die Aufgabe Lerntagebuch auf und erhalten mit **abgegebenen Aufgaben ansehen** eine Auflistung zu allen Teilnehmern. Über **Status | Bewertung** oder **Status | Aktualisieren** steht Ihnen ein Textfeld **Feedback** für Ihre Rückmeldung zur Verfügung (Abbildung Seite 46) und Sie können eine numerische Bewertung zwischen 1 und 100 abgeben. Am unteren Seitenrand können Sie unter **Optionale Einstellungen** die **schnelle Bewertung erlauben**. Sie erhalten dann die Möglichkeit, innerhalb der Tabelle in einem sehr kleinen Textfeld Ihren Kommentar einzutragen und die Bewertungszahl einzugeben. Sobald die Kommentierung und Bewertung (vorläufig) abgeschlossen ist, lassen sich **alle Bewertungen speichern**. Auch ist es möglich, alle Einreichungen, d. h. **alle Lösungen der Aufgaben als Zip-Datei herunterzuladen**.

Für den Lernenden werden **Feedback** und **Bewertung** als Ergänzung zu seinem Eintrag angezeigt, wenn er das Lerntagebuch erneut aufruft (Abbildung Seite 45). Alternativ kann er auch seine Bewertung (Abbildung 5.8) über **Kurs-Administration | Bewertungen** abrufen.

Abbildung 5.8:
Übersicht über die Bewertungen aus Teilnehmersicht

Abbildung 5.9:
Übersicht über die Bewertungen aus Lehrersicht

5.1.5 Anmerkungen

Für die Benutzung eines Wikis statt eines Forums zur Erarbeitung und Dokumentation der Arbeitsergebnisse sprechen gute Gründe. Das Wiki zeigt immer den aktuellen Stand des Arbeitsprozesses an. Es repräsentiert das aktuelle Produkt der Arbeitsgruppe oder des einzelnen. Die Historie des Arbeitsprozesses ist für ein Wiki einsehbar, sowohl was den Urheber der Beiträge, die Art der Veränderung als auch was den Zeitpunkt angeht. Drastische Veränderungen während der Arbeit führen im Forum schnell zu einem unübersichtlichen Wirrwarr, was permanenten und grundlegenden Veränderungen entgegensteht. Umstrukturierungen sind in einem Wiki jederzeit möglich. In diesem Sinne ermutigt ein Wiki zu vielfachen und wiederholten Bearbeitungen.

Auch für die Zusammenführung der Beiträge bringt das Wiki Vorteile mit sich, da eine gemeinsame Startseite die vielen Aspekte der Schülerarbeiten vereinigt. Allerdings ist das Wiki nicht in das Bewertungssystem von Moodle integriert, so dass weder Bewertungen der einzelnen Beiträge noch deren Übernahme in die Gesamtbewertung möglich sind.

An Stelle einer **Aufgabe Online-Texteingabe** kann auch die Lernaktivität **Journal** gewählt werden, wenn Sie im Moodle-System zur Verfügung steht, was standardmäßig nicht mehr der Fall ist. Im Gegensatz zum Journal werden Bewertungen zu Aufgaben aber zentral abgelegt und können über den Eintrag **Administration | Bewertungen** von Teilnehmer und Trainer abgerufen werden.

Zwar stellt Moodle auch Blogs (siehe Seite 76) zur Verfügung. Diese eignen sich jedoch kaum für ein persönliches Lerntagebuch, das auf einen Kurs ausgerichtet ist, da sie entweder teilnehmerbezogen oder kursbezogen sind. Ein Teilnehmer kann damit zwar einen persönlichen Blog pflegen, dieser ist aber keinem Kurs zugeordnet.

5.2 Lerntest Strom

Fragen und Tests nehmen in diesem Buch erheblichen Raum ein, obwohl man über deren Ertrag für das Lernen durchaus geteilter Meinung sein kann. Tatsache ist aber, dass die Bildungslandschaft in Deutschland derzeit stark geprägt ist von der Standardisierung der Lerninhalte und Kompetenzen sowie anderen Maßnahmen zur Qualitätssicherung. Lernstandserhebungen und zentrale Prüfungen haben unmittelbare Auswirkungen auf den Schulalltag.

Ein Großteil üblicher Testfragen lässt sich mit den in Moodle vorhandenen Fragentypen realisieren. Lernende können sowohl auf die inhaltlichen Anforderungen vorbereitet werden wie auch verschiedene Fragentypen trainieren. Der mit der Erstellung von Testfragen in Moodle verbundene Aufwand ist sicher nicht zu unterschätzen und ist nur von Lehrern zu bewältigen, die bereit sind zusammenzuarbeiten. Die Im- und Export-Möglichkeiten von Moodle unterstützen dabei auch das Zusammenwirken von Lehrern verschiedener Institute.

Der Vorteil der Durchführung der Tests in Moodle liegt dann in der weitgehend automatisierten Auswertung der durchgeführten Tests nach konfigurierbaren Bewertungskategorien und den Möglichkeiten zur Analyse der Testergebnisse, um individuelle oder lerngruppenspezifische Schwächen und Stärken aufzuspüren (siehe Seite 169). Moodle kann so als Diagnose-Instrument ausgebaut werden.

Erfahrungen zur Überprüfung von Kenntnissen z. B. in Sprachen zu Hör- und Leseverstehen, Grammatik, Satzbau, Rechtschreibung werden derzeit gesammelt. Darüber hinaus bringt Moodle die nötigen Voraussetzungen mit, um den Aufwand zur Durchführung der individuellen Förderung zu verringern. So lassen sich Trainingsmaterialien in eigenen Moodle-Kursen bereitstellen, die Lernenden mit einem entsprechenden Profil geöffnet werden. Persönlicher Lernfortschritt und Arbeitseinsatz lassen sich in Moodle dokumentieren. Dabei muss bewusst damit umgegangen werden, dass nicht jeder Lernende erfolgreich am Computer lernt oder ihm in erforderlichem Umfang ein Computer zur Verfügung steht! Dennoch sehen die Autoren ein großes Potential, das es auszuschöpfen gilt.

5.2.1 Zielsetzung des Szenarios

Zum Thema „Lerntest Strom" wird ein Moodle-Kurs angeboten, der die Erstellung und Verwendung unterschiedlicher Fragen und deren Zusammenstellung zu Tests veranschaulicht. Der Gegenstand der Fragen orientiert sich an den Lerninhalten des Sachunterrichts in der Grundschule. Damit ist der Themenbereich leicht verständlich, und gerade Unterrichtende in der Primarstufe können sich ein Bild machen, ob Lerntests in Moodle für ihre Schülerinnen und Schüler geeignet sind. In diesem Kurs ist außerdem ein Bewertungskonzept mit mehreren Bewertungskategorien und -aspekten (siehe Seite 95) realisiert.

Das Beispielszenario enthält den **Test zum Strom** und den **Test zur Glühbirne**. Sie können es verwenden,

- um die Bedeutung von Bewertungskategorien und -aspekten zu verstehen,

- um Bewertungskategorien einrichten zu lernen,

- um aus Bewertungskategorien und -aspekten ein Bewertungskonzept aufzubauen,

- um Möglichkeiten zur Gestaltung von Fragen kennenzulernen,

- um sich einen Überblick über die verschiedenen Fragentypen zu verschaffen,

- um die Bedeutung der vielfältigen Einstellungsmöglichkeiten für Fragen und Tests zu entdecken,

- um selber Lerntests auszuprobieren,

- um Bewertungen von einzelnen oder allen Teilnehmern einzusehen,

- um die Zuordnung von Fragen zu unterschiedlichen Kategorien nachzuvollziehen.

Alle bewertbaren Lernaktivitäten stellen Bewertungsaspekte dar. Mehrere Bewertungsaspekte können zu einer Kategorie zusammengeschlossen werden. Die Gesamtbewertung einer Schülerleistung eines Kurses berechnet Moodle automatisch aus den Bewertungen zu den Kategorien. Gehen mehrere Bewertungsaspekte in eine Kategorie ein oder setzt sich die Bewertung des Kurses aus mehreren Kategorien zusammen, bietet Moodle eine Reihe von Möglichkeiten zur Berechnung der jeweiligen Bewertungen an. Neben einer einfachen Durchschnittsbildung oder Aufsummierung können Aspekte oder Kategorien unterschiedlich gewichtet werden. Wie Sie einen Kurs entsprechend konfigurieren, erfahren Sie im Abschnitt 5.2.2.

Abbildung 5.10:
Szenario: Lerntest
Strom

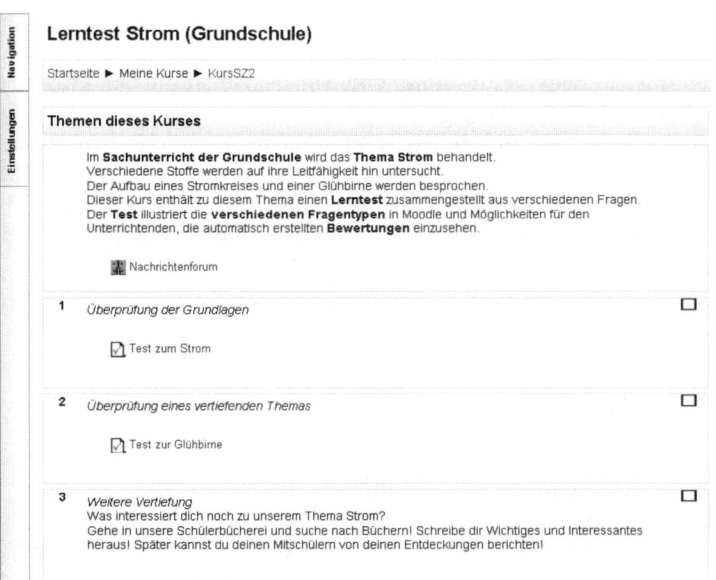

Bereits in den Abschnitten 2.8.7 und 3.3.9 haben Sie die Erstellung von Testfragen und deren Zusammenstellung zu einem Test kennengelernt. Die Fragen- bzw. Antworttypen[3] Kurzantwort, numerische Frage, wahr/falsch-Frage und Multiple-Choice wurden anhand von Beispielen aus dem Szenario **Lerntest Strom** vorgestellt. Diese Fragen sind dem **Test zum Strom** entnommen. Fragen, deren Erstellung in diesem Kapitel in Abschnitt 5.2.3 beschrieben werden, finden sich im **Test zur Glühbirne** wieder. Als Ausnahme ist der Lückentext **Leiter und Nichtleiter** Bestandteil des **Tests zum Strom**. Seine Erstellung wird aufgrund der besonderen Vorgehensweise aber erst jetzt beschrieben.

Alle Fragen sind dem Kurs **Lerntest Strom** zugeordnet. Fragen, die den Lerngegenstand Strom thematisieren, sind in der Kategorie **Strom** enthalten. Fragen zur Glühbirne sind in der Unterkategorie **Fragen zur Glühbirne** zusammengefasst.

Um selber die Erstellung von Fragen und Tests zu erproben, legen Sie sich sinnvollerweise einen eigenen Moodle-Kurs an. Damit werden Sie über ausreichende Rechte verfügen, um im Bearbeitungsmodus Fragen zu erfassen und zu Tests zusammenzustellen. Auch ist es Ihnen dann möglich, Bewertungen zu vergeben, zu verändern und zu analysieren.

Hauptgegenstand der Ausführungen in den folgenden Abschnitten sind die Umsetzung eines Bewertungskonzeptes und Erstellung der unterschiedlichen Fragentypen für Lerntests. Im Anschluss daran wird in einem Ausblick dargestellt, für welche weiteren Zwecke Lerntests in Moodle genutzt werden können.

5.2.2 Umsetzung eines Bewertungskonzepts

Sie sind bereits mehrfach beim Konfigurieren der Lernaktivitäten mit dem Bewertungssystem von Moodle in Kontakt gekommen. Im vorigen Kapitel haben wir erläutert, wie Sie die Bewertungen in einem Kurs einsehen und bearbeiten. Sie haben die Begriffe Bewertungskategorie, Bewertungsaspekt und Bewertungsskala und deren Bedeutung kennengelernt, jedoch konnte vieles nur angedeutet werden.

An einem konkreten Beispiel, aufbauend auf dem Kurs **Lerntest Strom**, werden Sie nun erfahren, wie ein konkretes Bewertungskonzept umgesetzt wird. Dabei werden längst nicht alle Aspekte und Einstellungsmöglichkeiten angesprochen, Sie sollen aber in die Lage versetzt werden, eigene Konzepte zu realisieren und zu erproben.

---

[3] Der Einfachheit halber wird im Folgenden nur noch der Begriff „Fragentyp" benutzt.

Bewertungskategorien und Bewertungsaspekte

Im Kurs **Lerntest Strom (Grundschule)** gibt es zwei Tests. Der **Test zum Strom** fragt Grundwissen rund um das Thema Elektrizität ab, der **Test zur Glühbirne** behandelt ein Spezialthema und vertieft das zugrunde liegende Unterrichtsthema. Beide Tests sind bislang die einzigen Bewertungsaspekte.

Den unterschiedlichen Ausrichtungen der Tests folgend werden die Kategorien **Grundlagen Elektrizität** und **Vertiefung Elektrizität** eingerichtet. In der Gesamtbewertung soll die Kategorie **Grundlagen Elektrizität** ein Gewicht von 60% und die Kategorie **Vertiefung Elektrizität** ein Gewicht von 40% bekommen. Zur weiteren Vertiefung sollen die Lernenden ein kleines Referat halten, das als zweiter Bewertungsaspekt in der Kategorie **Vertiefung Elektrizität** ergänzt wird. Es handelt sich dabei um eine Leistung, die außerhalb von Moodle erbracht wird. Der **Test zur Glühbirne** und das Referat sollen gleich gewichtet werden.

Die Gesamtbewertung setzt sich demnach aus drei Bewertungsaspekten zusammen, die zwei unterschiedlich stark gewichteten Bewertungskategorien zugeordnet sind.

Abbildung 5.11:
Kategorien und
Aspekte einer
Bewertung
konfigurieren

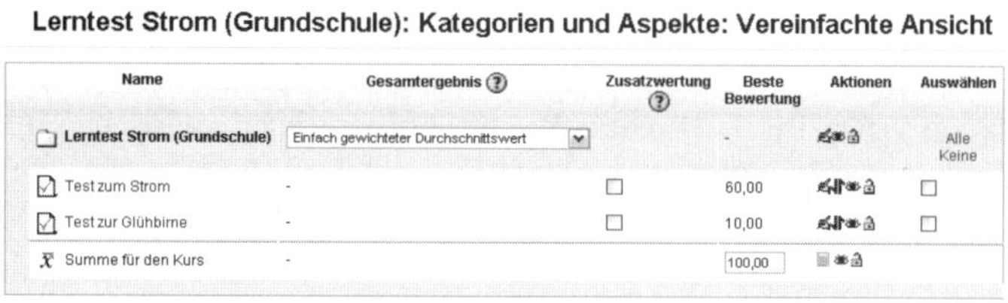

Einrichten der Bewertungskategorien

Zum Erstellen und Bearbeiten von Kategorien starten Sie wie gewohnt die Bewertungsansicht mit **Kurs-Administration | Bewertungen**. Wählen Sie im Block **Einstellungen** unter **Kategorien und Aspekte** die **Vereinfachte Ansicht**. Abbildung 5.11 zeigt, dass der Kurs **Lerntest Strom (Grundschule)** die beiden Tests als Bewertungsaspekte enthält und zusätzlich einen Eintrag, der die Summe der Bewertungen ermittelt. Um die Gewichtung für die noch zu erstellenden Kategorien vorzubereiten, wählen Sie in der Zeile **Lerntest Strom** in der Spalte **Gesamtergebnis** die Option **Summe** aus. Im nächsten Schritt werden die neuen Kategorien angelegt.

Über **Kategorie hinzufügen** am unteren Bildrand erhalten Sie das Einstellungsfenster für eine neue Kategorie (Abbildung 5.12).

Im Bereich **Bewertungskategorie** vergeben Sie den **Namen** Grundlagen Elektrizität. Die Ermittlung des Gesamtergebnisses setzen Sie auf **Durchschnittsbewertung**. Die Bewertung für diese Kategorie wird aus dem arithmetischen Mittel der Bewertungsaspekte ermittelt. Bei einem oder bei gleich gewichteten Bewertungsaspekten ist dies eine passende Einstellung.

Weitere Möglichkeiten, wie das Gesamtergebnis ermittelt wird, werden Ihnen umfangreich erläutert, wenn Sie über das Fragezeichen die Moodle-Hilfe aufrufen. Weitere Einstellungen können Sie vornehmen, wenn Sie **zusätzliche Felder anzeigen** lassen.

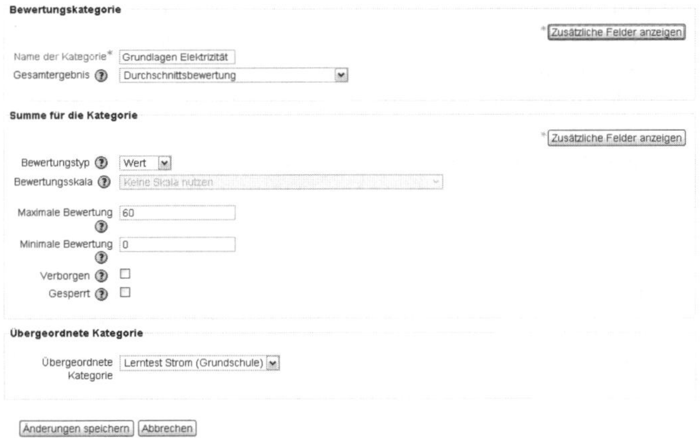

Abbildung 5.12: Einrichten einer neuen Bewertungskategorie

Die Einstellung **Zusammenfassen, leere Felder ignorieren** bewirkt, dass nicht vorhandene Bewertungen (z. B. weil der Teilnehmer den Test nicht bearbeitet hat) bei der Ermittlung der Gesamtnote ignoriert werden. Werden sie ignoriert, kann der Teilnehmer auch ohne Testergebnis die volle Punktzahl für diese Kategorie erhalten. Alternativ können diese mit dem niedrigsten Bewertungswert (z. B. 0 Punkte) verrechnet werden.

Die Gesamtbewertung setzt sich meist aus den Bewertungszahlen der Kategorien zusammen. Wollen Sie jedoch die ursprünglichen Einzelnoten direkt zur Ermittlung der Gesamtnote verwenden, aktivieren Sie **Zusammenfassen, Kategorien einbeziehen**. Für die Bewertung können Sie ein oder mehrere **niedrigste Bewertungen herausnehmen**, z. B. um statistische Ausreißer auszuschließen. Belassen Sie den Eintrag auf **Keine**, gehen alle Ergebnisse in die Bewertung mit ein.

Im Bereich **Übergeordnete Kategorie** können Sie aus den vorhandenen Kategorien im Kurs die übergeordnete Bewertungskategorie bestimmen. In unserem Beispiel stellt diese der Kurs **Lerntest Strom** dar. Im Bereich **Summe für die Kategorie** können Sie zwischen den **Bewertungstypen Wert, Skala** oder **Text** wählen oder auf eine Bewertung mit **Keines** verzichten. Für unsere Zwecke ist die Einstellung **Wert** sinnvoll. Da die neue Kategorie gewichtet mit 60% in die Gesamtbewertung einfließen soll, ist die **Maximale Bewertung** auf 60 zu setzen. Auch eine **minimale Bewertung** kann festgesetzt werden. Die Bewertungen können vor den Teilnehmern **verborgen** werden oder über **Verborgen bis**[4] erst ab einem Zeitpunkt sichtbar sein. Sie können einen Bewertungsstand mit **Gesperrt** einfrieren oder auch nur für einen bestimmten Zeitraum (Option **Gesperrt bis**). Erst danach werden dann Aktivitäten im Kurs in der Bewertung wieder berücksichtigt.

Nach **Änderungen speichern** ist die neue Kategorie **Grundlagen Elektrizität** angelegt. Legen Sie nun auf die gleiche Weise eine Bewertungskategorie mit dem Namen **Vertiefung Elektrizität** an und weisen Sie ihr als **Maximale Bewertung** 40% zu. Als Lernleistung haben alle Schülerinnen und Schüler den Test zu erbringen, die Anfertigung eines Referates ist freiwillig. Sind beide Leistungen erbracht, sollen die Teilergebnisse gleichwertig in die Bewertung eingehen. Dazu wählen Sie unter **Gesamtergebnis** die Einstellung **Durchschnittsbewertung**. Außerdem ist es sinnvoll, die Option **Zusammenfassen, leere Felder ignorieren** zu markieren, da sonst Schüler ohne Referat in dieser Kategorie nicht auf die volle Punktzahl kommen können. Speichern Sie auch diese Kategorie ab. In der Auflistung **Kategorien und Aspekte bearbeiten** sind nun die neuen Kategorien ergänzt und enthalten den Unterpunkt **Summe für die Kategorie**.

Anordnen der Kategorien und Aspekte

Jetzt sind die beiden Tests als Bewertungsaspekte den neu geschaffenen Kategorien zuzuordnen. Das Verschieben ist Ihnen von der Anordnung der Lernaktivitäten im Themenbereich eines Kurses bekannt. Klicken Sie in der Auflistung auf ein Doppelpfeil-Symbol neben einem der Tests. In der Auflistung werden nun die in Frage kommenden Stellen durch einen Pfeil, der auf ein leeres Rechteck zeigt, markiert. Bestimmen Sie die passende Stelle innerhalb der zugehörigen Kategorie mit einem Mausklick. Das Ergebnis zeigt Abbildung 5.13.

Abbildung 5.13:
Kategorien und
zugeordnete
Bewertungsaspekte

In der Übersicht können Sie direkt auf zuvor getroffenen Einstellungen zu den Bewertungskategorien und -aspekten Einfluss nehmen. Die Ermittlung des **Gesamtergebnisses** lässt sich über Auswahllisten ebenso verändern wie die eingerahmten Einträge in der Spalte **Beste Bewertung**. Dies ist hilfreich, um schnell das Bewertungskonzept anzupassen.

Einrichten des Bewertungsaspekts Referat

Abschließend werden Sie für das Referat einen **Bewertungsaspekt hinzufügen**. Benutzen Sie dazu die entsprechende Schaltfläche am unteren Bildrand. Zu diesem Aspekt gibt es keine Lernaktivität im Moodle-System, das aber u.a. einen Punktwert zur Ermittlung der Bewertung benötigt (Abbildung 5.14).

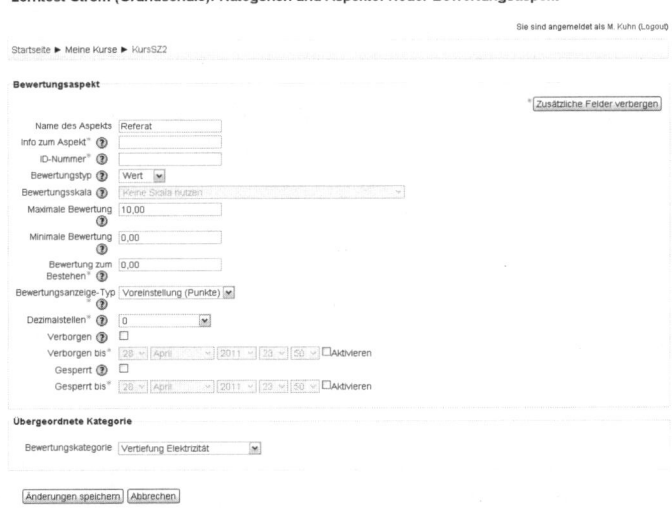

Abbildung 5.14:
Einrichten eines
zusätzlichen
Bewertungsaspekts

Geben Sie einen **Namen des Aspekts** und eine erläuternde **Info zum Aspekt** ein. Als **Bewertungstyp** ist für unser Beispiel wieder **Wert** einzutragen. Sie können für diesen Aspekt Punktzahlen als **maximale Bewertung**, **minimale Bewertung** und als **Bewertung für das Bestehen** eintragen.

Als **Bewertungsanzeige-Typ** wird **Punkte** festgelegt, **Dezimalstellen** werden nicht benötigt. Beachten Sie, dass die Einstellung des Typs der Bewertungsanzeige bei den einzelnen Bewertungsaspekten Vorrang hat vor der gleichnamigen Option in den bewertungsbezogenen Kurseinstellungen (siehe Seite 98). Wollen Sie dies vermeiden, wählen Sie die Einstellung **Voreinstellung**, wie es Abbildung 5.14 zeigt.

Das Verbergen und Sperren der Bewertung ist auch für zusätzliche Bewertungsaspekte wie für die Bewertungskategorien zu konfigurieren.

In **Übergeordnete Kategorie** ordnen Sie den Bewertungsaspekt Referat der **Bewertungskategorie Vertiefung Elektrizität** zu. Abschließend **speichern** Sie die Einstellungen oder Änderungen.

Bewerterübersicht

Wechseln Sie nun auf die **Bewerterübersicht**, um sich einen Überblick über die Gesamtbewertung für diesen Kurs zu verschaffen. Zu den Teilnehmern sind die in den Tests erzielten Punktzahlen aufgeführt. Die Spalte für den Berwertungsaspekt **Referat** enthält zunächst keine Einträge, Moodle benötigt hier von Ihnen Eingaben. Über den Button **Bearbeiten einschalten** haben Sie Zugriff auf alle Tabellenfelder und können (nicht nur) die Punktzahlen für die gehaltenen Referate eintragen. **Aktualisieren** Sie die Bewertung zur Veränderung der Summen.

Teilnehmerübersicht

Ergebnisse für einzelne oder alle Teilnehmer erhalten Sie in dieser Ansicht, je nachdem welche Auswahl Sie in treffen. Diese Übersicht ist eher geeignet, um jedem Teilnehmer einen Ausdruck seiner Bewertungen zu geben. Hierfür kann auch der **Export** als **Textdatei** eine sinnvolle Hilfe sein.

5.2.3   Weitere Fragentypen

Berechnungsfrage

Berechnungsfragen bringen wieder eine Vielzahl von Einstellungsmöglichkeiten mit sich. Um Ihnen einen Eindruck von der Funktionsweise zu vermitteln, wird hier ein einfaches Beispiel zu einer Kostenrechnung vorgestellt. Die Testfrage lautet: „Wenn eine 100-W-Glühbirne eine Stunde brennt, so kostet das ungefähr 2 Cent. Was kostet es, wenn X solcher Glühbirnen Y Stunden brennen?" Die Werte für die Variablen X und Y sind ganzzahlig. Damit die Berechnung nicht zu schwierig wird, sollen maximal 3 Glühbirnen und 24 Stunden möglich sein.

Einstellungen, die für dieses Beispiel ohne Bedeutung sind, werden im Folgenden nicht weiter erwähnt und brauchen von Ihnen nicht verändert zu werden. Die Erstellung erstreckt sich über drei Seiten.

1.   Erstellen Sie über die Fragenliste eine Berechnungsfrage. Wählen Sie dazu den entsprechenden Fragentyp aus dem Auswahlfenster, um eine **neue Frage zu erstellen**, aus.

2. Füllen Sie auf der ersten Seite zunächst in gewohnter Weise den Bereich **Grundeinstellungen** aus (siehe Kapitel 3.3.9). Tragen Sie im **Fragetext** den erläuternden Text für die Berechnung ein. Setzen Sie an die Stellen, an denen die Variablen X und Y stehen und die später von Moodle durch Zahlen ersetzt werden, Berechnungsvariablen. Diese werden durch Buchstaben in geschweiften Klammern dargestellt, z. B. {X}. Der veränderte Fragetext lautet:

```
Wenn eine 100 W Glühbirne eine Stunde brennt, so kostet das
ungefähr 2 Cent. Was kostet es, wenn {X} solcher Glühbirnen {Y}
Stunden brennen?
```

3. Legen Sie eine **Standardbewertung** in Form einer Punktzahl und einen **Abzugsfaktor** für den adaptiven Modus[5] fest. Die Moodle-Dokumentation verwendet statt **Variable** auch die Begriffe **Jokerzeichen**, **Wildcards**, **Ersatzzeichen** oder **Parameter**. Achten Sie auf die Groß- und Kleinschreibung. {X} und {x} sind in Moodle unterschiedliche Variablen.

4. Im Bereich **Antwort** geben Sie die **Formel für die richtige Antwort** ein: {X}*{Y}*2. Grundsätzlich können Sie die im Fragetext vorkommenden Variablen und zahlreiche mathematische Funktionen[6] verwenden.

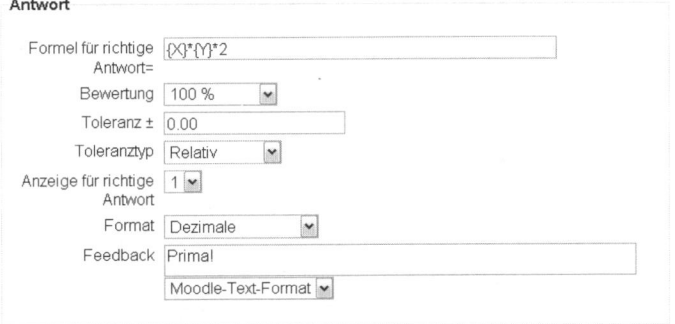

Abbildung 5.15:
Berechnungsfrage:
Einstellungen im
Bereich Antwort

Für das Beispiel ist nur ein Bereich **Antwort** nötig (Abbildung 5.15). Die **Bewertung** ist auf 100% zu setzen, da es sich um die einzige richtige Antwort handelt. Es wird keine **Toleranz** benötigt. Der Wert kann

---

[5] Wird ein Test im adaptiven Modus gestartet, haben die Teilnehmer während eines Testdurchlaufs die Möglichkeit, jede Antwort überprüfen zu lassen und eine verbesserte Antwort einzugeben. Die verbesserte Antwort sollte zu einem Punktabzug führen.

[6] Die Moodle-Hilfe zu den Berechnungsfragen verrät Ihnen, welche Funktionen neben den Operatoren +, -, * und / benutzt werden können. Zusätzlich greift Moodle auf die Mathematik-Bibliothek von PHP zu, um die Berechnungen auszuführen. Die Verwendung von Funktionen wie ABS, COS, ROUND etc. erfolgt daher wie in PHP.

auf 0 eingestellt werden. Da nur ganzzahlige Ergebnisse vorkommen, ist die **Anzeige für richtige Antwort** auf 0 zu setzen, und das **Format** bleibt dezimal.

5. Im nachfolgenden Bereich **Behandlung von Einheiten** können Sie wie bei numerischen Fragen (siehe Seite 150) die Behandlung und Bewertung von **Einheiten** festlegen.

6. Wechseln Sie mit der Schaltfläche **Nächste Seite** auf die zweite Eingabeseite. Hier ist es möglich, schon mit Moodle für die Variablen berechnete Werte wieder zu verwenden. Belassen Sie dort alles, wie es ist, und wechseln Sie auf die dritte Seite.

7. Auf dieser Seite werden Wertebelegungen für die Variablen berechnet und als **Datensatz** abgespeichert (Abbildung 5.16). Anhand der Aufgabenstellung der Beispielfragen stellen Sie nun im Bereich **Hinzuzufügender Wert** die **Wertebereiche** ein. Für die Variable X, die Moodle nun **Ersatzzeichen {X}** nennt, kommen nur Werte zwischen 1 und 3 in Frage, für die Variable Y liegen die Werte zwischen 1 und 24. Die Anzahl der **Dezimalstellen** ist 0. Benutzen Sie die Schaltfläche **Datensatzparameter aktualisieren**, um ein Wertepaar zu erzeugen und anzuzeigen, das Ihren Vorgaben entspricht.[7]

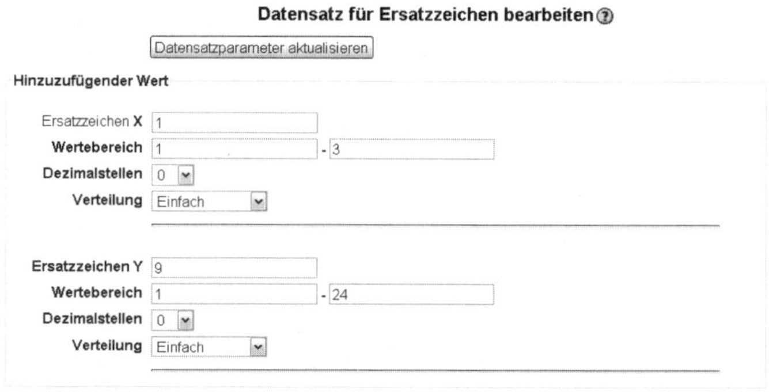

Abbildung 5.16:
Berechnungsfrage:
Wertepaare dem
Datensatz
hinzufügen

8. Im Bereich **Hinzufügen** stellen Sie 10 **neue Datensätze für Ersatzzeichen** ein und klicken auf die Schaltfläche **Hinzufügen**. Einige oder alle erzeugten Wertepaare können Sie sich **anzeigen** lassen, indem Sie den Wert für die Option **Sätze von Ersatzzeichenwerten** entsprechend einstellen. Für alle angezeigten Sätze wird auch die korrekte Antwort berechnet. Bei Bedarf können Sie eine gewisse Anzahl der Datensätze wieder **löschen**.

[7] Wollen Sie sich die sprachlichen Probleme mit Singular und Plural ersparen, vermeiden Sie 1 als Wert und beginnen die Wertebereiche jeweils mit dem Wert 2.

9. Schließen Sie die Erstellung der Berechnungsfrage mit **Änderungen speichern** ab.

Abbildung 5.17 zeigt, wie der Teilnehmer die Frage sieht. Bei jedem Aufruf der Frage wird ein anderes Wertepaar aus dem Datensatz ausgewählt.

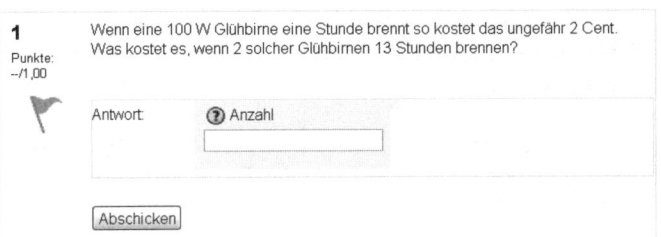

1
Punkte:
--/1,00

Wenn eine 100 W Glühbirne eine Stunde brennt so kostet das ungefähr 2 Cent. Was kostet es, wenn 2 solcher Glühbirnen 13 Stunden brennen?

Antwort: (?) Anzahl

[Abschicken]

Abbildung 5.17: Berechnungsfrage aus der Sicht des Teilnehmers

Einfachberechnet

Diesen Fragetyp vereinfacht die Erfassung einer Berechnungsfrage. Sie können alle wesentlichen Einstellungen auf einer Eingabeseite vornehmen. Die Eingabe des Fragetextes und der Formel erfolgt analog zur **Berechnet-Frage**. Über den Button **Ersatzzeichen {x..} suchen, die in den richtigen Antwortformeln vorkommen**, lassen Sie Moodle die verwendeten Variablennamen finden und bereiten so die Eingabe der Wertebereiche vor. Auch mit der Erzeugung und Anzeige der Datensätze kommen Sie schnell zurecht, wenn Sie mit der **Berechnet-Frage** vertraut sind.

Beschreibung

Der Fragentyp **Beschreibung** stellt eine Ergänzung dar, um einen Test zu gliedern. Er enthält im eigentlichen Sinne keine Frage, daher werden auch keine Antworten erfasst. Als **Fragetext** wird ein erklärender Text erfasst, der beispielsweise eine nachfolgende Fragengruppe einleitet.

Beabsichtigen Sie, im Test die Fragen automatisch zu mischen (siehe Seite 157), ist die Verwendung von Beschreibungen wenig sinnvoll, da Sie deren Positionen im Test nicht mehr bestimmen können.

Freitext-Frage

Freitext-Fragen können nicht automatisch bewertet werden. Tests, die in ihrer Zusammenstellung einen solchen Fragentyp enthalten, können von Moodle erst vollständig ausgewertet werden, wenn der Lehrende diese Bewertung innerhalb der Testbewertung (siehe Seite 167) vorgenommen hat.

Freitext-Fragen sind in vielen Lernstandserhebungen oder zentralen Abschlussprüfungen üblich. Wollen Sie Ihre Schülerinnen und Schüler auch auf solche Fragen vorbereiten, kommen Sie nicht daran vorbei, Sie auch in Moodle-Tests zu benutzen.

Ihre Erstellung ist denkbar einfach:

1. Erstellen Sie über die Fragenliste eine Freitext-Frage. Wählen Sie dazu den entsprechenden Fragentyp aus dem Auswahlfenster, um eine **neue Frage zu erstellen.**

2. Machen Sie die gewohnten Angaben im Bereich **Grundeinstellungen.** Geben Sie insbesondere den **Titel der Frage** und den **Fragetext** für die Freitext-Frage ein.

3. Mit **Änderungen speichern** nehmen Sie die Frage in ihre Fragenliste auf.

Abbildung 5.18 zeigt die Freitext-Frage aus der Sicht des Teilnehmers.

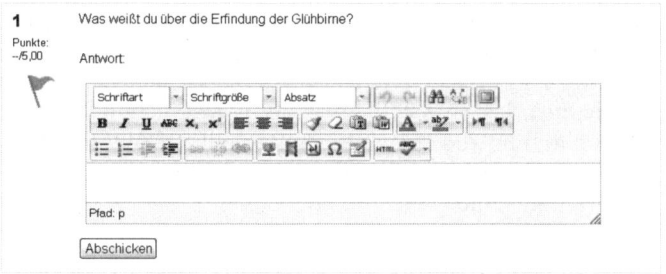

Zuordnung

Bei einer Zuordnung soll der Teilnehmer Frage-Antwort-Paare bilden. Auf dem Papier verbindet der Lernende dazu häufig Fragen und Antworten durch Striche miteinander oder er verdeutlicht die Beziehungen durch eine Nummerierung. Moodle bietet für jede Frage der Zuordnung dem Teilnehmer ein Listenfeld an, in der die gemischten Antworten stehen. Die Zuordnung nimmt der Teilnehmer durch die Auswahl des gewünschten Eintrags vor.

Auch wenn von **Fragen** und **Antworten** die Rede ist, kann der Inhalt dieser Eingabefelder auch aus einzelnen Wörtern, Zahlen, Buchstaben oder Zeichen bestehen. Im Beispiel in Abbildung 5.19 werden anhand eines Bildes die Begriffe für die nummerierten Bestandteile einer Glühbirne abgefragt.

Gehen Sie folgendermaßen vor:

1. Erstellen Sie über die Fragenliste eine Zuordnungsfrage. Wählen Sie dazu den entsprechenden Fragentyp aus dem Auswahlfenster, um eine **neue Frage zu erstellen**, aus.

2. Machen Sie die gewohnten Angaben im Bereich **Grundeinstellungen**. Geben Sie einen einleitenden **Fragetext** für die Zuordnungsfrage ein. Die Bewertung erfolgt für alle Zuordnungen. Für jede richtige Antwort gibt es einen Anteil der von Ihnen unter **Standardbewertung** festgesetzten Punkte.

3. Als weitere Option im Bereich **Grundeinstellungen** können Sie die Frage-Antwort-Paare der Zuordnung **mischen** lassen. Gemischt wird nur, wenn auch im **Test**, zu dem die Zuordnung gehört, im Bereich **Anzeige** die Option **Antworten innerhalb der Fragen mischen** bejaht wird.

4. Im Anschluss müssen Sie wenigstens zwei **Fragen** und drei Antworten erfassen (Abbildung 5.20). Bei Bedarf stehen Ihnen mehr Möglichkeiten zur Verfügung. Die Antworten müssen nicht alle verschieden sein. Beispielsweise können Sie eine Reihe von Stoffen aufführen und ihnen die Eigenschaft Leiter oder Nichtleiter zuordnen lassen, indem Sie unter **Fragen** die Stoffe erfassen und unter **Antworten** die passende Eigenschaft Leiter oder Nichtleiter. Sie können auch falsche Antworten anbieten, indem Sie ein Antwort-Feld füllen und das zugehörige Frage-Feld freilassen.

5. Mit **Änderungen speichern** nehmen Sie die Frage in Ihre Fragenliste auf.

Abbildung 5.20:
Zuordnungsfrage:
Erfassung der
Antworten

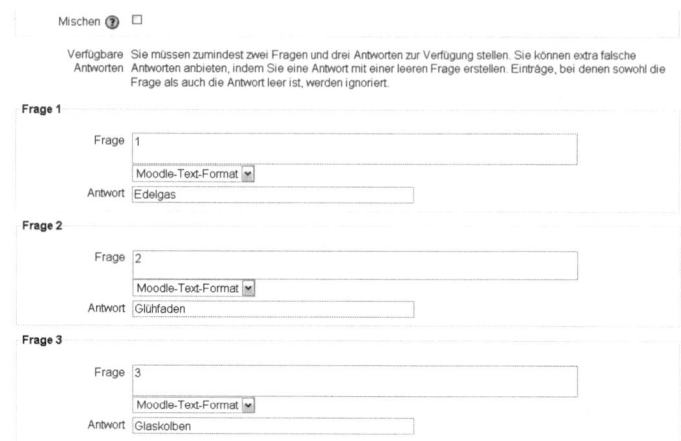

Abbildung 5.20:
Zuordnungsfrage:
Erfassung der
Antworten

Zufällige Kurzantwort-Zuordnungsfrage

Dieser Fragentyp kombiniert einige Kurzantwort-Fragen, erstellt daraus Frage-Antwort-Paare und kombiniert sie zu einer Zuordnungsfrage (Abbildung 5.21). Die Auswahl der Paare erfolgt zufällig aus allen Kurzantworten der ausgewählten (Unter-)Kategorie der Fragenliste, sobald genügend Kurzantworten zur Verfügung stehen. Für den Teilnehmer ist diese Frage im Test von einer gewöhnlichen Zuordnungsfrage nicht zu unterscheiden.

Abbildung 5.21:
Zufällige
Kurzantwort-
Zuordnungsfrage aus
Sicht des
Teilnehmers

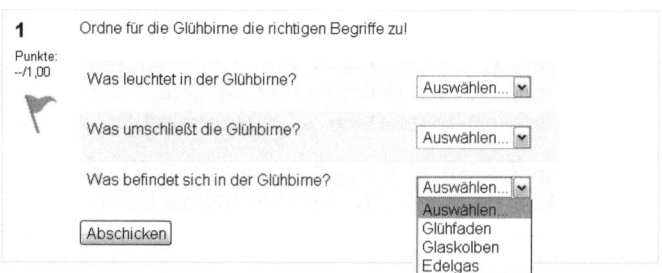

Gehen Sie folgendermaßen vor:

1. Erstellen Sie über die Fragenliste eine zufällige Kurzantwort-Zuordnung.

2. Wählen Sie unter **Grundeinstellungen** zunächst die **Kategorie** oder Unterkategorie aus, aus der die Kurzantworten von Moodle zufällig aus-

gewählt werden sollen (Abbildung 5.22). Moodle bietet Ihnen dazu alle Möglichkeiten in einer Liste an. Wollen Sie nur bestimmte Kurzantwort-Fragen für diese Zuordnung verwenden, müssen Sie diese zuvor in einer Unterkategorie zusammenstellen (siehe Seite 153). Legen Sie nun den **Titel der Frage** und den **Fragentext** fest. Geben Sie insbesondere einen einleitenden **Fragentext** für die Zuordnungsfrage ein. Die Bewertung erfolgt für alle Zuordnungen. Für jede richtige Antwort gibt es einen Anteil der von Ihnen unter **Standardbewertung** festgesetzten Punkte.

3. Unter **Anzahl auszuwählender Fragen** geben Sie an, wie viele der zur Verfügung stehenden Kurzantwort-Fragen ausgewählt werden sollen. Sind zu wenige solcher Fragen in der gewählten (Unter-)Kategorie, erhalten Sie eine Fehlermeldung. Daher müssen bereits wenigstens zwei Kurzantwort-Fragen vorhanden sein, weitere können später ergänzt werden.

4. Mit **Änderungen speichern** nehmen Sie die Frage in ihre Fragenliste auf.

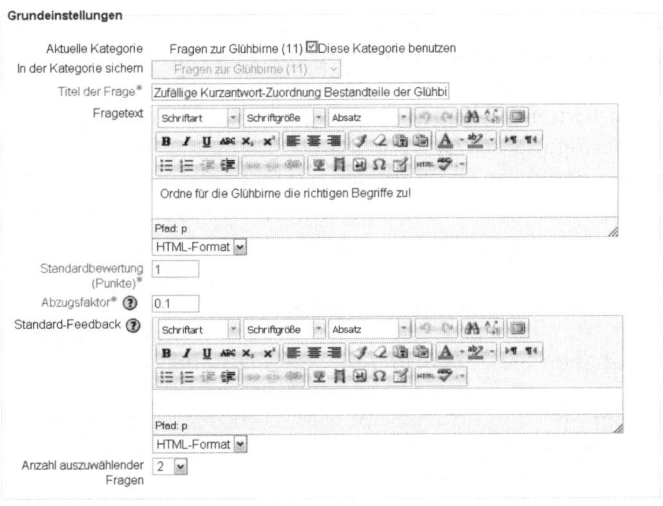

Abbildung 5.22: Erstellen einer zufälligen Kurzantwort-Zuordnungsfrage

Lückentext

Lückentexte sind zur Abfrage von Begriffen weit verbreitet. Sie gehören auch zu den Fragentypen, die in Moodle integriert sind. Ihre Erstellung ist nicht ganz einfach, da keine Benutzeroberfläche zur Erstellung existiert.

Vielmehr muss man für jede „Lücke" eine Art Code schreiben, der die richtige und gegebenenfalls teilrichtige und falsche Antworten enthält.

Abbildung 5.23:
Erstellung eines
Lückentextes:
Ausgangssituation

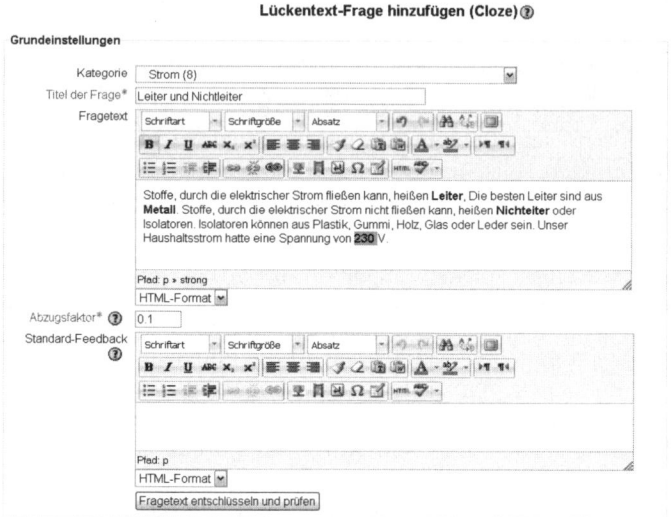

Bevor die Erstellung dieses Codes detailliert für das Beispiel erklärt wird, erfahren Sie, wie ein kompletter Lückentext schrittweise angelegt werden kann:

1. Erstellen Sie über die Fragenliste eine Lückentext-Frage. Wählen Sie dazu den entsprechenden Fragentyp aus dem Auswahlfenster, um eine neue **Frage anzulegen** aus.

2. Tragen Sie zunächst den kompletten Text als Fragetext ein. Heben Sie die Worte, die zu Lücken werden sollen, hervor (Abbildung 5.23). Damit haben Sie die Lösung niedergeschrieben.

3. Ersetzen Sie die Lücken nach und nach durch den entsprechenden Code. Als Fragentypen für die Lücken stehen Kurzantwort, numerische Antwort, und Multiple-Choice zur Verfügung.

4. Nehmen Sie weitere Grundeinstellungen vor, um den **Abzugsfaktor** und das **Standard-Feedback** festzulegen (siehe Kapitel 3.3.9).

5. Lassen Sie den codierten Lückentext mit der Schaltfläche **Fragetext entschlüsseln und prüfen** von Moodle decodieren und überprüfen Sie, ob das Analyseergebnis mit Ihren Vorstellungen übereinstimmt. Dieser Schritt ist zwingend notwendig, sobald Sie Veränderungen an den Codeblöcken des Lückentextes vorgenommen haben.

6. Nehmen Sie Änderungen vor oder speichern Sie die Lückentext-Frage ab.

Schritt 3 ist für die Arbeit mit Moodle ungewöhnlich. Hierbei werden die Lösungswörter durch Anweisungen ersetzt, die es Moodle erlauben, die richtige zu erkennen und die gewünschte Punktzahl zu vergeben.

Im Beispiel soll das Wort *Leiter* wie eine **Kurzantwort** (siehe Seite 147) behandelt werden. Dem Teilnehmer wird ein Eingabefeld angezeigt, in das er ein Wort eintragen soll. Mit dem Satz „Stoffe, durch die elektrischer Strom fließen kann, heißen *Leiter*" soll das Wort „Leiter" erfragt werden. Der Code, der an die Stelle des Lösungswortes tritt, ist:

```
{1:SHORTANSWER:Isolator#Das hast du verwechselt.~=Leiter#Stimmt!
~%50%Stromkabel#Das ist nicht das gesuchte Wort!}
```

Er besteht aus fünf Teilen: Zunächst wird die Punktzahl angegeben, hier 1. Dann folgt der „Lückentyp", hier ist es eine Kurzantwort (SHORTANSWER) – auch andere Typen stehen zur Verfügung. Danach werden falsche Antworten, richtige Antworten und teilrichtige Antworten mit Feedback erfasst. Hier ist die falsche Antwort `Isolator` verknüpft mit dem Feedback an den Teilnehmer `Das hast du verwechselt`. Die richtige Antwort `Leiter` ist verknüpft mit dem Feedback `Stimmt!` und die teilrichtige Antwort `Stromkabel` mit dem Feedback `Das ist nicht das gesuchte Wort!`.

Der ganze Code steht in geschweiften Klammern. Wichtig für die korrekte Eingabe sind die Trennzeichen. Hinter der Punktezahl und hinter dem Fragentyp steht ein Doppelpunkt. Die erste Antwort nach diesem Doppelpunkt ist eine mögliche falsche Antwort. Weitere falsche Antworten können angegeben werden, sie werden mit dem führenden Zeichen ~ versehen. Richtige Antworten werden gekennzeichnet durch die Zeichenfolge ~=, teilrichtige Antworten durch ~%50%. Jede Antwortmöglichkeit wird vom Feedback durch # getrennt. Teilrichtige Antworten sind optional.

Zwar wird auch der Stern * als Eingabe bei einer falschen Antwort akzeptiert, allerdings führt er wie beim Fragentyp Kurzantwort dazu, dass auch die richtigen oder teilrichtigen Antworten nicht mehr erkannt werden (siehe Seite 150). Die Folge ist, dass jede Antwort des Teilnehmers mit *falsch* bewertet wird. Der Eintrag `*#Diese Antwort ist falsch!` weist fälschlicherweise *allen* Antworten keine Punkte und das angegebene Feedback zu. Hier steht eine Korrektur der Vorgehensweise von Moodle noch aus.

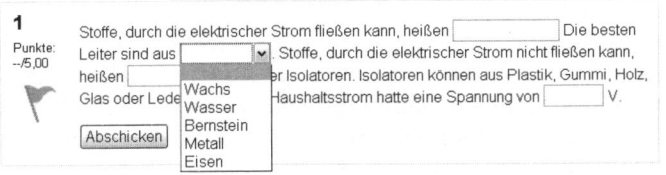

Abbildung 5.24:
Lückentext im Test
aus der Sicht des
Teilnehmers

Die Erstellung einer Lücke, die als Multiple-Choice mehrere Auswahlen anbietet, folgt dem gleichen Prinzip. Im Beispiel soll im Satz „Die besten Leiter sind aus *Metall*." das letzte Wort ersetzt werden. Ein passender Code ist:

```
{2:MULTICHOICE:Wachs#Falsch!~Wasser#Es gibt bessere Leiter!
~Bernstein#Das hast du verwechselt!~=Metall#Genau richtig!
~%50%Eisen#Das stimmt, aber ein anderes Wort passt besser!}
```

Die ersten beiden Einträge betreffen wieder Punkte und Fragentyp. Für diese Multiple-Choice-Frage werden maximal 2 Punkte vergeben. Nach dem zweiten Doppelpunkt folgt eine Auflistung der Auswahlen, die dem Teilnehmer angeboten werden. Aus diesen kann er in einer Auswahlliste genau eine auswählen (Abbildung 5.24). Alle Auswahlen werden mit einem Feedback ergänzt und durch das ~-Zeichen getrennt. Die richtige Antwort wird wie für die Lücke zur Kurzantwort mit der Zeichenfolge ~= eingeleitet, teilrichtige Antworten durch ~%50%.

Lücken könne auch mit numerischen Antworten (NUMERICAL) gefüllt werden. Es handelt sich hierbei um eine besondere Form der Kurzantwort, bei der der Teilnehmer Zahlen oder Dezimalzahlen eingibt. Im Beispiel soll mit dem Satz „Unser Haushaltsstrom hatte eine Spannung von *230* V" der Wert für die Spannung erfragt werden. Der aktuelle Wert in Deutschland beträgt 230 V. Viele Haushaltsgeräte sind für 220 bis 240 Volt ausgelegt. Ein passender Code, der auch diese Abweichungen berücksichtigt, ist:

```
{1:NUMERICAL:=230:0#Richtig!~%50%230:10#Das trifft für andere
Länder zu!}
```

Die ersten beiden Einträge betreffen wieder Punkte und Fragentyp. Die Angabe einer falschen Antwort entfällt für numerische Antworten. Richtige und teilrichtige Antworten werden durch das Zeichen = bzw. durch die Zeichenfolge ~%50% gekennzeichnet. Der richtigen Antwort folgt, abgetrennt durch einen Doppelpunkt, die Angabe zur Toleranz. Toleranz 0 bedeutet, dass die Zahl genau eingegeben werden muss. Im Beispiel wird als teilrichtige Antwort ein Wert zwischen 220 und 240 anerkannt, da eine Toleranz von 10 zum richtigen Wert 230 eingeräumt wurde. Wie sonst auch wird das Feedback durch das Zeichen # abgetrennt.

Fragentext entschlüsseln und prüfen macht den Lückentext lebendig. Für jede Lücke wird der Code analysiert und das Ergebnis protokolliert (Abbildung 5.25). Die Punktzahl und alle erfassten Antwortmöglichkeiten mit den zugehörigen Feedbacks werden aufgelistet. Anhand der Bewertungszahlen 0, 1 und 0.5 können Sie die falschen von den richtigen bzw. teilrichtigen Antworten unterscheiden.

Frage {#2} MultipleChoice

Fragendefinition	{2:MULTICHOICE:Wachs#Falsch!~Wasser#Es gibt bessere Leiter!~Bernstein#Das hast du verwechselt!~=Metall#Genau richtig!~%50%Eisen#Das stimmt, aber ein anderes Wort passt besser!}
Standardbewertung (Punkte)	2
Layout	Auswahl-Menü direkt im Text
Antwort	Wachs
Bewertung	0
Feedback	Falsch!
Antwort	Wasser
Bewertung	0
Feedback	Es gibt bessere Leiter!
Antwort	Bernstein
Bewertung	0
Feedback	Das hast du verwechselt!
Antwort	Metall
Bewertung	1
Feedback	Genau richtig!
Antwort	Eisen
Bewertung	0.5
Feedback	Das stimmt, aber ein anderes Wort passt besser!

Abbildung 5.25: Analyseergebnis zum Lückentext: Multiple-Choice Fragen

5.2.4 Autorensystem „Hot Potatoes"

Falls Sie sich schon länger damit beschäftigen, Testmaterialien für Ihre Lernenden zu entwickeln, sind Sie vermutlich schon mit dem Autorensystem *Hot Potatoes*[8] in Kontakt gekommen. Es ermöglicht, Lückentexte, Kreuzworträtsel, Zuordnungen, Schüttelsätze, Kurzantworten und Multiple-Choice-Fragen in einem für das WWW geeigneten Format zu erstellen. Diese interaktiven, webbasierten Übungsmaterialien können in Moodle integriert werden. Weitere Informationen zu den nötigen Einstellungen im Bereich Administration und zur Durchführung der Integration finden Sie u. a. auf `moodle.org`.

5.3 Parabeln – Beispiel für den Mathematikunterricht

Dieser Kurs[9] kann z. B. im Vertretungsunterricht der Klassen 9/10 - Mathematik genutzt werden. Schülerinnen und Schüler sollen durch das Experimentieren mit den Parametern einer quadratischen Funktionsgleichung deren Bedeutung für Lage und Form der zugehörigen Parabel herausfin-

---

[8] Hot Potatoes wird von der Firma Half Baked Software vermarktet. Näheres dazu unter `http://www.halfbakedsoftware.com`.

[9] Die Einrichtung dieses Kurses ist ab Seite 184 beschrieben.

den. In den Folgestunden können die Ergebnisse dann durch algebraische Betrachtungen plausibilisiert werden.

Die Stundenphasierung wird durch einen Eintrag in ein Nachrichtenforum gegeben. Im Anschluss finden die Schüler ein Arbeitsblatt, welches die geometrische Visualisierung algebraischer Ausdrücke erlaubt und automatisch mit der Java-Webstart-Software Geogebra geladen wird. Das Arbeitsblatt soll mit Zeichnungen zu verschiedenen quadratischen Funktionsgleichungen gefüllt werden.

Weiter ist eine Aufgabenaktivität eingestellt, die den Arbeitsauftrag der Stunde präzise formuliert. Eine Datenbank ermöglicht es den Schülerinnen und Schülern, ihre Arbeitsergebnisse untereinander zu vergleichen, sie ist auch in einer Vorstellungsphase gegen Ende der Stunde praktisch; alle Gruppenergebnisse können am Beamer zentral vorgestellt werden.

Der kleine Selbsttest zum Ende des Kurses kann als Hausaufgabe gestellt werden.

5.4 Gespräch mit Eliza – Beispiel für den Philosophieunterricht

Dieser Kurs ist für eine Doppelstunde im Fach Philosophie gedacht. Er leitet praktisch ein in eine Unterrichtseinheit zur einem Aspekt der Anthropologie, dem Unterschied zwischen Maschine und Mensch. Dieser kann zunächst erlebt werden im Vergleich zwischen von den Schülerinnen und Schülern selbst geführten Gesprächen mit einer Maschine und mit einem Mitschüler. Als künstliche Gesprächspartnerin dient eine Internetversion des simplen Computerprogramms *Eliza* von Joseph Weizenbaum, das Ende der 1960er Jahre einen gewissen Bekanntheitsgrad erreichte, da viele Menschen Eliza wider besseren Wissens menschliche Eigenschaften zuschrieben und sich dem Programm (trotz seiner Simplizität) anvertrauten.[10]

Zuerst soll ein Gespräch mit Eliza über das Stundenthema geführt werden. Schülerinnen und Schüler gelangen durch einen in den Text zu Thema 1 eingefügten externen Link zum Gespräch mit Eliza. Als Beobachtungsauftrag sollen sie auf die Kommunikationsweise von Eliza achten. Diese besteht im Wesentlichen aus vorgefertigten Beiträgen, die bei Schlüsselworterkennung gegeben werden.

Im Anschluss wird ein Chat bereitgestellt, in dem die Schülerinnen sich miteinander über das Unterrichtsthema austauschen sollen. Die Chatkonfiguration sollte hierbei angepasst werden. Teilen Sie hierzu in Moodle Ihre Schüler in Zweiergruppen ein und deklarieren Sie den Chat als Gruppenaktivität. Diese sollte zunächst für andere Gruppen unsichtbar sein (die Sicht-

---

[10] Diese Gefahr besteht auch in Ihrer Lerngruppe.

barkeit kann für Vergleichszwecke in der nächsten Unterrichtsphase hergestellt werden). Weiter wird über einen externen Link auf einen erläuternden
Text zu Eliza verwiesen, der erarbeitet werden soll.

Gespräch mit Eliza - Beispiel aus dem Philosophieunterricht

Kursthemen

In diesem Kurs geht es um die Besonderheiten des menschlichen
Gesprächsverhaltens.

  Nachrichtenforum

1 Eliza stammt aus Amerika. Vorsicht, sie spricht nur englisch.. Beginne ein Gespräch mit ihr, unterhaltet
Euch über das Stundenthema:
Gespräch mit Eliza

  Fällt Dir etwas auf an der Kommunikationsweise von Eliza?

2 Tauscht Euch jetzt mit einem Mitschüler / einer Mitschülerin über das Unterrichtsthema aus. Vergleicht auch
Eure Erfahrungen in den Gesprächen mit Eliza.

  Gespräch mit einem Mitschüler / einer Mitschülerin

3 Wenn Ihr Eure Gespräche beendet habt, lest hier einen Text zu Elizas Herkunft.

  Diskutiert anschließend gemeinsam im Kurs anhand Eurer Gesprächserfahrungen die Frage, was das
Besondere des menschlichen Kommunikationsverhaltens gerade gegenüber dem von Maschinen ist.

Abbildung 5.26:
Szenario – Gespräch
mit Eliza

Im anschließenden Präsenz-Kursgespräch sollen die persönlichen Erfahrungen der Schülerinnen mit den gelesenen Informationen verglichen und
diskutiert werden. Es empfiehlt sich ein Ergebnisprotokoll, das als Forums-
beitrag zum Ende der Stunde im Kurs veröffentlicht wird.

In der Erläuterung zu Eliza wird auch die Hausaufgabe vorbereitet, die zum
Kursende hin durch ein simples Textelement im Kurs gestellt wird. Die Abgabe der Hausaufgabe kann innerhalb des Forums erfolgen, wodurch vermutlich der Grundstein zu regem Austausch gelegt ist.

5.5 Entdeckendes Lernen in Mathematik anhand des Geburtstagsproblems

Dieser Kurs ist eine Umsetzung des entdeckenden Lernens im Mathematikunterricht im Sachgebiet Stochastik – Wahrscheinlichkeitsrechnung (siehe Kapitel 4.15). Gegenstand ist das Geburtstagsproblem, das die konkrete
Fragestellung aufwirft, wie groß die Wahrscheinlichkeit ist, dass in einer
Gruppe einer bestimmten Größe wenigsten ein doppelter Geburtstag auf-
tritt. Sie ist Ausgangspunkt eines Erkundungszyklus, der zur Überprüfung
eigener Vermutungen und zur Formulierung neuer Forschungsfragen dient
(genauere Erläuterungen auch zur Umsetzung in Moodle finden Sie auf Seite 203).

Für die eigenen, computerunterstützten Experimente kommt das kostenlose Werkzeug CoSE zum Einsatz, das in das Rahmensystem FreeStyler eingebettet ist.[11] Es ermöglicht die Modellierung und Simulation eines Experiments zur Untersuchung des Geburtstagsproblems und unterstützt bei der Analyse der Ergebnisse. Eigene Erfahrungen mit selbst gesammelten Daten bereiten die Mathematisierung des Sachverhalts vor und erleichtern die Übertragung auf ähnliche Problemstellungen.

Abbildung 5.27:
Szenario –
Entdeckendes Lernen
in Mathematik

Die Aufgabe des Moodle-Kurses ist es, den Lernenden einen Rahmen in Form einer erweiterten Lernumgebung vorzugeben. Der Kurs gibt eine kurze Hinführung auf die Thematik, stellt Arbeitsmaterialien in Form von Aufgabenstellungen, Anleitungen und Werkzeugen bereit und unterstützt die Lernenden dabei, sachorientiert und zielgerichtet zu kommunizieren. Die Struktur des Kurses bildet einen Erkundungszyklus nach. In den einzelnen Schritten werden die Lernenden angeregt, gemeinsam zu modellieren und zu experimentieren, sich über Ideen und Lösungsansätze auszutauschen, Ergebnisse schriftlich festzuhalten und Lösungen über das Moodle-System einzureichen.

---

[11] CoSE (*Collaborative Stochastic Experimenting*) ist eine Modellierungs- und Simulationsumgebung für Experimente aus der Wahrscheinlichkeitsrechnung. Es ist vielfältig im Unterricht der Sekundarstufe I erprobt und ermöglicht den Lernenden einen erfahrungsorientierten Zugang zu vielen Bereichen dieses Sachgebiets. Es ist ein Lernwerkzeug, das in das von der Forschungsgruppe Collide der Universität Duisburg-Essen entwickelte Rahmensystem FreeStyler eingebettet ist (siehe auch Seite 201). Es steht unter `http://www.collide.info` in der Rubrik **Software** zum Download zur Verfügung und enthält CoSE unter dem Namen *Zufallsexperimente*.

Anhang

A

Hinweise zur Verwaltung des Moodle-Systems

A.1 Empfehlungen zur Installation von Moodle

Für Ihre ersten Schritte mit Moodle benötigen Sie kein eigenes System. Nutzen Sie z. B. den Sandkastenbereich des buchbegleitenden Moodles, um eigene Kurse zu kreieren und zu testen.

Möchten Sie einen Moodle-Kurs in Ihrer Schule nutzen, so brauchen Sie eine Moodle-Installation, die Ihnen und Ihren Schülerinnen und Schülern zugänglich ist und bei der Sie Missbrauch ausschließen können. Häufig gibt es in der Schule bereits einen Webserver, der jederzeit über das Internet erreichbar und dessen Dateisystem (inklusive Sicherungen) vor unzulässigem Zugriff geschützt ist.

Bitten Sie den Administrator Ihrer Schule, hier eine Moodle-Installation einzurichten. Der PHP-Quelltext ist als ZIP- oder TAR-Datei herunterladbar.[1] Ebenso steht eine ausführliche Installationsanleitung zur Verfügung. Wir empfehlen den wöchentlich erstellten „latest stable build" für eine Neuinstallation. Das Betriebssystem des Webservers ist für Moodle unerheblich. Für die Moodle-Version 2.1 wird folgende Konfiguration verlangt:

- PHP (ab Version 5.3.2)

- MySQL (ab Version 5.0.25) oder anderes Datenbanksystem

- Unicode-Fähigkeit

Folgende PHP-Extensions werden (v. a. für Moodle-Network-Funktionen) empfohlen:

- iconv

- mbstring

- curl

- openssl

- tokenizer

- xmlrpc

- soap

- ctype

- zip

- gd

- simplexml

- spl

- pcre

- dom

- xml

- intl

- json

---

[1] http://www.moodle.org

Achten Sie darauf, dass Sie von der Administration Kursverwalterrechte für einen Moodle-Bereich erhalten (zu Rechten und Rollen in Moodle siehe Seite 84).

Für eine Installation des Systems auf Ihrem Arbeits-PC benötigen Sie dort ebenfalls einen laufenden Webserver; der Aufwand ist je nach Betriebssystem nicht unerheblich, dafür bietet das die Möglichkeit, die Arbeit mit Moodle auch ohne Internet-Anschluss zu testen. Andere Nutzer haben auf Ihr lokales System natürlich keinen Zugriff.

A.2 Maximale Dateigröße beim Hochladen

Während Ihres Unterrichts können Sie oder Ihre Schüler vor dem Problem stehen, dass Moodle eine hochzuladende Datei aufgrund ihrer Größe nicht akzeptiert. Die maximale Dateigröße beim Hochladen in Moodle wird zunächst in der PHP-Konfiguration des Webservers in der Datei php.ini über die Variablen php value upload_max_filesize und php value post_max_size eingestellt. Es gibt drei verschiedene Möglichkeiten, diese Maximalgrenze in einem (Unter-)Kontext weiter zu senken:

- global in der Moodle-Administration unter Website-Administration | Sicherheit | Website-Rechte | Maximale Dateigröße

- für jeden Kurs in der Lehrerrolle unter Kurs-Administration | Einstellungen bearbeiten | Maximale Dateigröße

- in der Lehrerrolle für einzelne Aktivitäten unter Maximale Dateigröße oder Maximale Größe in der jeweiligen Einstellungsmaske

A.3 Rechtliches zu Lernplattformen im Internet

Mindestens zwei juristische Aspekte sind bei der Verwendung eines virtuellen Kursraumes zu berücksichtigen: der Datenschutz beteiligter Personen und der Urheberschutz des verwendeten (oder erzeugten) Datenmaterials. Zum einen muss der Schonraum Schule auf die virtuelle Kurserweiterung durch Moodle erweitert werden, die Sicherheit während des Lernens erhalten bleiben. Gleichzeitig müssen die Schülerinnen und Schüler (vor allem am Anfang ihrer Internetnutzung für den Unterricht) den richtigen Umgang mit Moodle erlernen.

Es empfiehlt sich,

- sämtliche Daten auf dem Webserver vor unbefugtem direktem Zugriff zu schützen; andernfalls wäre es möglich, dass kritische Daten (wie zum

Beispiel ein Klausurtext oder eine Schülerbewertung) missbraucht werden.

- die Zugangsschlüssel für Kurse zu geben (siehe Seite 183); andernfalls wird Ihr Kurs zum öffentlichen Raum, in dem ungebetene Gäste den Lernprozess Ihrer Schüler verfolgen können. Geben Sie den Zugangsschlüssel nur Ihren Schülern.

- Gästen generell keinen Zugang zu gewähren (siehe Seite 112); ungebetene Gäste können sich auch ohne Registrierung in der Gastrolle mit Leserechten in Ihrem Kurs anmelden, wenn Sie dies nicht verhindern.

- ausnahmsweise zugelassenen Gästen (siehe Seite 206) nur sinnvoll eingeschränkte Rechte zu gewähren (siehe Seite 84)

- Einschreibefristen zu setzen (siehe Seite 183); die Vergabe eines Zugangsschlüssels ist noch potentiell unsicher, da einzelne Schülerinnen und Schüler diesen (zum Beispiel an Schulfreunde oder Geschwister) weitergeben können. Durch das Setzen einer Einschreibefrist minimieren Sie weiter die Gefahr des missbräuchlichen Eindringens in Ihren Kurs.

- in unregelmäßigen Abständen die Teilnehmerliste durchzuschauen (siehe Seite 183); dadurch erhalten Sie einen Überblick, ob alle Schülerinnen und Schüler noch eingetragen sind und ob sich vielleicht doch Fremde im Kurs befinden.

- in unregelmäßigen Abständen stichprobenartige Aktivitätsberichte durchzusehen (siehe Seite 88); auf diese Weise kommen Sie verbotener Nutzung von Moodle (zum Beispiel das Tauschen von Filmen oder Musikstücken) mit großer Wahrscheinlichkeit auf die Schliche, auch wenn die Übeltäter versuchen sollten, keine Spuren zu hinterlassen.

- dieses auch sämtlichen Kursteilnehmern mitzuteilen; der Lernprozess zur Internetnutzung im Unterricht ist nur positiv, wenn dessen Kontrollmöglichkeiten offen im Unterricht besprochen werden. Vor allem anfänglichem Missbrauch kann hierdurch vorgebeugt werden.

- generell große Vorsicht bezüglich des Datenschutzes der einzelnen Kursteilnehmer zu zeigen (und damit auch dessen Sinn zu vermitteln); Ihre Schülerinnen und Schüler sollen im Unterricht darauf vertrauen können, dass gemachte Fehler, Unterrichtsgespräche und sämtliche Unterrichtsbeiträge auf den Unterrichtsrahmen beschränkt bleiben. Ganz besonders gilt dies für persönliche Daten. Veröffentlichen Sie keinesfalls Schülerdaten über den Kursrahmen hinaus und besprechen Sie den Sinn des Datenschutzes mit Ihren Schülern.

Weiter gibt es Vordrucke für Einverständniserklärungen zur Nutzung von Lernplattformen für Lehrer, Eltern und Schüler.[2]

Stellen Sie generell keine Schulbuchauszüge in Ihrem Kurs zur Verfügung. Achten Sie darauf, dass die für den Kurs benötigte Software (möglichst kostenfrei) auch verwendet werden darf. Für Präsentationen, (formatierte) Texte und Tabellen bietet sich die freie Software *LibreOffice* an.[3]

Achten Sie bei der Verwendung fremder Lernelemente auf eine Quellenangabe und auf die geltenden Copyright-Vorschriften. Empfehlenswert sind Lernelemente, die der *Creative Commons License* unterliegen. Hier ist in jedem Fall die Namensnennung des Autors verpflichtend, weiter ist einfach erkennbar, ob der Inhalt verändert oder auch kommerziell verwendet werden darf.[4] Moodle unterstützt Sie hierbei. Bei jedem Dateiupload fragt der File Picker die Autorenrechte und die Lizenzbedingungen zu dieser Datei ab.

A.4 Einrichtung von Zugängen im Sammelverfahren

In jeder Bildungseinrichtung kommt es zu Beginn des Schuljahres oder Semesters zu vielen Ab- und Zugängen. Die manuelle Einrichtung neuer Zugänge ist mühsam. Die Selbstregistrierung am Moodle-Systems, so dass sich jeder Nutzer selber anmeldet verbunden mit einer E-Mail-Bestätigung, ist eine Alternative. Sie führt erfahrungsgemäß dazu, dass sich nicht alle Beteiligten anmelden und dass seltsame Anmeldenamen entstehen. Empfohlen wird auch Moodle mit bestehenden externen Datenbanken zu verbinden und hierüber die Nutzerauthentifizierung ablaufen zu lassen. Eine weitere Alternative für das Hochladen neuer Nutzer besteht in der Verwendung einer vorbereiteten Datei, in der die nötigen Informationen für die Anmeldung enthalten sind. Eine solche Datei lässt sich mit Hilfe der Schulverwaltungsprogramme gegebenenfalls ergänzt durch einige Aktionen in einer Tabellenkalkulation mit vertretbarem Aufwand erzeugen.

A.4.1 Aufbau der Datei

Das Format für eine gültige Nutzerdatei zeigt Abbildung A.1. Sie setzt sich z.B. aus den Datenfeldern `username`, `password`, `firstname`, `lastname`, `email`, `lang`, `idnumber`, `course1` getrennt durch Kommata zusammen.

---

[2] Siehe z. B. den Anhang des Berichts unter `http://newsstore.schule.at/assets/2008/downloads/recht_in_virtuellen_lernumgebungen.pdf`

[3] `http://www.libreoffice.org`

[4] Auch Ihre Kurse können Sie mit einer entsprechenden Lizenz versehen – siehe `http://creativecommons.org/license/?lang=de`.

Abbildung A.1:
Aufbau der
Nutzerliste

Namenfeld	B	C	D	E	F	G	H	I	J
1	username	password	firstname	lastname	email	idnumber	institution	course1	city	country
2	angeranita	An74370#	Anita	Anger	aanger@osp.info		open source press		Duisburg	DE
3	braunbernd	Br40290#	Bernd	Braun	bbraun@osp.info		open source press		Duisburg	DE
4	dachsdieter	Da48273#	Dieter	Dachs	ddachs@osp.info		open source press		Duisburg	DE
5	ernstesther	Er39278#	Esther	Ernst	eesther@osp.info		open source press		Duisburg	DE
6	fuchsfranz	Fu26829#	Franz	Fuchs	ffuchs@osp.info		open source press		Duisburg	DE

Weitere Standarddatenfelder stehen zur Verfügung, um alle Informationen zu erfassen, die auch über die normale Anmeldemaske eingegeben werden können.[5] Bei Neuaufnahmen sind **lastname** und **firstname** verpflichtend. Für spätere Updates genügt der **username**. So können per Update vorhandene Benutzer auch nachträglich bestimmten Kursen zugeordnet werden, indem unter **course1**, **course2** die entsprechenden Kursnamen aufgeführt werden.

A.4.2 Hochladen der Nutzer

Als Moodle-Administrator erreichen Sie von der **Startseite** aus die **Website-Administration**. Wählen Sie **Nutzerkonten | Nutzerkonten | Nutzerliste hochladen** und stellen Sie Moodle die Nutzerdaten über **Datei wählen** zur Verfügung. Prüfen Sie, ob das **CSV Trennzeichen** und die Zeichencodierung (**Encoding**) mit Ihrer Datei übereinstimmen. Passen Sie die **Vorschau für Zeilen** Ihren Bedürfnissen an.

Abbildung A.2:
Vorschau für das
Hochladen von
Nutzern

Vorschau Nutzer-Upload

username	password	firstname	lastname	email	idnumber	institution	course1	city	country	**Status**
angeranita	Aa....#	Anita	Anger	aanger@osp.info		open source press		Duisburg	DE	Aktualisieren
braunbernd	Bb....#	Bernd	Braun	bbraun@osp.info		open source press		Duisburg	DE	Erstellen
dachsdieter	Dd....#	Dieter	Dachs	ddachs@osp.info		open source press		Duisburg	DE	Erstellen
ernstesther	Ee....#	Esther	Ernst	eesther@osp.info		open source press		Duisburg	DE	Erstellen

Beim Anlegen neuer Nutzer können schon vorhandene Namen ausgeschlossen oder durch Anfügen einer Nummer an den Usernamen Dopplungen vermieden werden. Das genaue Verhalten ist über den **Upload-Typ** einstellbar. Starten Sie nun den Upload mit Hilfe des Buttons **Nutzerliste hochladen** und Sie erhalten eine Vorschau. In der rechten Spalte **Status** wird Ihnen mitgeteilt, was mit dem jeweiligen Datensatz passieren wird. Vor dem tatsächlichen Upload können Sie noch weitere Einstellungen (siehe Abbildung A.3) vornehmen.

---

[5] Weitere Informationen entnehmen Sie bitte der Moodle-Hilfe zu der Seite **Nutzer/innen hochladen**.

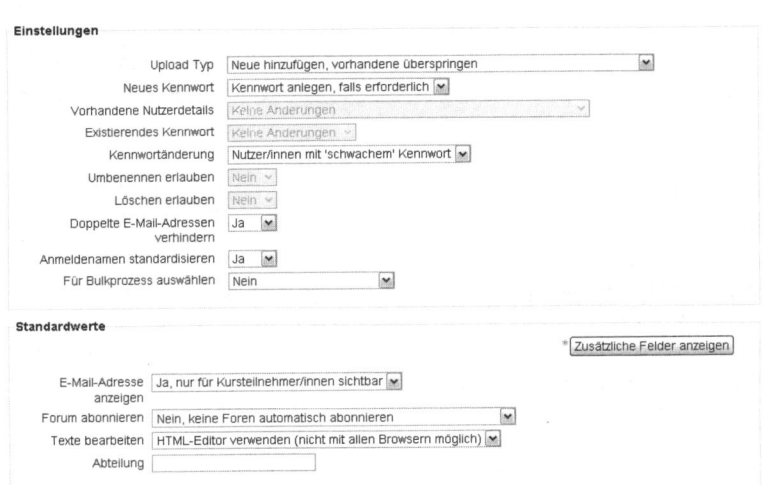

Treten Fehler beim Hochladen auf, sind sie im Bericht **Ergebisse Nutzer-Upload** dokumentiert, wie Abbildung A.4 zeigt.

Ergebnisse Nutzer-Upload

Status	CSV-Zeile	ID	Anmeldename	Vorname	Nachname	E-Mail-Adresse	Kennwort	Authentifizierung
Nutzer "($a)" wurde nicht hinzugefügt	2		angeranita	Anita	Anger	aanger@osp.info Doppelte Adresse		
Neues Nutzerprofil	3	6	braunbernd	Bernd	Braun	bbraun@osp.info		
Neues Nutzerprofil	4	7	dachsdieter	Dieter	Dachs	ddachs@osp.info		
Neues Nutzerprofil	5	8	ernstesther	Esther	Ernst	eesther@osp.info		

Wollen Sie sich einen Überblick über die hochgeladenen Nutzer verschaffen, lassen Sie sich über **Website-Administration | Nutzerkonten | Nutzerkonten** die **Nutzerliste** anzeigen. Ein **Filter** hilft Ihnen, die Neuzugänge aufzuspüren. Lassen Sie sich die **zusätzlichen Felder anzeigen** und setzen Sie im Bereich **Neue Suche** die Option **Zuletzt geändert | ist nach** auf das Datum des Uploads. Nachdem Sie den Button **Filter hinzufügen** gedrückt haben, werden alle neuen Nutzer aufgelistet.

A.4.3 Hochladen von Nutzerbildern

Wollen Sie für die Nutzerprofile mit Nutzerbildern ergänzen, erstellen Sie ein gezipptes Paket mit den zur Verfügung stehenden Grafikdateien in den Formaten `gif`, `jpg` und `png`. Der Aufruf von **Nutzerbilder hochladen** erfolgt ebenfalls über die **Website-Administration | Nutzerkonten**. Als **Nutzereigenschaft, die für die Zuordnung der Nutzerbilder verwandt werden soll**, kommt u.a. der **username** in Frage. Jedes Bild in der von Ihnen zu erzeugenden Zip-Datei muss den Namen des jeweiligen Nutzers, z.B. `angeranita.png`, tragen. Auch hier erhalten Sie einen Bericht über den Erfolg oder Misserfolg dieser Aktion.

A.5 Dateiverwaltung in Moodle 1.x

Viele Funktionalitäten aus Moodle 1.x lassen sich in Moodle 2.x mit kleineren Abweichungen wiederfinden, so dass sich diese Auflage auch gewinnbringend für ältere Moodle-Installationen nutzen lässt. Die Dateiverwaltung hat sich jedoch grundlegend geändert. Grund genug an dieser Stelle die Besonderheiten unter Moodle 1.x zu erläutern.

Moodle 1.x stellt für jeden Kurs einen Dateibereich zur Verfügung, den nur Lehrende verwalten können. Diese wiederum dürfen Teile davon auch den Lernenden zugänglich machen.

Sie erreichen diesen Dateibereich über den Administrationsblock des Kurses durch Klick auf **Dateien**. Abbildung A.5 zeigt den leeren Dateibereich eines neu erstellten Kurses. Es empfiehlt sich, von Anfang an die für die Unterrichtsplanung und den Unterricht im Kurs genutzten Dateien an dieser Stelle zu verwalten.[6]

Abbildung A.5:
Leerer Dateibereich
eines neuen Kurses

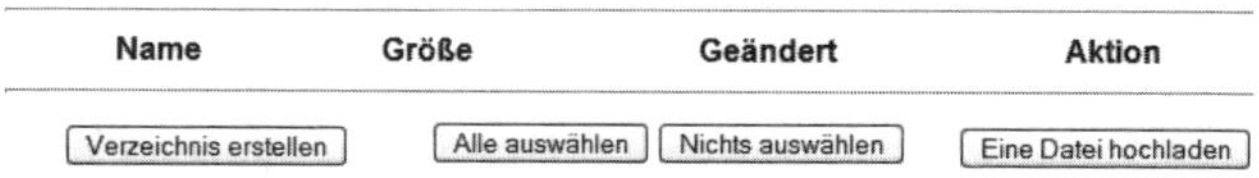

Name	Größe	Geändert	Aktion
Verzeichnis erstellen	Alle auswählen	Nichts auswählen	Eine Datei hochladen

Um eine Datei in diesem Bereich abzulegen, klicken Sie auf **Eine Datei hochladen**. Es öffnet sich eine Maske, in der Sie eine Datei auf Ihrem lokalen PC auswählen und per Klick hochladen können.

Um die Dateien sinnvoll geordnet abzulegen, bietet es sich an, von Anfang an Verzeichnisse zu erstellen, und zwar durch Klick auf **Verzeichnis erstellen**. In der anschließend gezeigten Maske geben Sie den Namen des neuen Ordners an und schließen mit **Erstellen** ab. Abbildung A.6 zeigt beispielhaft die Struktur eines Dateibereichs mit verschiedenen Verzeichnissen.

---

[6] Auch die Startseite hat einen eigenen Dateibereich. Vorsicht, dieser Dateibereich ist ohne weitere Hürden aus dem Internet heraus lesbar.

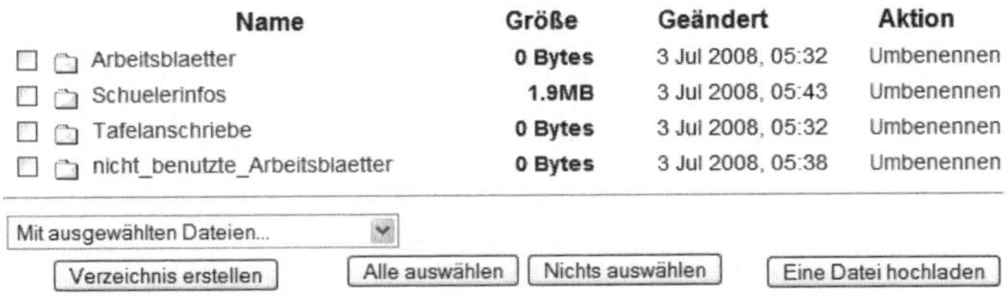

Name	Größe	Geändert	Aktion
☐ ◻ Arbeitsblaetter	**0 Bytes**	3 Jul 2008, 05:32	Umbenennen
☐ ◻ Schuelerinfos	**1.9MB**	3 Jul 2008, 05:43	Umbenennen
☐ ◻ Tafelanschriebe	**0 Bytes**	3 Jul 2008, 05:32	Umbenennen
☐ ◻ nicht_benutzte_Arbeitsblaetter	**0 Bytes**	3 Jul 2008, 05:38	Umbenennen

`Mit ausgewählten Dateien...` ▾

`Verzeichnis erstellen` `Alle auswählen` `Nichts auswählen` `Eine Datei hochladen`

Abbildung A.6:
Dateibereich mit
verschiedenen
Unterverzeichnissen

Ein Klick auf einen Namen öffnet das jeweilige Verzeichnis oder die entsprechende Datei. Möchten Sie ein Element umbenennen, klicken Sie auf **Umbenennen** in der entsprechenden Zeile. Haben Sie eine Datei bereits als Arbeitsmaterial eingefügt, passt Moodle den Link beim Umbenennen der Datei automatisch an.

Für die Weiterbearbeitung markieren Sie das gewünschte Element durch Klick in das Kästchen links neben seinem Namen. Drücken Sie im Anschluss auf **Mit ausgewählten Dateien...**, erhalten Sie ein Auswahlmenü: Die markierten Elemente lassen sich löschen, in ein anderes Verzeichnis verschieben (hier werden die Links nicht automatisch angepasst) oder gemeinsam komprimiert in einer `.zip`-Datei speichern. Diese legt Moodle im angezeigten Verzeichnis ab.

Umgang mit ZIP-Dateien

Im Dateibereich gespeicherte ZIP-Dateien lassen sich nicht nur umbenennen. Bei diesem Dateityp erweitert sich die Optionsliste um folgende Einträge:

Entpacken

Das Archiv bleibt erhalten, sämtliche enthaltene Dateien werden dekomprimiert und einzeln im Verzeichnis gespeichert.

Auflisten

Moodle zeigt eine Liste der im Archiv enthaltenen Dateien an.

Wiederherstellen

Diese Option erlaubt es, Kurssicherungen wiederherzustellen, und sie sollte nur dafür genutzt werden.

Index